U0875248

● 本书出版得到江西财经大学工商管理学院、
产业集群与企业发展研究中心的联合资助

江西财经大学学术文库

Study on the Strategic Management Traits of the Military Strategists' Thoughts in the Pre-Qin Times

先秦兵家思想战略管理特质研究

钟　尉／著

经济管理出版社
ECONOMY & MANAGEMENT PUBLISHING HOUSE

图书在版编目（CIP）数据

先秦兵家思想战略管理特质研究/钟尉著．—北京：经济管理出版社，2011.12

ISBN 978－7－5096－1764－9

Ⅰ．①先…　Ⅱ．①钟…　Ⅲ．①战略思想—研究—中国—先秦时代　Ⅳ．①E892

中国版本图书馆 CIP 数据核字(2011)第 281593 号

出版发行：经济管理出版社

北京市海淀区北蜂窝 8 号中雅大厦 11 层

电话：(010) 51915602　　邮编：100038

印刷：北京银祥印刷厂　　经销：新华书店

组稿编辑：杜　菲　　责任编辑：杜　菲

责任印制：黄　铄　　责任校对：超　凡

720mm×1000mm/16　　13 印张　　247 千字

2012 年 2 月第 1 版　　2012 年 2 月第 1 次印刷

定价：40.00 元

书号：ISBN 978－7－5096－1764－9

·版权所有　翻印必究·

凡购本社图书，如有印装错误，由本社读者服务部负责调换。联系地址：北京阜外月坛北小街2号

电话：(010) 68022974　　邮编：100836

前　言

当代美国著名管理大师彼德·德鲁克指出："管理虽然是一门学科——一种系统化的并到处适用的知识——但同时也是一种文化。"管理本身作为知识及知识的创造过程，属于社会文化的核心层内容，它和人类社会所创立的所有科学、技术一样，都是基于一定的思维方式、价值观念和审美情趣。把产生于一个文化中的管理理论与实践移植到另一个文化中去，是存在问题的。后现代管理理论认为，具有普遍意义、适用于各种情境的管理理论是不存在的，管理理论须向情境化方向发展。情境化管理研究重视民族文化传统、社会心理等方面对管理的影响，因此，在不同的民族思想文化传统下，可以而且应当建立自己的管理理论。文化传统的力量越强大，就越有必要且越有可能建立本土化的管理理论。实际上，中国企业十几年的管理实践经验已经证明了这一点，一些中国企业经营管理过程中迷信西方管理思想，完全照搬西方企业的管理模式，遭遇到了种种困境，有的人不明白问题所在，甚至发出了"中国人素质差"、"中国人难以管理"、"中国企业缺乏执行力"等让人哭笑不得的感叹。随着中国加入世界贸易组织（WTO）和经济全球化趋势的不断发展，中国企业面临的竞争越来越激烈，战略管理的作用日益凸显，中国企业对本土化战略管理理论的需求也将变得越来越迫切。然而，创立本土化的管理理论需要对传统管理思想进行系统的分析和整理，离开对传统管理思想的研究，就不可能有真正意义上的本土化管理理论。

中国有着 5000 年的灿烂文化，以《孙子兵法》等为代表的先秦兵家思想是中国传统管理思想的重要组成部分。直到今天，先秦兵家思想仍然深深地影响着东方现代企业战略管理。儒家文化圈中的日本、韩国等有很多著名的企业家如大桥武夫、松下幸之助等都非常推崇《孙子兵法》等为代表的先秦兵家思想，并且把这些思想灵活运用到企业战略管理实践中去，取得了巨大的成功。这充分说明先秦兵家思想内涵丰富的战略管理特质可以而且也应当成为建立中国本土化战略管理理论的重要资源。但是目前，中国管理学界的话语权仍然为西方管理思想所控制，对先秦兵家战略管理思想缺乏重视，高水平的相关研究很少，且多集中于对《孙子兵法》的研究。许多研究者在研究《孙子兵法》的过程中都不自觉地运用西方的研究范式，用分析、抽象和形式逻辑思维将其肢解、嫁接到西方战略管理理论体系中，更有甚者削足适履、牵强附会，使《孙子兵法》变成对应于西方战略管理理论的一些零散条文，无法真正体现《孙子兵法》的价值。要解决这个问题，需要对整个先秦兵家思想的战略管理特质进行全面的整理和分析，如果忽略这项基础性的研究工作，那么先秦兵家思想被肢解和嫁接的困境就难以消除。

因此，本书的意义主要表现在三个方面：第一，有利于传统管理思想的继承与发展。本书从管理学视角出发，运用管理特质方法对先秦兵家战略管理思想进行了全面而系统的整理，有利于管理学研究者全面把握先秦兵家战略管理思想体系。第二，有利于本土化战略管理理论的创设与发展。本书在对先秦兵家思想进行全面梳理的过程中，充分挖掘能够为现代企业战略管理理论所借鉴的内容，并努力揭示先秦兵家思想的战略管理特质群的内部结构，为建设本土化战略管理理论打下基础。第三，为企业战略管理实践提供参考。本书通过分析作为一种管理思想的先秦兵家思想的内在逻辑结构，就战略管理理论的系列核心问题，如如何获取竞争优势、如何进行战略决策等方面，进行中西思维方式、操作技术等方面的差异的对比，并提出如何改进中国企业战略管理行为的建议，可以为中国企业领导者进行战略管理实践提供有价值的参考。

本书的创新点主要体现在：第一，建立了一个分析先秦兵家主要六部典籍中战略管理特质的分析框架。这个分析框架主要由管理基础、管理手段、管理目标（境界）三个维度构成，重点分析先秦兵家思想中治身、经国治军、治敌等相互关联的三个层面内容。第二，建立了一个关于先秦兵家较为全面的战略管理特质库，为进一步研究先秦兵家战略管理思想建立一个平台。本书运用东方管理学派创立的管理特质分析方法，辅之以词频分析，较全面地梳理出了先秦兵家六部典籍中的战略管理思想，并画出了重要特质的 KJ 图和特质分解图。第三，提出了一个先秦兵家战略管理特质群的内在逻辑结构，不仅可以帮助人们认识先秦兵家战略管理思想体系，而且可以为企业界运用先秦兵家战略管理思想提供参考。第四，从管理文化视角将先秦兵家战略管理思想和企业战略管理理论进行了比较，提出了二者之间的相同之处和差异。并在此基础上提出了基于先秦兵家思想的战略管理模式，分析了先秦兵家思想对企业能力理论的启示。

本书可供对传统管理思想感兴趣的研究者、对我国企业战略管理实践中一些深层次问题感兴趣的研究者以及兵家思想研究者参考。本书的出版得到了江西财经大学工商管理学院、产业集群与企业发展研究中心的联合资助。

Abstract

As a fundamental part of the traditional Chinese culture, the military strategists' thoughts in the Pre – Qin Times encompass affluent management traits and demonstrate infinite vitality. Up until now, the military strategists' thoughts in the Pre – Qin Times have been deeply influencing the modern corporate management in China, especially the practice of strategic management of Chinese corporations. In the spirit of realistism and pragmatism and by absorbing the essence of Confucianism, Taoism and legalism, the military strategists' thoughts in the Pre – Qin Times take shape of a self – contained system of management thoughts with the idea of defeating the opponent as its core, integrated with the concepts of zhishen (self – management), zhiguo (state management), zhijun (army management) etc. This study analyzes the six representative books of the military strategists' thoughts in the Pre – Qin Times to identify the management trait clusters. Then the general characteristics of these management trait clusters and the logic among them are analyzed so as to construct the structure of the management trait corpus of the military strategists' thoughts in the Pre – Qin Times which will hopefully settle a foundation for establishing a national management theory.

This dissertation initially defines some basic conceptions such as the military strategists' thoughts in the Pre – Qin Times and management trait and expounds the rationale and implications of this study. Next, the analytic framework and procedures are presented. The principal part of this dissertation (Chapter III and Chapter IV) witnesses the deconstruction of the management traits in the six representative books of the military strategists' thoughts in the Pre – Qin Times and the formulation of a subsequent trait corpus covering all the Pre – Qin military strategists' management thoughts. The six representative books are Art of War by Sun Wu, Art of War by Wu Qi, Art of War by Sima, Six Strategies, Art of War by Wei Liao and Art of War by Sun Bin. In the study of every book, the content is firstly expounded and then the management traits are identified, explained and analyzed. The main management traits are demonstrated in KJ frameworks and the corresponding management traits at each of the three levels are illustrated in detailed deconstruction diagrams. In Chapter V, The core traits among the military strategists' thoughts in the Pre – Qin Times are philosophically probed from the perspective of management culture. Then this dissertation uses the core traits to integrate with and organize the distinct trait clusters and formulate a self – contained management trait corpus, and analyze the characteristics of the management trait corpus. In Chapter VI, In terms of the western management thoughts, the strategic management model and corporate capability theory are mainly discussed. The study concludes that the military strategists' thoughts in the Pre – Qin Times may shed light on these two western theories with further suggestions proposed in term of strategic management of Chinese corporations.

目　　录

第一章　绪论 …… 1

一、问题的提出及研究的意义 …… 1
二、文献综述 …… 8
三、总体构思 …… 17

第二章　概念界定、理论准备以及研究设计 …… 21

一、相关概念的界定 …… 21
二、理论准备 …… 25
三、研究设计 …… 35
四、本章小结 …… 42

第三章　先秦兵家思想战略管理特质分析之一 …… 44

一、《孙子兵法》思想的战略管理特质 …… 44
二、《吴子》思想的战略管理特质 …… 63
三、《司马法》思想的战略管理特质 …… 76
四、本章小结 …… 91

第四章　先秦兵家思想战略管理特质分析之二 …… 93

一、《六韬》思想的战略管理特质 …… 93
二、《尉缭子》思想的战略管理特质 …… 109
三、《孙膑兵法》思想的战略管理特质 …… 122
四、本章小结 …… 133

第五章 先秦兵家思想战略管理特质群的结构分析与特征归纳 …… 135
一、先秦兵家思想战略管理特质群结构分析 …… 135
二、先秦兵家思想战略管理特质群特征的归纳 …… 149
三、本章小结 …… 154
第六章 讨论与启示 …… 155
一、关于先秦兵家战略管理思想与企业战略管理理论的比较 …… 155
二、先秦兵家战略管理思想对现代战略管理理论的启示 …… 161
三、结论与建议 …… 173
四、本章小结 …… 176
第七章 结论与展望 …… 177
一、研究结论 …… 177
二、研究创新点 …… 179
三、研究不足与进一步研究的方向 …… 180
附录 …… 182
参考文献 …… 188
后记 …… 197

第一章　绪　论

一、问题的提出及研究的意义

（一）研究的背景

随着经济全球化趋势的日益显著，知识经济时代的到来，我国企业置身世界市场的白热化竞争之中，要想立于不败之地，关键是进行企业战略研究，搞好企业管理创新。然而管理创新行为总是和人们的观念和思维方式相关，这就不得不涉及民族文化问题。对一个民族文化的把握，可以从时代精神与民族精神两个维度来把握。就时代精神而言，经济全球化趋势已经使“全球化”成为一种世界性的普遍意识与共同话语。在全球化的驱使下，任何一种经济格局、政治秩序、文化形态和价值体系都不可能在封闭状态下单独存在；通过各种层面的对话、交流和交往，人类一切亟待解决的问题包括企业管理也必然是全球化的。从这一意义上说，所谓“社会转型”其实并非仅限于中国，而应当说是整个世界所共同面临的一种状态。因此，人们在企业管理的实践中，不能不越来越关注全人类在现时代的共同境遇与“全球化”的普遍性问题。就民族精神而言，当代中国也正面临着经济、社会、文化等全方位的“全球化”趋势，然而“全球化”大潮并不意味着一切不同传统、民族、地域、文化、宗教之间的差异将荡然无存。推进“全球化”的经济与政治动因，从根本上说在于不同民族传统文化在相互交流和比较过程中的继承与发展，形成一种相互关联的秩序，以寻求不同文化之间的稳定、均衡，从而推动世界政治经济的可持续发展。当代各种文明形态的经济、政治、文化以及管理理论，都必须对此做出应答。而我们所希冀的应答，不仅包括各种管理操作性的手段，也包括一种为管理操作层面的手段提供合法性根据的管理文化基础。

从人类文明的兴衰与变迁看，各种文明形态的多样性，是人类社会的基本特征，也是人类文明进步的动力。在现实的历史进程中，世界各国文明应当长期共存，在竞争比较中取长补短，在求同存异中共同发展。因此，我们既要树立一种博大的、宽容的文化视野和开放的、海纳百川的文化心态，又要确立一种自信自强、与时俱进的文化心理。在面对“全球化”这一客观趋势的世界背景下，如何保持民族文化精神悠久而成熟的传统，使民族优秀文化在现代化的进程中不断发展，在很大程度上取决于人的文化价值观选择。从这一意义上说，我们若要清醒地比较分析中西文化差异，必须从中国传统文化的源头开始梳理，以便深刻地把握民族文化认同的心理意识，这或许是一种较为明智的选择与回应。追求智慧是人类文明进步的前提，不同的文明形态，都曾有过自己的原创时代。当我们回溯文明源头的时候可以发现，人类的智慧经过漫长的历史积淀，终于在公元前500年左右（公元前800～前200年）爆发出“万道霞光”。东西方民族都曾出现此后的人们再也难以企及的伟大圣贤或哲人，如希腊有苏格拉底、柏拉图、亚里士多德，以色列有犹太教的先知们，印度有释迦牟尼，中国有孔子、老子等。这些圣贤或哲人把那个时代会聚的精神熔炼为一种伟大的智慧，为他们所在民族确立了从那时以来一直做着文化创造的基本价值精神。这就是德国哲学大师雅斯贝斯所说的人类文明史上的“轴心时代”，它之前的所有时代都向着它而趋进，似乎都在为它的到来做一种准备，它之后的所有时代又都一次次地回味于它；往后的文明发展都受到该时代一系列原创思想的辐射，这时代俨然是它前后那些时代环绕的轴心。当时人类文化同时并独立地在中国、印度、波斯、巴勒斯坦和希腊开始奠定，形成了各有特色的价值观念和基本路向，亦即不同的文化传统，直到今天，这些地区和民族的文化发展仍附着在这个“轴心”之上。

在中国，这个文化史上的“轴心时代”正是先秦时代，当时诸子并起，百家争鸣，大放异彩，学术文化高度发展。由于思想的原创性，轴心时代具有“永久的魅力”，正如古希腊哲学是西方哲学思想发展的源头一样，先秦诸子哲学以其丰富深邃的思想内涵，成为孕育中国传统文化的沃土，先秦诸子的思想奠定了中国几千年来传统文化的基调。因此，研究中国传统文化和传统管理思想，进行管理理论的本土化创新都离不开对先秦诸子思想的研究。

然而长期以来，只要谈起中国的传统文化和管理思想，人们想到的往往就是先秦时代的儒、道、法、墨等思想流派，认为这就是中国传统文化的典型代表，尤其是儒家，其地位被抬得更高，被认为是中华传统文化的精髓和骨干之所在。先秦兵家的地位比起这些“显学”来，显然要逊色得多，甚至一些研究中国传统文化和中国思想史的著作往往把兵家与儒、道、法、墨各家分开看待，甚至对兵家避而不谈。受到这种影响，管理学界对中国传统管理思想的研究也更多地关注儒家管理思想，对于兵家管理思想往往只集中于《孙子兵法》。实际上，先秦兵家思想的发展与先秦儒、墨、道、法各家有着千丝万缕的联系，简单地说，就是一种互补、互利的关系，充分体现了中华传统文化意识中的包容与兼通的特质；在古代就不乏有识之士大声疾呼，要融合儒家和兵家思想为一体。明代的李贽就曾提出了“吾独恨其不以《七书》与《六经》合而为一，以教天下万世也”这种不同凡响的见解。

人们在研究中国传统管理思想时对先秦兵家思想的忽略，可能有三个原因。第一是兵家思想在近代的衰落，造成人们对兵家思想的忽略；第二是处于主流地位的儒家思想追求和平、反对战争的文化特质抑制了兵家思想成为显学；第三是先秦之后中国相对统一安定的社会政治环境使得兵家思想常常被人们忽视。在和平统一的历史时期，治国和军事竞争是两件关系不大的事情，而在战乱分裂时期，竞争性的外部环境使得治国和军事竞争成为不可分割的整体。一般在和平时期，军事竞争是从属于治国的，国家越是安定，周围环境越是和平，军事竞争问题越不受重视；相反，在面对巨大的外部军事竞争压力时，治国活动则很可能变成服务于军事竞争的手段，军国主义就是其典型产物。

其实，先秦兵家思想博大精深，人们熟知的《孙子兵法》仅仅是其中一小部分内容，军事思想也仅仅是先秦兵家思想的一小部分内容。先秦兵家思想作为中国传统文化的重要组成部分，更多地表现为一种与西方管理知识体系的不同管理思想。李泽厚认为要真正了解中国古代辩证法，了解为什么中国古代的辩证观念具有自己特定的形态，就应该追溯到先秦兵家。兵家把原始社会模糊、简单而神秘的对立项观念如昼夜、日月、男女（即后世的阴阳观念）多样化和世俗化了。它既摆脱了巫术宗教的神秘衣装，又不失为对自然、人事的纯客观记录，而形成一种在主客体“谁吃掉谁”迅速变化着的行动中简化了的思维方式。先秦兵家思想所具有的把握整体而具体实用，能动活动而冷静理智的根本特征，正是中国传统辩证思维的独特灵魂，使它不同于希腊的辩证法论辩术，而构成中国实用理性的一个重要方面。

可见，先秦兵家思想和儒家思想一样都深刻地影响着当代中国人的思维和行动方式。而且先秦兵家经国治军思想和竞争战略思想作为中国传统管理文化的重要组成部分，通过文化的传承作用，对现代中国企业的战略管理实践产生了深刻的影响。如海尔集团的张瑞敏很多言行表明其经营哲学深受《孙子兵法》的影响。他曾经说，“《老子》帮助我们确立了企业经营发展的大局观；《论语》培育了我们威武不屈、贫贱不移、勇于进取、刚健有力的浩然正气；《孙子》则帮助我们思考企业管理的方法和企业竞争的策略”。他把《孙子兵法》中“上下同欲者胜”这句话作为自己管理企业的格言。三株集团总裁吴炳新曾将《孙子兵法》、《吴子》、《司马法》及《三十六计》等运用到市场营销中，并把它演化成38条工作方法和18种工作艺术，传授给他的数百名高级干部（尽管三株最终失败，但其强大的营销能力却是人们所公认的）。任正非创立的华为公司实力可谓非常雄厚，但他却不断给华为员工灌输危机意识，防止华为公司奋斗创新精神的衰退，其所撰写的《华为的冬天》一文正是对《吴子》的“先戒为宝”思想和《司马法》的“天下虽大忘战必危”等思想的继承。

（二）问题的提出

1. 民族文化与管理

当代美国著名管理大师德鲁克指出：“管理虽然是一门学科——一种系统化的并到处适用的知识——但同时也是一种文化”。管理总是根植于社会文化、价值观、习惯和信念等之中，他在分析第二次世界性管理热潮的经验教训时特别指出，管理热潮并没有使管理美国化，日本的管理也没有西方化，而且没有一种欧洲的基本价值观念曾被管理热潮所推翻。

管理本身作为知识及知识的创造过程，属于社会文化的核心层内容，它和人类社会所创立的所有科学、技术一样，都是基于一定的思维方式、价值观念和审美情趣。偶然性理论反对存在对所有组织都普遍有效的理论的观点，认为管理理论的有效性和其情境是分不开的。把产生于一个文化中的管理理论与实践移植到另一个文化中去是存在问题的（Hofstede，1993；Rosenzweig，1994）。如学习型组织理论认为，进行组织学习需要进行公开性的批评和争论，这对于成长于美国文化下的管理者很容易接受并实行，但是对于我国管理者来说，由于面子问题，可能就不那么容易被接受了（Tsang，1997）。另外一个很能说明问题的案例是日本管理模式，尽管被欧美管理学者们推崇，但是大多数西方公司都没能成功复制日本管理模式（Hines，1994）①。因此，根据一种情境或文化发展出来的理论和实践在另一种情境或文化中就有可能失效。后现代主义管理学者则进一步认为控制和改变文化的尝试所产生的后果是不可预测的，有时甚至和人们期望的相反。因为，结果取决于组织中其他人对这种尝试的多种含义和解释。组织中的大多数员工在当前的文化中都有较高的情感利益，沉浸在组织传统和价值观中的员工和生活哲学可能使介入组织文化假设的员工会在变革过程中经历很大的不确定性，如焦虑和痛苦。个人的价值观更多地受其工作的组织之外的因素影响，因此，任

① Hofstede、Rosenzweig、Tsang、Hines 等人的观点转引自 Bernard Burnes 所著《Managing Chang：A Strategic Approach to Organizational Dynamics》一书（任润、方礼兵译：《变革时代的管理》，云南大学出版社，2001 年）。

何改变文化的尝试都将受到巨大的阻力，不要试图管理文化。

西方传统文化和中国传统文化具有极大的不同，西方传统文化产生于一种以游牧和渔业为主的开放经济模式，在基督教文化背景下，形成了一整套完整的哲学和科学理论体系。他们创造了发展自然科学的归纳法和演绎法以及哲学的形象思维和抽象思维，崇尚“科学精神”和“工具理性”。而中国传统文化产生于一种以农业为主“自给自足”的封闭经济模式，保留着原始氏族的血缘宗法关系，追求社会生活和谐秩序，人与人之间和睦相处的传统。人们致力于直觉思维的发展与研究，信奉“天人合一”的哲学思想，崇尚“伦理精神”和“实用理性”。中国文化传统下诞生的传统管理思想经历了两千多年的历史积淀，逐步形成了博大精深的思想体系。

在中国传统管理思想的影响下，人们对于战略和战略管理具有和西方不完全相同的理解，传统管理既是中国企业管理实践中无法回避的文化情境，又是中国企业管理创新过程中可以利用的重要而宝贵的历史文化资源。因此，研究中国传统管理思想不仅具有理论上的价值，而且对于解决中国企业战略管理中的实际问题也有很大作用。

2. 中国企业战略管理实践面临的问题

西方战略管理理论形成于20世纪五六十年代，西方资本主义工商企业丰富的管理实践为它的产生提供了实践基础；20世纪发展起来的西方管理理论为它的产生提供了思想基础；西方文化的科学传统为它的产生提供了方法论基础。因此，西方战略管理理论和西方传统文化具有内在的统一性，能够和西方企业战略管理实践很好地结合。而中国企业战略管理实践短暂，自20世纪以来的外国入侵和社会动荡使得中国企业一直在极特殊的情况下发展。改革开放所造成的竞争扩大和加剧促使中国企业开始主动寻找可以用于实践的战略思想，但目前中国企业在开展战略管理活动时面临这样一些问题：

（1）中国企业战略管理实践经验的缺乏，使得中国企业战略管理理论研究缺乏历史资料，也使得中国企业在进行管理时较多地借鉴非企业经营领域的知识用于战略管理实践之中。而这些知识往往来自于企业管理者所熟悉的传统管理思想，如传统治国之道、先秦兵家思想等。

（2）中国企业对于传统治国之道、先秦兵家思想的运用大多数处于经验状态，缺乏对中国传统管理思想的理性认识和理论学说体系的支撑。这种零散的甚至相互冲突的知识运用，客观地造成了企业普遍缺乏西方严格意义上的战略管理。如很多企业家把先秦兵家的治敌思想作为竞争战略应用于企业，一方面取得了一些成功，另一方面也给企业带来了一系列问题。

（3）中国企业在战略管理中的实际状况是同时寻求传统和学习西方，但企业普遍缺乏有意识地主动整合东西战略管理思想作理论指导。最常见的情况是外表对西方战略管理理论的接受而实际经营中却又充斥了大量的传统政治军事管理手段。中国企业没有全盘接受西方企业战略管理理论正是因为中国企业自觉地发现或不自觉地觉察到西方企业战略管理理论在中国情境中的不适应性而产生的理性行为。但这也给中国企业开展战略管理活动带来了诸多困扰，在缺乏适合的战略管理理论指导的情况下，企业不得不自己摸索开展战略管理活动的经验。

要解决中国企业战略管理实践中面临的种种问题就必须建立情境化或者说是本土化的战略管理理论，这已成为中国企业战略管理理论界亟须解决的重大理论问题。情境化战略管理理论研究，不仅是管理知识本土化的过程，也是管理知识创新的过程。

3. 建立本土化管理理论的可能性

几千年来的中华文明孕育了深邃的中国传统哲学思维方式，以及在其指导下发展起来的博大精深的中国传统管理文化。中国传统管理文化造就了已维持达两千多年之久的中华统一国家，造就了世界上唯一没有中断过的中国文明。早在1699年德国哲学家莱布尼茨在其著作《中国最新事务》中就指出，中国的治国之道强于西方，而西方对自然的知识强于中国。治国之道其实就是国家管理的一种传统的说法[①]。我国管理学界的泰斗苏东水认为在新世纪管理文化变革的潮流中，以中国管理文化为代表的东方管理文化，已经成为世界管理界众望所归的灿烂新星。无论是中国在改革开放中巨大经济潜力的释放，还是世界华商的经济起飞，其背后都有中华传统管理文化的支撑。中国式、日本式、新加坡式管理也恰恰是中国传统文化的精髓与该国文化融合的结晶。李雪峰认为中华民族5000年的文明史就是一部5000年的管理史，中国古代在国家治理、竞争斗争谋略和生产经营管理等方面都有着伟大的理论和实践成就。中国传统管理文化造就了伟大的中国古代文明，这样一种管理文化是值得高度重视的。然而进入近代很长一段时期内，由于中国经济的衰落和西方学术界的话语霸权，这种极有特色的管理文化却几乎被完全忽视和大大误解了。可喜的是随着改革开放的深入发展，中国传统管理文化中大量的优秀管理思想成分开始逐渐为现代企业管理研究界所重视，一些研究者开始对中国传统管理思想进行系统的梳理。同时，我国企业正在自发地将传统管理思想中的优秀因子融合到自己的企业管理实践中去，并取得了巨大成功，这充分说明了中国传统管理思想的强大生命力。在应对全球化趋势的过程中，中国传统管理思想作为中华民族传统文化的主体，是管理学界和企业界巨大而宝贵的财富。

---

① 转引自苏东水：《东方管理学》，复旦大学出版社，2005年。

正如徐淑英所说，管理知识体系有三个层次：第一层次是针对具体情境的理论或知识；第二层次是受情境制约的理论或知识；第三层次是超越具体情境的具有普遍意义的理论或知识。占据着世界管理学界话语权的是在西方文化传统下发展起来的一套管理思想体系，它可能包含第三层次的管理知识，但是其发挥全部作用的前提是西方文化情境。离开了西方文化情境，就会有相当一部分管理知识失去用武之地。因此，任何具有较强文化传统的民族都应当努力建立属于自己的本土化管理理论，任何生搬硬套别的民族的管理思想和管理行为的做法，都会造成理论与实践的脱离，给本民族的精神文明和物质文明建设带来严重的不良后果。

4. 先秦兵家思想和本土化战略管理理论的创建

无论是西方管理理论还是中国传统管理思想都是博大精深、内容极其丰富的体系，因此，创立本土化的管理理论是一个浩大的工程，不可能一蹴而就，需要一个切入点。本书认为通过分析先秦兵家思想的战略管理特质，继而创立本土化战略管理理论是一个非常好的切入点。战略管理理论是当代管理理论的热点，它关注企业竞争优势的获取，企业战略管理能力的强弱直接关系到企业的生存和发展。从已有的文献和案例看，传统管理思想中对企业战略管理实践影响最大的莫过于以《孙子兵法》为代表的先秦兵家思想，先秦兵家思想关注的是在竞争性的国际环境中诸侯国如何获取国家竞争优势的问题，这和企业战略管理关注的核心问题非常相似，二者具有相互结合的内在逻辑基础，这就为创立本土化战略管理理论提供了理论上的依据。此外，儒家文化圈中的很多企业家都在自觉不自觉地把先秦兵家思想运用到企业战略管理的实践中去，且取得了很大成功，这为创立本土化战略管理理论提供了实践依据。

作为中国传统管理思想重要组成部分的先秦兵家思想是一份有待国内管理学界开发的宝贵财富。以往的研究多集中在《孙子兵法》，我们有必要对先秦兵家所有重要典籍都进行研究，只有这样才能从整体上把握先秦兵家思想战略管理特质的总体特征和内在逻辑结构。先秦兵家思想是以中国传统哲学为指导的、以获取国家竞争优势和军事胜利为目标的战略管理思想体系，这种战略管理思想体系与西方战略管理理论完全不同，必须对其战略管理特质进行全面的研究，才能较好地运用于现代企业战略管理。

（三）研究的意义

在中国5000年的灿烂文化中，以《孙子兵法》等为代表的先秦兵家思想是中国传统管理文化的重要组成部分。直到今天，先秦兵家思想仍然深深地影响着东方现代企业管理。儒家文化圈中的日本、韩国等有很多著名的企业家如大桥武夫、松下幸之助等都非常推崇以《孙子兵法》等为代表的先秦兵家思想，并且把这些思想灵活地运用到管理实践中去，取得了巨大的成功。同时很多管理学者也一直从先秦兵家思想中吸取精华，并试图运用它创新现代管理理论，建立本土化管理理论。这充分说明先秦兵家思想具有丰富的战略管理特质，可以而且也应当成为建立中国本土化管理理论的重要资源。但是，目前中国管理学界拥有话语权的仍然是西方管理思想，人们已经习惯于西方管理的思维方式和研究范式。以对《孙子兵法》的研究为例，目前大多数研究都不自觉地用分析、抽象和形式逻辑思维将《孙子兵法》断章取义、对号入座，将其肢解、嫁接到西方战略管理理论体系中，更有甚者削足适履、牵强附会，使《孙子兵法》变成注释和印证西方战略管理理论的一些零散条文，无法真正体现《孙子兵法》的价值。要解决这个问题，需要对整个先秦兵家思想的战略管理特质进行全面的整理和分析，如果忽略这项基础性的研究工作，那么先秦兵家思想被肢解、嫁接的困境就难以消除。

因此，本书具有非常重要的理论意义和现实意义。可以归结为以下三点：

第一，有利于传统管理思想的继承与发展。本书从管理文化视角出发，运用管理特质方法对先秦兵家战略管理思想进行了全面而系统的整理，有利于管理学研究者全面把握先秦兵家战略管理思想体系。

第二，有利于本土化战略管理理论的创设与发展。本书在对先秦兵家思想进行全面梳理的过程中，充分挖掘能够为现代企业战略管理理论所借鉴的内容。并努力揭示先秦兵家思想的战略管理特质群的内部结构，为建立本土化战略管理理论打下基础。

第三，为企业战略管理实践提供参考。本书通过分析先秦兵家思想的战略管理特质和内在逻辑结构特征，就战略管理理论的系列核心问题，如如何获取竞争优势、如何建设企业能力等方面，进行中西思维方式、操作技术等方面差异的对比。本书还对如何改进中国企业战略管理行为提出了相关建议，可以为中国企业领导者进行战略管理实践提供有价值的参考。

二、文献综述

中国先秦时期剧烈的社会变革，频繁的战争实践活动和各种思潮的勃兴，为兵家思想的产生提供了土壤；兵家思想萌芽于夏商时期，初步成型于西周，春秋末期逐渐成熟并形成独立的流派。战国时期是兵家最繁荣的时期，兵家所有重要的思想在这个时期都出现了，而秦后兵家思想逐步走向衰落和僵化。先秦兵家按其思想特色大体上可以分为四个流派，即兵权谋家、兵形势家、兵阴阳家和兵技巧家。按兵家的师承，先秦兵家思想可以分为以《孙子兵法》等为代表的齐兵家和以《吴子》、《尉缭子》为代表的魏兵家。

学术界对先秦兵家思想研究的文献可谓浩如烟海，特别是对《孙子兵法》的研究，已经成了一门“孙子学”。总体上看，首先，对先秦兵家思想最为关注的莫过于军事理论界，研究先秦兵家的著名学者吴如嵩、郭化若、于汝波、徐勇、黄朴民、钮先钟等人大多数都是精通战争理论的军界人士，他们的研究一般局限于战争领域，主要关注先秦兵家的军事战略、战术以及治军思想。其次，管理学界也非常关注先秦兵家思想，如杨先举、李雪峰、张连城、周三多、潘承烈等人都对《孙子兵法》等先秦兵家思想中的管理思想或战略管理思想进行了深入的研究。但就目前的情况看，管理学界的学者对先秦兵家思想的研究不如军事界的学者研究深入。很少有管理学者对《孙子兵法》以外的兵家重要典籍如《司马法》、《六韬》等进行深入研究。由于本书的目标是要寻找先秦兵家思想战略管理特质，因此，我们主要关注从管理学视角对先秦兵家思想进行研究的文献，同时军事界和哲学界对先秦兵家思想的研究成果为研究先秦兵家思想战略管理特质提供了重要资源，也应当尽量吸取。

（一）先秦兵家思想研究综述

人们普遍认为《孙子》、《吴子》、《孙膑兵法》、《尉缭子》和《司马法》等先秦兵家典籍具有朴素的唯物辩证思想。一是依据战争中的客观因素及其矛盾去认识战争指导原则和发展规律，强调“知己知彼，百战不殆”；二是重视发挥人的主观能动性，强调在战争中要观形察势、因变治变；三是论述了战争中文与武、军事斗争与政治斗争之间的辩证关系，强调文德与武备并重、政略与战略结合等，其思想在认识论和方法论上具有普遍的哲学意义。先秦兵家思想的最大特色，在于它的以现实经验为基础的理性态度，即“一切以现实利害为依据，反对用任何情感上的喜怒爱憎和任何观念上的鬼神天意，来替代或影响理智的判断和谋划”。

先秦兵家思想的研究主要集中在对《孙子兵法》的研究。成果非常多，难以尽述。就所见到研究《孙子兵法》的文献而言，陈学凯对《孙子兵法》的研究应当属于比较精深的。陈学凯把《孙子兵法》战略思想分为三大部分，即战争的认识体系—知彼知己、制胜行动原则—避实击虚、知行观等，提出避实击虚是《孙子兵法》谋略思想的核心，得到很多研究者的认同。此外，还有一些比较零散先秦兵家其他方面思想的研究：如谢川豫对《孙子》和《吴子》军事情报思想的比较研究，认为《孙子》之为详者为《吴子》之为略，《孙子》之为略者为《吴子》之为详。徐勇、黄朴民从八个方面概括了《司马法》的军事思想，即以仁为本、以义治之的战争观；慎战与备战并重的国防思想；把握军队自身特点的治军思想；相为轻重的用兵方略；智、勇、巧三者结合的作战思想；以六德为核心的军事教育思想；改良武器装备的思想；丰富多彩的古军礼内容。李兴斌提出先秦兵家的和平思想的五个方面：一是以禁暴除乱和安国保民为战争的终极目的；二是以“不战而屈人之兵”为战争获胜的理想结局；三是以“修道保法”和赢得人心为战争获胜的坚实基础；四是高度重视智谋的作用并以之作为克敌制胜的重要手段；五是以强大的经济、军事实力和常备不懈为和平的可靠保障。晁罡对儒家和兵家治道的融合问题进行了研究，认为儒家对兵家有着重要影响。姚鸿健认为《孙子兵法》内含了丰富事理学范畴的思想，在哲学层面上提出了一些指导人们把事情办好的一般思想和方法原则。陈锦松提出《六韬》有着很伟大的大战略思想，《六韬》在经济方面提出要从农、工、商三个方面进行经济建设；在外交方面提出要“抚其左右”，“顺者任之以德，逆者绝之以力”；在道义方面提出治国的根本原则是要与人民的利益相一致，主张义战，吊民伐罪；在计谋方面主张文伐与武伐相结合。姜国柱从六个方面提出了《六韬》军事谋略思想：第一，文武兼备，修德禁暴；第二，全胜不斗，不战而胜；第三，全知敌情，以求全胜；第四，抓住战机，智勇者胜；第五，以少击众，以弱胜强；第六，实行诡计，以奇制胜。

有几个特别值得研究者关注的重要文献需要指出：一个是霁虹于 2003 年发表在《社会科学战线》上的一篇文章《兵家军事思想研究 20 年回顾》，该文对我国 20 世纪 80 年代初到 90 年代末，学术界对《孙子兵法》等先秦兵家思想的相关研究进行了详细的综述，把这些研究分为军事战略战术思想、军事谋略、军事经济、军事管理、军事伦理等多个方面。而刘庆把中国大陆地区 1949 ~ 1988 年间有关《孙子兵法》研究的重要著作和论文进行了收集和整理。还有，2010 年中国台湾“中华孙子兵法研究学会”的王长河在《滨州学院学报》发表了一篇文章，对 1990 ~ 2010 年 20 年来，中国台湾地区《孙子兵法》的研究文献做了收集和整理。而于汝波主编的《孙子学文献提要》一书更是总括了古今中外关于《孙子兵法》的研究成果，可以说是研究兵家思想的指南针，可惜很少见到关于先秦其他兵书的这类总结性研究，这表明学术界对于先秦其他兵书的研究要远远少于对《孙子兵法》的研究。

国外对先秦兵家思想的研究虽然不如国内丰富，但是其独有的西方传统文化视角和严谨的研究范式对于国内的研究是一种重要补充。先秦兵家思想早在 7 ~ 8 世纪就传入日本，后又传入朝鲜。18 世纪，曾在清朝宫廷居住过的传教士阿米奥神父翻译了法文版的《孙子兵法》、《司马法》等先秦典籍，开始了先秦兵家思想在西方的流传；19 世纪俄罗斯人普齐雅特用俄文详细介绍了《孙子兵法》、《吴子》、《司马法》等兵书；20 世纪 40 年代 Giles 和 60 年代 Griffith 等人翻译的英文版《孙子兵法》在西方世界广为流传。著名的汉学家安乐哲不仅精通先秦诸子哲学和中国传统文化，而且对《孙子兵法》、《孙膑兵法》有着深刻的理解；Balmforth 对《孙膑兵法》进行了深入的研究；Yates 则对中国战国时期的军事思想演进和发展进行了全面的研究；Raphals 分析了先秦兵家思想中的战略欺骗思想，并将其与西方传统文化的代表古希腊的相关思想做了比较；Handel 将孙子思想与克劳塞维茨的军事思想进行了比较。此外，西方军事界一些重要期刊如《军事评论》（Military Review）、《战略评论》等也经常出现与先秦兵家思想有关的论文，足见先秦兵家思想在西方的影响。

（二）管理学视角的先秦兵家思想研究综述及问题分析

国内管理学界对于先秦兵家思想与现代企业管理的研究热潮兴起于 20 世纪 90 年代。90 年代相继成立各种研究组织，并连续几年召开了以《孙子兵法》研究为主体的各种形式、各种规格的国际、国内学术研讨会，如中国孙子兵法研究会自 80 年代末开始举办《孙子兵法》国际研讨会以来，至今已经举办了 7 届，共有美、日、韩、英、俄等二十多个国家和地区的学者参与，有多次会议的研究重点就是如何将先秦兵法运用到经济管理领域；而且有关这方面的专门书籍和论文也大量出现。尤其值得指出的是，近几年来，山东滨州学院的《滨州学院学报》举办了多次“《孙子兵法》应用高层论坛”，邀请了一大批著名管理学者发表学术论文，对国内的兵家管理思想的学术研究起到了重大的推动作用。

由于先秦兵家思想主要体现为一种如何应对竞争的思想，因此，管理学界对《孙子兵法》等先秦兵家思想的研究大多数集中在把先秦兵家思想与企业战略管理、商业竞争相结合方面。具有代表性的研究主要有：周三多在《战略管理思想史》中提出了一个由八部分组成的《孙子兵法》战略思想体系和《孙子兵法》九大战略原则，并在与西方战略管理思想对比的基础上提出了战略加减法。张连成在其著作《先秦兵法与现代市场经济》中通过分析《孙子兵法》、《吴子》、《司马法》等六部先秦兵书中的思想，全面探讨其对中国市场经济发展和企业管理的影响。李雪峰在《太极智慧——孙子兵法与企业战略管理》中使用了六对范畴来分析孙子兵法与战略管理的关系。即：资源运用——形与势；竞争定位——虚与实；决策认知——彼与己；规划设计——奇与正；组织实施——刚与柔；战略行为——顺与动。王方华在《企业战略管理》中将《孙子兵法》与整个企业战略管理过程结合起来，提出《孙子兵法》的战略目标是“全胜”，战略分析是“五事七计”，战略制定有有备而战、速战速决、避实击虚、争取主动等六项原则，对战略实施与控制过程有创造条件，掌握主动权、造形创势、动中取胜等几个要求。刘云柏在《中国兵家管理思想》一书中专门用两章分析了先秦兵家管理思想，并提出先秦兵家管理思想具有将战略管理建立在富国强兵的基础上、运用各种手段制造矛盾以壮大自己并孤立主要对手、不迷信、强调争取主动权、重视对时机的把握、关注后勤等六个特点。陈炳富提出《孙子兵法》战略管理模式，该模式分为三步：第一步是构建战略框架，包括战略分析、限制条件、备选方案等；战略分析以五事七计为核心，包括对企业内外分析，竞争对手分析，“利”的分析。第二步是战略的形成，包括实力分析、实力分配与运用、确定战略，实力分析主要包括形势的分析。第三步是战略实施与控制，包括制定职能战略和战略的实施与控制。这个模式基本上由西方战略管理的规模学派的战略管理模式改进而来，具有较强的中国特色，但是没有进行深入研究。杨先举在其著作《孙子管理学》中认真挖掘了中国古代兵法中的战略管理思想及其在企业战略管理等多方面的应用，是将中国传统文化和西方战略管理理论相结合，实现西方战略管理本土化的一个重要研究。鄢德春认为《孙子兵法》是一种战略哲学；《孙子兵法》与战略规划学派和环境适应学派的相容性很好，但与产业组织学派和资源基础论学派的相关性不强。许卫提出在战略制定、分析、实施和控制中全面应用《孙子兵法》中的战略思想和方法。程振清从《孙子兵法》中提取了 12 条可以运用于商业竞争的原则。包括比较原则、领导原则、同心原则、分治原则、伐谋原则、造势原则、审慎原则、主动原则、诡道原则、奇兵原则、权变原则、集中原则。盛奇秀提出《孙子兵法》战略行动的基本原则是利害原则。利害是行动依据，行动的目的首先就是争夺己方的利益，避免己方之害；阻止敌人之利，造成敌人之害。其次，要以敌方的利害调动敌方；以己方将士个人利害激励他们积极行动；为了国家的利益，将领应当做到“进不求名，退不避罪”。宫玉振认为战争理论从本质上讲是在“强竞争”的环境下所产生的一种取胜理论。作为战争理论的巅峰之作，《孙子兵法》提出了以全胜、知胜、先胜、战胜为主要内容的取胜之道。从企业竞争的角度来说，全胜、知胜、先胜、战胜同样构成了一个完整的以动态竞争为特色的企业竞争理论体系，它从竞争的宗旨与竞争样式选择、竞争信息与情报分析、竞争的关键要素、竞争行动的基本原则等方面，揭示了竞争取胜的基本原理。李桂生对兵家管理的对象、种类及其内涵做了研究，提出兵家管理的对象可以分为人力、财力、物力、时间、空间、信息六个基本要素；管理种类可以分为正己管理、安人管理、训练管理、指挥管理、军事管理五个基本类别，其管理对象和种类都有独特的内涵。这些思想无论对军事管理还是企业管理、行政管理都具有重要的理论借鉴意义。此外，张志祥、虞祖尧、沈恒泽、姜瑞清、荣凤义、傅银生等一批学者都对先秦兵家思想与企业竞争进行了研究。

多数研究都关注先秦兵家思想对现代企业战略管理和商业竞争的积极方面，只有少数研究注意到了先秦兵家思想对现代企业战略管理和商业竞争的消极方面。如陈洪琏提出《孙子兵法》等兵书中的某系原则、方法，若在商战上被不择手段地加以运用，对建立正常的商场秩序、规范竞争各方的商业行为是极为不利的。

此外，还有大量的研究关注先秦兵家其他管理思想。如郭子仪探讨了《孙子兵法》的管理心理学思想。傅朝探讨了《孙子兵法》的组织管理学思想。晁罡从管理战略、管理策略和管理方略三个层次论述了《孙子兵法》的民本论、义利论、协和观、激励术、统御术等六个方面的管理思想。董海洲、王建军从目标管理、战略管理、行政管理、经济管理、信息管理、人才管理等几个方面论述了《孙子兵法》的管理思想。齐兰把《孙子兵法》中的几项基本原则和西方经济学中的基本假设作了比较。纪宝成研究了先秦兵家的经国治军思想，提出兵家受到儒家民本主义思想影响比较大，重视人民在治军、治国和治敌中的作用；兵家具有朴素的辩证能动的思维方式。兵家经国治军思想可以概括为“上下同欲，政胜为先”、“申饬军纪，严明赏罚”、“教戒为先，严格训练”、“将为国辅，知人善任”。丁敬群研究《孙子兵法》治身和治军思想，认为所提出的将治身的五德可以作为选拔企业领导或部门管理者的标准。《孙子兵法》中的治军方法主要是“爱”与“严”，对于企业管理来说“爱”则应当充分调动员工的积极性，“严”就是要坚决按照规章制度办事。决策思想是先秦兵家最有特色的思想，在学术界引起了较多的关注。周可真认为先秦兵家管理决策思想是关于国际交战状态下一个国家为了击败对手、取得胜利而制定战略战术的决策研究。张森年认为《孙子兵法》决策原则有十个：第一，重道——前提性原则；第二，理智性原则；第三，胜负可知——预测性原则；第四，全胜原则；第五，择优原则；第六，自主性原则；第七，能动性原则；第八，重神——反馈原则；第九，效益原则；第十，辩证性原则。其中，辩证性原则和能动性原则比较重要。陶新华、朱永新对先秦兵家决策心理思想进行了研究，认为先秦兵家决策心理思想主要有三个方面：第一，知彼知己，百战不殆——全面信息管理心理思想；第二，校之以计，而索其情——全方位收集分析信息，主要方法有分析推断、观察法、用间法、侦察法；第三，多算胜，少算不胜。

国外管理学界对于先秦兵家思想的研究比国内要超前。事实上，自第二次世界大战以后，美、日、德、苏、新加坡等国家及中国香港、台湾地区就已开始将《孙子兵法》战略思想应用于企业竞争和经营管理，并且形成了一种风气。尤其是日本经济管理专家在日本经济遇到困难和麻烦时，往往习惯从中国古代兵家思想中寻找摆脱困境的办法。其中最为突出的是日本兵法经营塾塾长、东洋精密工业株式会社总裁大桥武夫的实践和研究。早在1957年他就用《孙子兵法》指导其公司的经营管理，并先后发表有关兵法经营的专著55部。他在《兵法孙子》

一书中提出了兵法经营论，后又编写《用兵法经营》等书，从而带动日本管理学界形成了一个兵法经营管理学派，其《兵法经营要点》一书早在80年代末就被翻译成中文在国内出版，引起我国管理学界的重视。西方许多经济管理学家对于先秦兵家思想都有十分精深的认识，如战略管理大师明茨伯格就非常推崇《孙子兵法》，把它视为战略管理理论中定位学派的第一高潮，提出"《孙子兵法》在今天来讲也是一部杰出的著作，几乎没有什么新的观点能超越它，孙武提出的许多名言警句都是具有普遍意义的，像'不战而屈人之兵，战之善者也'等；其他一些以策略形式表达出来的战略思想同样也是具有普遍意义的，像'故能而示之不能，用而示之不用'，'利而诱之，乱而取之'；还有一些警句格言所表达的战略思想非常接近今天定位学派持有的观点"。美籍华人成中英从管理哲学视角分析了兵家的权变哲学，认为兵家权变哲学对企业营销和市场竞争有重要借鉴意义，他还从立于不败之地、重视"知"等四个方面分析了《孙子兵法》的策略思想。美国人汉德森根据《孙子兵法》写的《如何打赢争夺市场的战争》，被誉为商业领袖之书，被一版再版，十分畅销。约翰·阿利把孙子兵法中的思想与战略管理中的SWOT分析方法进行了比较研究，认为"《孙子兵法》的虚实之分及其倡导的以实击虚的效果，与现代SWOT分析方法的效果如出一辙。SWOT分析法是营销中流行的策略性方法。这种方法给出公司强弱的领域和市场的机会与风险。应用实力去追寻机遇的观点可以说是《孙子兵法》的再版。这完全是换一种说法说出了我们计划要做的事情"。迈克尔森将孙子的思想和企业战略管理以及市场营销相结合，提出了一些带有中国文化特色的战略管理和基于《孙子兵法》的12项营销原则。英国的马克耐里（McNeilly）的《孙子兵法与商业艺术》，提出了商业竞争中的六项原则：第一，不战而屈人之兵；第二，避实击虚；第三，先知和惑敌；第四，追求速度和积极准备；第五，让竞争对手按自己的计划行事；第六，领导的能力和品质修养。Khai Sheang Lee 等人认为《孙子兵法》乃是一种竞争的艺术，而博弈论是一种竞争的科学，二者具有互补关系，在企业竞争过程中综合使用《孙子兵法》中的原则和博弈论分析，能够提高企业在市场竞争过程中战略决策的水平。Min Chen 认为《孙子兵法》可以给企业管理带来三点重要启示：第一，成功的管理者应当能够凝聚人心；第二，应当全面考察领导者的综合素质，而不仅仅是专业能力；第三，竞争中的优势和劣势是相互转化的，因此，管理者必须学会把劣势转化为优势。Wann - Yih Wu 用实证的方法考察了《孙子兵法》中的一些重要原则和企业战略执行水平的关系，认为它们之间存在着很强的相关性。弗纳德茨（2004）运用《孙子兵法》中的名言警句建构了一个以组织、领导者、环境、共同目标四个要素为核心的全面管理模型（The Complete Management Model）。

从根本上说，国外对先秦兵家思想在经济领域中运用的关注，带动了国内学术界的研究，形成了国内外相互交流，共同促进了这方面学术研究的繁荣。总体上，无论国内还是国外，研究的焦点主要集中在对《孙子兵法》的战略思想和管理思想的探索上，人们对《孙子兵法》的战略管理思想研究已经非常深入，未来的研究趋势应该会把目光转移到《孙子兵法》以外的兵家思想上去。

管理学界对先秦兵家思想的研究虽然不断升温，成果越来越丰富，但是也存在明显的问题。苏东从文化的视角出发，认为管理学界对《孙子兵法》研究存在两大误区：一是受经学传统的影响，注重训诂摘句，失去深入探求本质、创立和发展新理论的内在兴趣和动力；二是受西方管理理论的影响，但采取直觉的方式而非实证的方式将《孙子兵法》断章取义、对号入座，使得《孙子兵法》成为西方管理理论的影子，成为一些管理条文。在管理领域，深入研究《孙子兵法》等先秦兵家管理思想就必须全面学习西方现代管理理论，深入研究《孙子兵法》的传统文化渊源，并最终跳出文化圈子以探求科学的普遍性结论。虽然苏东是在十几年前指出这个问题，但是从目前研究先秦兵家管理思想文献看，这两大误区仍然存在，只有少数研究者在对西方管理理论有了深刻理解之后，又深入到先秦兵家传统文化渊源来研究其管理思想，提出相对深刻的见解，大量的研究还处于低层次阶段。因此，他提出的建议仍然适用于目前管理学界对先秦兵家思想研究的现状。

（三）先秦兵家思想战略管理特质相关研究综述

1. 特质理论

在心理学中，特质是一个非常重要的概念，被视为人格结构的单位。人格的稳定性与独特性在很大程度上归功于其核心成分——特质，“特质是指一个人的行为中重复发生的规律性和趋势”。特质是人格的“心理结构”，是个体的“神经特性”，具有“支配个人行动的能力”。人格特质的发现最早得益于 Allport 和 Odbert 提出的词汇研究法，他们首先从英语词汇中找到了 17953 个特质词汇，然后去除那些意义相近或相同的词汇，最后剩下 4505 个代表人们之间心理差异的英语特质词汇。研究者经过归类，用因素分析的方法得到了若干种人格特质，其中比较有名的是五因素模型。特质理论将特质作为理解和预测所有文化中人们行为的基础，并得出人格特质具有普遍性的结论。而文化心理学家大多对特质概念的功用表示怀疑，他们认为个体行为更多地由背景因素而非特质因素所决定。特质论的创始人 Allport 也认为特质的概念具有局限性，事实上很难用特质准确地预测个体的行为。“在一个人的活动倾向中，除了可变的那部分外，另外一部分是稳定不变的，后者正是我们力图用特质概念所说明的那部分”；但是尽管存在这些疑问，特质理论仍然迅速发展，目前特质理论已经逐渐形成一种非常规范的分析方法——特质分析方法，受到越来越多学者的关注。

中国传统思想文化研究领域很早就借鉴使用了特质的概念，早在20世纪60年代牟宗三就把特质的概念引入了对中国哲学的研究，以此表明中国哲学与西方哲学的区别。李承贵、贡华南等人秉承牟宗三的做法对中国传统哲学的基本特质进行了系列研究；此外，叶赋桂、朱进有、周贵华、李翔海、肖艳等人在研究儒家、新儒家、道家、佛教、玄学以及毛泽东等思想中都使用了特质概念；还有很多类似研究也大量地使用了特质概念，应当说特质的概念在文化与思想史的研究中已经非常普遍。大体上人们在研究中使用特质的概念来表示某种思想的核心内容，然而从总体上看，在文化学和思想史领域中对于特质的研究不太严谨，基本上是思辨性，没有形成一种规范的特质分析方法。并且人们对特质的概念认识很不统一，经常把特点和特质混用，有个别文章标题上用了特质这个词，但是全文竟然就再也没有出现过特质这个概念。这反映了特质理论在文化学和思想史研究中的应用还很不成熟。

国内有一些心理学研究者开始涉足文化学和思想史的研究，并运用规范的特质研究方法为文化和思想史的研究做出重要的探索，具有代表性的有杨波对古代中国人人格结构的研究。他依据《史记》，使用内容分析方法和因素分析方法对《史记》有关人格的词汇进行研究，提出了中国古代人具有“仁、智、勇、隐”四种人格特质。

2. 管理特质分析方法

在管理学中人际关系学派非常重视对心理学研究成果的借鉴，人格心理学中特质概念也时常出现在其相关研究成果中，特别是关于领导或企业家的研究，经常用人格特质来分析其对组织的影响。如巴纳德归纳了成功领导者必备的五种特质：活力和耐力、说服力、决策力、责任心、智力能力。人力资源管理理论中的人才测评更是直接来自心理学研究成果，这些理论所涉及的特质概念都是心理学中的概念，不能算是管理学意义上的特质概念。

真正把特质概念引入管理学研究，使之成为具有特殊意义的管理学研究方法的是我国东方管理学派的学者①。管理特质分析方法乃是他们为了找出中国传统管理文化中核心知识体系，而在研究实践中逐步发展起来的一种研究方法。张阳

① 东方管理学派是当代中国管理学术界的一个重要学派，是我国著名管理学家苏东水教授创立的。该学派以苏教授门下弟子为核心，相关学者遍及国内外几十所高校，出版了大量学术论文、专著和教材。东方管理学派以中国传统管理思想为研究的核心对象，专注于对东方人管理思想和行为的研究，提出很多创新性的管理思想和理论。而苏东水教授提出的“以人为本、以德为先、人为为人”东方管理的基本原则，得到国内外学术界的广泛认同，被誉为中国管理学界的一代宗师。

在其博士论文中系统地介绍了管理特质分析方法的理论基础、特点和操作步骤，并运用该方法对中西方重要管理思想进行了分析和对比；何似龙在《转型时代的管理学导论》中也介绍了管理特质分析方法；施祖留运用管理特质分析方法对孔、孟、儒学管理文化进行分析，提出了儒家管理思想的结构；张阳、周海炜在其著作《管理文化视角的企业战略》中对以先秦兵家思想为主体的中国传统战略思想的主要内容、特点及其战略管理特质和应用等进行了较为详细的探讨。他们把《孙子兵法》思想的战略管理特质分为三大特质群：第一，战略决策原则特质群 T_1，包括三个子特质，即特质 T_{11}：妙算多胜；特质 T_{12}：兵贵胜不贵久；特质 T_{13}：全胜思想。在这一特质群中，战略决策原则也呈现从抽象到具体化的关系，即 $T_{11} \rightarrow T_{12} \rightarrow T_{13}$。全胜思想呈现出孙子战略思想的最高目标。第二，战略资源特质群 T_2，包括两个特质，即特质 T_{21}：兵形象水；特质 T_{22}：善战者求之于势。这一特质群是战略决策的基础，孙子运用古代传统的辩证思维，将形与势作为一种对偶寻求战争中的最佳结合。因此，虽然孙子分别论述“形篇”和“势篇”，但其中均贯穿着辩证思想。形与势的对偶可以表示为：$T_{21} \rightarrow T_{22}$。第三，战争谋略特质群 T_3，包括三个特质，即特质 T_{31}：避实击虚；特质 T_{32}：军争为利；特质 T_{33}：通九变之利。三个特质群从战略决策开始，最后获得战争战术，依次由抽象走向具体，即 $T_1 \rightarrow T_2 \rightarrow T_3$。

三、总体构思

（一）研究的视角与方法

本书主要关注先秦兵家思想的战略管理特质，属于管理理论的基础研究，目的是为创立本土化的战略管理理论奠定基础。从研究范式上看，和管理思想史、管理文化比较接近。因此，本书一方面借鉴思想史的研究范式，注重采用规范研究方法。规范研究乃是一种以归纳演绎为主，强调价值判断，研究事物“应该是什么”的定性研究。另一方面主要运用了东方管理学派学者所创立的管理文化研究方法，管理文化既是一种研究视角又是一种研究方法，其中特质分析方法在管理文化研究中占有特别重要的位置。

本书主要是进行定性研究，但也辅助运用定量研究方法。我们将把情报学中的内容分析方法与管理特质分析方法融合，借助词频分析软件，对研究涉及文献中的关键词进行词频分析，然后利用词频分析结果，引导思辨研究的方向，形成较为合理的判断。这种用定量分析辅助定性分析的研究范式在心理学人格研究中是比较常见的。本书所涉具体的研究方法除了管理特质分析方法、哲学诠释方法和内容分析方法之外（在理论准备中重点讨论），其他的方法主要有：历史研究方法、文献研究方法、比较研究方法等。

1. 历史研究方法

在一门学科研究中，只有以学科的史学研究为基础，对每一理论问题的研究从历史渊源上加以追索，方可揭示理论内涵中的本质问题，把握这一理论的历史成因及历史进展，以及正确评价某一理论问题对实践的指导作用，这便是任何一门学科的研究都必须以历史研究作为起点的基本原因。对于先秦兵家战略管理思想的研究，本身就带有史学研究的特点，先秦兵家的很多思想、概念、范畴需要深入到其产生发展的历史语境中去，才能精确地把握其内涵。为了发挥先秦兵家思想在现代经济管理中的作用，不仅需要研究历史的继承性问题，而且有必要研究历史的延续性问题。

2. 文献研究方法

文献研究方法注重对相关的重要论著和评论等文献资料进行综述、分析、比较和综合。对先秦兵家思想的研究已经积累了大量的文献，这些文献都是本书的宝贵材料，只有站在前人研究的基础上，本书才能达到一定的高度。严格地说，对于先秦兵家战略管理思想的研究还不太成熟，从不同的角度出发往往有不同的看法，仅仅从一个侧面是很难窥见问题的本质的，这就需要我们对纷繁复杂、观点角度各异的文献资料加以分析、比较，以帮助我们找到先秦兵家思想的战略管理特质。

3. 比较研究方法

比较研究方法在管理学方面的运用是从20世纪50年代开始的，其宗旨是通过对不同经济制度、不同社会文化背景、不同政治法律环境等对管理模式和管理效果的影响，进行跨国度、跨文化的研究，以探讨先进的管理理论与实践的可转移性。本书目标是为建立中国本土化的战略管理理论作基础性的研究，必然要把先秦兵家思想战略管理特质和西方战略管理思想进行比较，这种比较主要涉及不同文化根基、思维方式之间的比较，也就自然而然会应用比较研究方法。

（二）研究的思路与主要内容

本书的研究主要属于管理学基础研究，其根本目的是为创立本土化的战略管理理论做前期工作。主要目的是从战略管理理论的视角，梳理先秦兵家思想，找出其战略管理特质，建构先秦兵家思想战略管理特质群的结构，并进一步比较先秦兵家管理思想与现代企业战略管理理论思想，最后提出理论研究和企业实践的相关建议。

根据这个研究思路，本书研究的主要内容可分为三大部分：

1. 理论与方法的准备部分

由本书的第一章和第二章组成。第一章主要交代本书的问题意识和研究意义，对军事界和管理界学者对先秦兵家思想的相关研究文献进行了综述。然后，就战略管理特质方法对先秦兵家思想进行研究的文献进行了综述，最后提出了将要运用到的研究方法和技术路线图。第二章首先通过对先秦兵家思想、战略管理特质等概念进行界定，指明本书题目的意义和内涵。然后对战略管理特质研究的理论基础、操作步骤进行说明，同时说明本书对这种研究方法的改进，即把哲学诠释方法和内容分析方法融入战略管理特质研究中。最后提出研究的分析框架和步骤，主要讨论如何设计一个合理的分析框架和研究步骤，使整个研究具有较强的科学性、客观性和系统性。本书根据先秦兵家关注的主要内容，结合中国传统管理的一般特点，设计了一个治身思想、经国治军思想和治敌思想三类管理思想相互融合的分析框架。分析每一类管理思想时主要从目标、手段、基础等方面进行探讨。

2. 本书主体部分

第三章和第四章是本书的核心部分，主要内容是运用管理特质分析方法，对先秦兵家主要六部典籍中的战略管理知识进行逐个的特质分解，形成一个基本上能够覆盖先秦兵家战略管理思想的特质库。第三章主要研究《孙子兵法》、《吴子》、《司马法》的战略管理特质；第四章主要研究《六韬》、《尉缭子》、《孙膑兵法》的战略管理特质。在研究每一部典籍时，首先交代这一部典籍的基本情况，分析该书的主要内容和所涉及的战略管理思想。然后运用管理特质分析方法，根据分析框架，对该书内容进行特质分解，画出每一重要特质的KJ图。最后对每一个战略管理特质进行诠释。

3. 讨论与启示部分

第五章是本书核心部分的拓展，首先运用内容分析方法分析能够反映战略管理特质的字词出现的频率，从中概括出先秦兵家思想的主要特征。然后从管理文化视角，考察先秦兵家思想作为一个整体，其内在的核心战略管理特质，利用核心特质来连接和组织战略管理特质库中的各个重要特质群，形成一个具有内在逻辑结构的战略管理特质群。第六章主要依据先秦兵家思想战略管理特质群，结合现代战略管理理论进行中西战略管理思想的对比分析。重点考察西方战略管理过程理论和企业能力理论，讨论从先秦兵家管理思想的逻辑与结构出发，对这两种理论有何启示。第七章提出创立本土化企业战略管理理论的建议和中国企业战略管理建议。

（三）技术路线

本书研究大体上沿着这样一个技术路线，首先从研究背景出发，提出问题和界定问题；其次讨论研究的理论基础，并在此基础上建立分析框架；再次用管理特质分析、内容分析等分析方法得出相关结果；最后根据所得出的结果进行讨论，提出相关启示。具体的技术路线如图 1－1 所示：

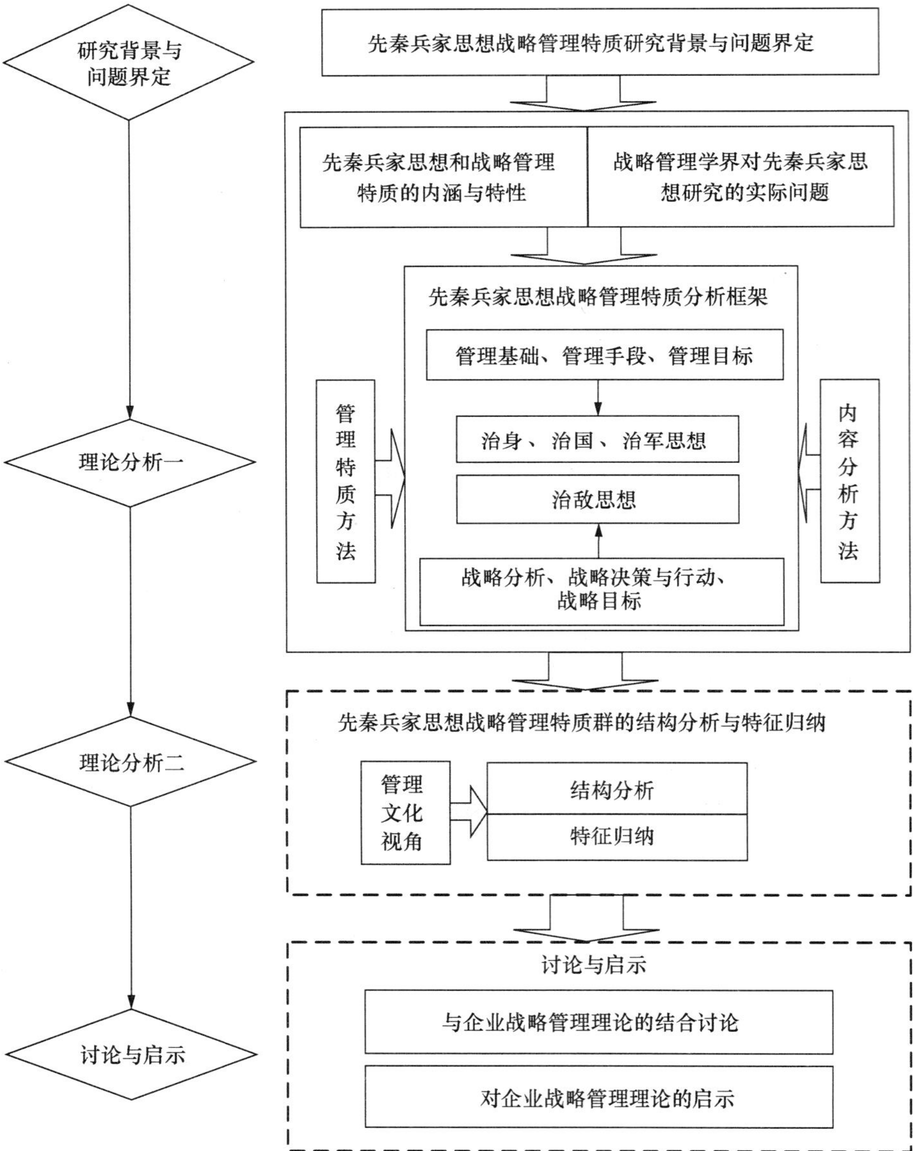

图 1－1　本书技术路线

第二章　概念界定、理论准备以及研究设计

一、相关概念的界定

（一）先秦兵家与先秦兵家思想

1. 先秦兵家

对于先秦兵家的概念，《汉书·艺文志》有着明确的说法："兵家者，盖出古司马之职，王官之武备也。《洪范》八政，八曰师。孔子曰为国者'足食足兵'，'以不教民战，是谓弃之'，明兵之重也。《易》曰'古者弦木为弧，剡木为矢，弧矢之利，以成天下'，其用上矣。后世耀金为刃，割革为甲，器械甚备。下及汤武受命，以师克乱而济百姓，动之以仁义，行之以礼让，《司马法》是其遗事也。自春秋至于战国，出奇设伏，变诈之兵并作。汉兴，张良、韩信序次兵法，凡百八十二家，删取要用，定者三十五家。"可见，兵家是源于周官大司马，约在春秋时期开始形成独立的流派。

兵家关注的焦点是军事问题，即国家之间的竞争和战争的胜利，而儒、道、法、墨等家关注的焦点是治国之道，与兵家关注的焦点大相径庭，因此一般不把兵家与儒家、道家、法家等并列。《左传·成公十三年》说"国之大事，在祀与戎"。"祀"本意是指祭祀，祈天祭祖，神道设教，为政治权力提供了一种不可或缺的合法性基础，并塑造了人民对统治权的认可。刘泽华认为商周时期乃至以后，祖先崇拜一直盛行，祭祀祖先是维护宗法制度和君权不可缺少的东西。因而"祀"既具有政治内容，又具有伦理内容。可见，"祀"实际上是一种政治思想，在古人眼中它代表了国家政治生活。另一件可以与政治相提并论的国家大事就是

"戎"，即军事战争，这正是兵家所关注的焦点。先秦时期由于战乱频繁，诸侯国对军事问题的关注远远超过对治国理想的关注，兵家因此而大兴，根据班固《兵书略》的统计，先秦兵家四派合计53家，789篇，数量相当可观。班固还把兵家划分为四大流派，即兵权谋、兵阴阳、兵形势和兵技巧。但存留至今的情况却非常少，仅以兵形势这一派而言，班固在《汉书》中共列有11部著作，存留至今的只有《尉缭子》一部，其余都已经亡佚了。现今保存下来的先秦兵书中，代表性的著作不过数家。

2. 先秦兵家思想

从研究思想史的角度来说，先秦兵家思想无疑可以视为先秦兵家典籍中蕴涵的思想。先秦兵家思想最早可以追溯到上古时期。据《汉书·艺文志》记载最古老的兵书是上古炎黄时代的《神农兵法一篇》和《黄帝十六篇》，不过这两本兵书早已失传。姜太公可以算是最早的兵家人物，钮先钟认为周武王伐纣战争中(约公元前1122年)，作为主帅的姜太公为了打败商纣，先后采取了一系列的行为，如事先在商朝首都埋伏间谍、交战前大声声讨纣王各种罪状以瓦解商朝军队士气、交战时使用声东击西的方法分散敌人的注意力、运用战车突击等手段，最终打得商军溃败而逃。司马迁在《史记》中说："后世之言兵，及周之阴谋，皆宗太公本谋。"《六韬》虽然被认为成书于战国后期，但是其中很有可能保存了姜太公的一些重要思想。春秋末期（约公元前500年），我国古代伟大的军事家和战略家孙武著有《孙子兵法》，是世界上最早和最杰出的战略名著，标志着先秦兵家思想的成熟。孙子之后中国历史进入了战国时期，兵家也进入了全盛时期，各种兵书不断涌现，兵家思想得到了最充分的发展。兵家是先秦时期的子学，后来像儒家一样成为经学，丧失了勃勃生机，秦汉之到近代，虽然有无数兵书出现，但是没有一部能够超过先秦兵家的成就。故此，研究先秦兵家思想基本上可以把握中国传统兵学的精髓。

本书对先秦兵家思想战略管理特质的研究，以《武经七书》中的《孙子兵法》、《司马法》、《尉缭子》、《六韬》、《吴子》为主，再加上《孙膑兵法》，共6部先秦兵家典籍中的战略管理思想为研究对象。朱墉在《武经七书汇解》中对前5本书的特点作了这样的评价"《孙子》之诡异奥深，穷幽极渺；《吴子》之醇正简要，恕己近情；《司马》之缜密谨严，详核周至……《尉缭》之敦本勇实，峻法明刑……《太公》之规模阔大，本末兼该"。当然这6部典籍是否都是先秦的著作，学术界还存在争议，如《尉缭子》被认为"辞意浅薄"，乃是伪书，《吴子》被认为"其论肤浅，自是伪托"。张世超指出古书在流传过程中，有时会被后人修改润色，因此，不能仅凭"辞意浅薄"的印象就判定其真伪；还可能会被后人补益一些字句甚至段落。因此，不能仅凭个别带有后代色彩和特征的词句而判定其真伪。此外，先秦同一思想体系的古书在成书过程中存在着相互借鉴、因袭的情况，因此，看到两部古书中出现雷同字句、段落，不能判定其中一部为伪书。综合考据界主流的观点看，大多数人都认同这6部书属于先秦的作品。退一步说，即使这6部书中某些著作不是先秦时期的作品，但只要其反映了先秦时期诸侯国面临的激烈的竞争环境，追求竞争优势这一特色，就不妨碍我们的研究。

（二）战略管理与战略管理特质

1. 战略、管理与战略管理

管理虽然是一个常用词汇，然而人们对管理的认识却不一致，究其根本，还在于管理活动是人的活动，受到文化的影响。在不同的民族文化中人们对管理有着不同的理解。为此，我们需要有一种跨文化的管理形式化定义（本章第二部分中将会详细论述）。本书认为管理乃是由一个或多个人（管理主体），根据某种文化观念、理论假设等对他人（管理客体）施加的影响，以使身处其境的人们接受影响，达到预定的目标。管理主体进行管理活动依据的文化观念、理论假设等，以及为了使管理客体接受影响而使用的手段，和其预定目标等相关内容都是管理思想。

战略一词最早出现在西晋时期司马彪所著的《战略》一书中，指的是“作战的谋略”，在我国古代它不是常用词，人们常常用韬略、谋略等词来表示相同的或相近的含义。战略一词对应的英文单词 Strategy，其语根出于希腊语，希腊语中有“Stratos”一词，意为军队。从这个词根衍生出“Strategos”，意为将军或领袖，以及“Strategeia”，意思是战役或将道（Generalship）。公元578年，东罗马皇帝莫里斯曾编了一本书，名为 Strategicon，即用兵之道之意，总结当时的战争经验和教训，用来教育他的高级将领。1770年，法国人梅齐乐在翻译莫里斯的“Strategikon”一书时，根据其书名创造出“Strategy”一词。英语“Strategy”何时被翻译成汉语“战略”，学术界尚存在着争论。一般认为可能是在19世纪末，日本人首先将英语“Strategy”一词翻译成汉语“战略”，后由中国留日学生传回国内。周海炜认为人们往往把战略与谋略混淆，其实从管理文化视角看，战略和谋略存在诸多区别，这种区别正反映了中西管理文化的差异。如果要建立本土化的战略管理理论，就必然要将反映中国传统文化和思维方式的谋略纳入战略管理的研究领域，因此，在本书中战略乃是跨文化意义上的广义战略，它包含谋略。

战略管理可以理解为对战略进行管理的过程。1938年美国经济学家切斯特·巴纳德在《经营者的职能》一书中，首次把战略的概念引入经济管理领域，并对影响企业发展的各种因素及其关系进行了分析。战略管理根据管理的客体不同可以分为企业战略管理、公共部门战略管理、军事战略管理等，西方战略管理理论中比较成熟的是企业战略管理。就企业战略管理而言，它由战略计划发展而来，战略计划不关注战略的执行和评估问题，因而战略管理比战略计划更为现实，更具有优越性，一般认为战略管理包含着战略计划。安索夫认为战略关注的焦点是制定最优的战略决策，而战略管理关注的焦点是产生新的战略结果——新市场、新产品和新技术。在战略管理过程中，管理者确定组织的长期方向、设定目标，根据组织相关的内外环境，制定出能够达成这些目标的战略，并实施战略方案。德里克·钱农认为战略管理概念包括一系列的决策和行为，从而制定一项战略，并实施该战略以达到公司的目标。企业战略管理理论发展至今，主要有四大主流学派：第一是20世纪60年代出现的战略规划学派。这个学派的理论基础主要由安德鲁斯、安索夫、安东尼等人奠定，他们对企业战略的概念、战略规划的方法、基本战略的模式等问题进行了十分有益的探索，所提出的环境、战略与结构的基本范式被称为三安范式。第二是70年代出现的环境适应学派。这一学派强调“战略的动态变化”，即最合适的战略制定与决策过程依赖于环境波动的程度。他们认为战略是意外的产物，是企业应对环境变化所采取应急对策的总结。战略成功的本质在于战略的适应性。第三是80年代的产业组织和竞争战略学派。这个学派以梅森（E. S. Mason）、贝恩、波特（M. Porter）等人为代表，其核心思想是：企业战略必须与其环境相联系，而行业则是企业经营的最直接环境，每个行业的结构又决定了企业竞争的范围，从而决定了企业潜在的利润水平。企业战略的核心是获得竞争优势，而决定竞争优势的因素有两个：一是行业的盈利能力；二是企业在行业中的地位。第四是90年代出现的资源基础论与核心能力理论学派。以普拉哈拉德（C. K. Prahalad）、哈默尔（G. Hamel）、巴尼（Barney）等人为代表，其核心思想是：获得可持续竞争优势的方法就是具有比竞争对手更好的学习能力。该理论认为，企业所有的资源和能力都有潜力能成为持续竞争优势的基础，只有当资源和能力是珍贵的、稀有的、难以模仿的和不可替代的时，这种潜力才有可能成为现实。当资源和能力能够增加企业外部环境中的机会或减少威胁时，这种资源和能力才是有价值的。

2. 管理特质与战略管理特质

根据东方管理学派学者的认识，管理特质概念被界定为组成某种管理思想的最小单位。它具有下述几个特征：第一，管理特质是构成管理思想的独立且含有一定管理学意义的单位，而且是最小、不能再分的单位。所谓“最小、不能再分”是指如若将构成特质的单位再细分，原有特质就不再存在。第二，所谓具有一定管理意义是指管理特质均具实践性，可供管理人员指导其管理工作。第三，管理思想是其特质的复合体。第四，管理特质及管理特质结构（即构成管理思想的管理特质所具有的结构）决定着一种管理思想的新颖内容及独特形式，不同管理思想依靠其组成特质与特质结构来识别、区分。

战略管理特质显然属于管理特质的一种，具有上述特征，并且它关注的是战略层面或者说具有战略层面意义的管理思想的最小单位。这些最小单位能够复合成一个具有一定结构的战略管理思想体系。

（三）先秦兵家战略管理思想与先秦兵家思想战略管理特质

本书关注的是先秦兵家思想中的具有战略管理理论意义的思想，即先秦兵家战略管理思想。先秦时期，诸侯国在激烈的外部竞争环境中，先秦兵家针对如何治国、治军，达到富国强兵目标，继而发动对外战争，获取国家竞争优势和军事竞争优势，实现统一天下或者王霸伟业这一重大问题进行了研究和思考，提出了一系列具有战略管理理论意义的思想。这些思想和现代战略管理理论具有很多相通之处，周三多在编写《战略管理思想史》时就专门探讨了《孙子兵法》的思想。刘长林在其著作《中国系统思维》中也使用了兵家战略管理思想这个词。本书中如不作说明，先秦兵家思想均指先秦兵家的战略管理思想，而先秦兵家思想战略管理特质研究也就是对先秦兵家战略管理思想的特质研究。

故此，本书认为先秦兵家思想是中国传统管理思想的重要组成部分，是先秦时期诸子争鸣过程中发展出来的被几千年实践经验证明具有很强实用价值的战略管理思想体系。因此，先秦兵家思想战略管理特质研究就是研究先秦兵家的战略管理思想，具体地说就是要运用管理特质分析方法，对先秦兵家思想中具有战略管理理论意义的单位进行辨识，寻找这些单位（特质）之间的结构，兵家的某一种思想可以依靠其组成的战略管理特质及特质结构来识别与区分。

二、理论准备

尽管从传统管理思想中获取营养成分，以帮助现代管理实践的顺利开展是人们一直在进行的事情，但是如何把传统管理知识纳入现代管理知识体系的研究却远未到达成熟阶段，目前只有东方管理学派创立的战略管理特质分析方法可以作为借鉴。由于这种研究方法尚未完全被理论界所了解，同时为了适应本书的需要，有必要在理论与方法上进一步完善该研究方法。因此，有必要交代这种研究方法的理论预设与一般模式，并对如何改进该方法做出探索；同时，由于先秦兵家不同典籍之间具有较大思想差异，还需要一个适当的分析框架，这样我们才有可能建构一个统一的先秦兵家思想战略管理特质群的结构。

（一）研究先秦兵家思想战略管理特质的理论基础

1. 研究先秦兵家思想战略管理特质的方法论基础

从不同文化环境中获得管理与战略管理研究的养分进行新的探讨，需要理论与方法的创新。在本书的研究中我们的理论养分主要来自成长于西方文化传统下的战略管理理论和成长于先秦时期的兵家思想。当代中国管理转型面临着东西方文化的激荡，我们需要适合于此的方法论基础，张阳曾经针对中国管理转型的环境，提出了研究中国传统管理思想的五大方法论基础，本书也以这五大方法论基础的预设为研究前提，具体而言，即：

（1）反对“民族文化中心论”以及由此而形成的文化专制主义。从古以来世界就是多元文明，不同文明的出现离不开各具特色且按自身发展逻辑而铸就人类文明的不同管理思想，因此，我们应当站在平等立场上看待古今中外一切管理知识。这一点在当前我国管理学界的话语权被西方管理思想所掌握的背景下尤其重要，现在国内许多被称为权威的管理学期刊，其刊登文章大量的是来自国外的管理思想和理论，或者严格遵循国外管理思想、理论以及研究范式所进行的研究成果，而本土化的管理研究则被视为难登大雅之堂，很少被关注。长此以往，在学术上将造成中国管理学界只能跟随而难以超越西方管理学界的局面，在实践中则有可能造成理论与现实相分离的情况。其实西方的后现代管理理论，已经发现了这个问题，开始提倡建立基于民族传统文化的情境化管理理论。

（2）使用“博采众说，把握多极，允中谐协，知权通变”的管理创新方法论原则。具体含义如下：①“博采众说”：以平等、开放、宽容的态度对待、采集、了解和研究古今中外一切管理知识。②“把握多极”：从所采众说中分析、剥离出各种不同观点、思想、因素、基因（此即“多极”），研究发掘各极可能依赖的文化根基。③“允中谐协”：公平地对待各极，沟通各极、统摄各极、相辅相成、相对互补，以求谐协创新。④“知权通变”：审时度势，根据文化差异和实情，以求通变和付诸实用。成中英把儒、道两家所共有的辩证法称为“和谐化辩证法”，并将此与黑格尔、马克思的“冲突辩证法”及佛学传统中的“超越辩证法”作了比较，三种辩证法显然都存在管理创新功能。“和谐化辩证法”明确包含以下诸观点：“万物之存在皆由‘对偶’而生”；“‘对偶’同时具有相对、相反、互补、互生等性质”；“万物间的差异皆生于（亦皆可解释为）原理上的对偶、力量上的对偶和观点上的对偶”。这些观点为上述的“谐协”创新提供了可操作的基础。

（3）为客观、真实地发掘出各种管理知识的真谛，特别强调从产生管理知识的本土文化和历史语境中解读该管理知识。日本著名学者沟口雄三曾经提出应该建构“作为方法的中国学”，也就是说，不是从普世性的西方立场，而是从中国独特的价值、文化和历史中了解中国，在中国历史的内部逻辑上建立起一个观察点，从而为人类文明的发展提供多元的解释。本书支持沟口雄三的观点，特别关注先秦兵家思想的内在逻辑，从先秦兵家的内在逻辑出发而不是西方管理学的逻辑出发对先秦兵家思想进行战略管理特质分析，以利于构建本土化的战略管理理论。

（4）把社会发展史与思想发展史相结合去发掘和研究各种管理知识。管理活动自古以来就存在，但是对管理进行正式研究的管理学则是一门较新的学科。丹尼尔·雷恩认为，“如何进行管理知识体系的发展也是根据各种文化中的经济、社会和政治等方面的变化而演变的。管理思想既是文化环境的一个过程，也是文化环境的产物。由于管理思想具有这些系统的特点，所以必须在文化范围内对它进行研究。”结合社会发展史和思想发展史可以完整地挖掘出管理理论和思想，正确把握管理理论和思想的发展方向。本书从先秦兵家思想产生的历史文化背景出发，全面考察其特征、逻辑和结构，使其不被西方管理思想所肢解。

（5）运用“半科学—半经验”方法，发掘和应用各种管理知识。对多数管理方法而言，它们既不是纯科学，也不是纯经验的方法。准确地说，这些管理方法大都是一种既具有科学特征又带有经验成分的“半科学—半经验”方法。因此，除不断增长知识和经验外，管理人员提高处理非程序性管理实务能力的重要途径是，掌握各种具有以下特征的、处理非程序性管理实务的“半科学—半经验”方法：一是能充分使用有关科学知识；二是能有效地挖掘资深者的个人经验；三是方法本身包含克服个人经验片面性的技术和手段。本书将把内容分析方法和哲学诠释方法结合起来融入战略管理特质研究中去，作为战略管理特质分析和战略管理特质群结构建构的辅助手段。内容分析方法重视定量的分析和数据的说明，属于科学的研究方法，哲学诠释方法属于经验性的方法，属于纯粹思辨的研究方法。

2. 管理概念的跨文化拓展与先秦兵家战略管理思想

先秦兵家典籍中没有现代意义上的管理和战略管理词汇，然而却有相似的行动和成就，以《孙子兵法》为代表的先秦兵家思想的表述方式和它所表达的思想融为一体，对军事战略决策有着极强的指导意义，这已经为千百年的军事战争历史经验所证明，并且近几十年的东方企业战略管理实践也证明先秦兵家思想可以运用到企业管理之中，先秦兵家思想在时空上具有极强的适应性和拓展性。先秦兵家思想并非关于某种组织的管理，与基于现代企业组织的战略管理不同，无法用西方科学中的概念、命题、判断等解释体系去分析，只能从自身的表述语言中去理解和解释。

先秦兵家对管理和战略管理的理解与其独特的观念系统及表达方式是一致的。这个观念系统就是人们的世界观、价值观，以及人们对世界的体验和思维表达方式。先秦兵家思想作为一种知识体系，具有非现代科学体系的一些重要特征。第一，先秦兵家思想中的许多内容难以用语言概念和理论范畴来确指和表现。如形势、虚实、轻重、仁义等。第二，先秦兵家思想中的一些重要命题往往缺乏严格的科学论证，而是用直觉体悟的方式，并借类比外推、比喻象征的方法，以求得某种合理的诠释。如《六韬》中从商纣因失去人心而失去天下的历史教训中悟出“天下非一人之天下，乃天下之天下也。同天下之利者，则得天下；擅天下之利者，则失天下”的观点。《孙膑兵法》使用类比“矢，卒也。弩，将也。发者，主也。矢，金在前，羽在后，故犀而善走”的方法而得出战胜敌人在于士兵、将领和君王之间有效配合的道理。第三，先秦兵家思想各个组成部分之间经常缺少现代科学知识体系中所具有的逻辑关系，代替这种逻辑关系的联结物往往是与中国古代哲学思想有关的一些特殊“结构”。故此，要把握先秦兵家管理思想这种不同于现代科学的知识体系，不仅需要科学理性的思考，更重要的是必须遵循中国传统的思维方式，使用直觉体悟的方式，依靠其价值取向在经验的范围内体悟，并把它与理性思考相结合。

为了解决这个问题，我们需要一种跨文化的管理概念。何似龙在《转型时代管理学导论》中提出了建立中国管理理论基础的方法，即选择中国管理活动作为原型，以管理是什么为切入点，使用管理谐协创新方法，借鉴拉卡托斯的《科学研究纲领方法论》，沿着“管理基本形式论—管理概念论—管理模式论—管理任务论—管理实务论”的脉络最终建立管理理论基础。

从管理基本形式看，管理是对人的管理，管理离不开人。从管理的概念看，管理离不开“手段—任务—目的”。概念是一种反映客观事物本质属性的思维形式，概念都有内涵与外延。经典科学要求所使用的概念必须是明晰的，即构成概念的内涵与外延必须是精确无歧义的。然而，面对管理主要复杂的事物，除了人们的认识会带来概念不确定性外，文化差异也同样会带来概念的不确定性，而这种不确定性是无法去除的，因此，为建立本土化管理理论留下了空间。管理概念的形式化定义是不同管理定义所共有的一种结构，它从不同管理定义抽象、概括而得，其中结构一词则指组织管理定义具体内容的各个部分在定义中所处的地位、作用和相互关系。只要对组织形式化定义的各个部分的极端含义或中介、整合含义赋予具体的内容，就可以得到各种具体的管理定义。

何似龙认为跨文化的管理概念可以这样理解：管理是由一个或多个人（管理主体）对他人（管理客体）施加影响，造就一种包括主客体在内的良好环境，使得身处其内的人们高效地工作以实现预定目标。其主旨为：第一，管理的目的是要求人们通过高效率的工作去实现预定目标；第二，管理的任务是促使管理客体接受影响，以造就一个良好的环境；第三，管理的手段是管理主体对管理客体所施加的影响。“影响”一词，可从“主体意图”、“影响施加方式”两个方面进行跨文化开拓。影响一词作为管理的从属概念，它能够体现中西方文明的差异。把影响定义为A具有某种意图，A通过一定方式，致使B改变行为或行为指向，产生与A意图相符的行为，于是就说A（在其所具有的意图上）对B存在影响，且称A为影响主体，B为影响客体。并约定，意图一词包括所有与预定的管理目标相符的A的目标、意愿、希望、追求、理想、信念、某项具体工作或活动。它们或是明晰的、定量表述的、可供操作的（西方文化中）；或者是模糊的、定性描述的和难以操作的，甚至仅是一种连影响主体A还不知道如何操作的设想（中国传统文化）；或者是上述两种情况的中介、整合。一定方式乃是指影响主体施加影响的行为方式。它们可以是由意识的、理性的、关心工作的、使用科学知识的、仰仗社会“他组织”的（西方文化）；或者是无意识的、超理性的、关心他人的、依靠个人经验的、仰仗社会“自组织”的。

本书基本认同这个形式化定义，但是认为建立这个形式化定义的结构“手段—任务—目的”并不是特别清晰，因为，很多情况下任务和目的往往难以区分，任务一般是为了某种目的而提出的；而且管理作为一种影响，一般都有一个产生影响的基本依据和基本观念等问题，如儒家提出“正人先正己”的管理手段，认为统治者先做好了模范带头作用，就能够影响下属，使之产生相似的行为，这里就存在一个依据问题。无疑孔子提出“正人先正己”这种管理手段，乃是基于管理者和被管理者存在着良性互动这样一个前提假设。而法家则基本不认同这个观点，认为只要搞好法治就行了，在其他方面，管理者不必带头，这种观点间的差异就在于，法家的管理依据中没有孔子那种假设。我们把作为提出管理手段的前提假设、相关依据和基本观念等称为管理基础。故此，本书就得到一个新的建立形式化定义的结构“基础—手段—目的”。按此结构建立管理的形式化定义，即管理是由管理主体（一个或多个人），根据某种文化观念、理论假设等对管理客体（其他人以及自身）施加的影响，以使身处其境的人们（包括其他人和自身）接受影响，达到预定的目标。

战略管理是对战略进行管理的过程，在这里，战略不仅仅是组织的战略还包括个人的战略，因此，战略管理的形式化定义不仅仅是组织发展的战略管理、组织外部竞争的战略管理，还包括个人人生的战略管理。根据管理的形式化定义，我们可以得出战略管理的形式化定义，战略管理是战略管理主体（一个或多个人）根据某种文化观念、理论假设等对战略管理客体施加的某种具有战略意义的重大影响，使得身处其境的人们接受影响，达到预期的战略目标。

这样，我们就完成了管理和战略管理概念的跨文化开拓，文章中凡是提到管理和战略管理，如果没有特别的说明，均指跨文化的管理和战略管理概念，而不是西方某个学者对战略管理的界定。依据我们对管理和战略管理概念的界定，就有了寻找先秦兵家战略管理思想的一个明确标准，然后才能建立分析框架，并运用管理特质分析方法，从先秦兵家思想中寻找到其战略管理特质。

（二）管理特质分析方法

1. 概念的界定

管理特质分析方法是在管理文化转型中寻找蕴涵在各种管理文化中的管理特质以进行进一步创新的方法，它非常适合开拓某一管理原型所蕴涵的管理知识体系，无论是对西方的管理理论还是中国传统管理思想都可以获得结构化的管理知识体系。管理特质分析依据结构主义方法进行管理文化要素及其结构的开拓，通过管理知识结构的建立获得可以表述某一管理思想的基本特质结构。管理特质分析法主要依据管理文献或相关的文献进行，是比较和分析中西方管理思想，进行管理谐协创新研究的重要方法。本书将运用管理特质分析方法对先秦兵家战略管理思想进行分析。

2. 管理特质方法操作步骤

管理特质分析方法主要由下列一组操作所组成的过程或方法构成：

（1）仔细阅读与理解需研究的管理思想，把握该管理思想的真实含义。

（2）尽可能地细分该管理思想，以获得包含在该管理思想内的、各种具有管理学意义的单位。

（3）用管理特质概念进行检验以确定各种管理特质。

（4）用 KJ 法或其他逻辑归类方法，合并不同特质，以得到新特质或特质群。

KJ 法是日本学者川喜二郎提出的。“KJ”二字取的是川喜（KawaJi）英文名字的首字母。KJ 法是从错综复杂的现象中，用一定的方式来整理思路、抓住思想实质，找出解决问题新途径的方法。KJ 法不同于统计方法，统计方法强调一切用数据说话，而 KJ 法则主要靠事实说话、靠“灵感”发现新思想、解决新问题，认为许多新思想、新理论，往往是灵机一动、突然发现。KJ 法适合未知或未经验过的领域中那些尚处于模糊、蒙眬、混乱状态问题的分析，通过搜集其事实、意见及设想等方面的语言文字资料，并充分使用语言的“亲和性”对这些资料进行有机的组合与归纳，以找出解决问题的途径、设想、意见、方案。这种组合与归纳不是直接使用连接词将若干资料“连接”在一起，而是借助各种资料的含义本身所包含的这种“可连接性”，在更高层次上的抽象与概括。按 KJ 法原意，它要求主要使用大脑右半球的功能，要求人们直觉地利用过去已有过的知识、经验，借瞬时感知能力去发掘客观存在在各种语言文字资料间的相互联系，借“亲和性”进行资料间的有机组合与归并，以求问题的解决。KJ 法的工作重点有：①功能含义的发掘；②功能含义的组合与归并。其核心工作是：由特质分解（直觉的、瞬时的、超理性的）→组合和归并（逻辑的、理性的）。这实质上已完成了 KJ 法的第一步——功能含义的发掘工作。将两张表中的所有要素用小卡片一一写好。然后，将所有卡片排列在一张大桌上，借助瞬时感知力将语言存在“亲和性”的卡片放在一起，这样就形成了许多的卡片堆。堆放完成后，分别针对每一小堆的卡片，再重新在桌上摆开，用逻辑归纳的方法确定其合理的名称，这便完成了 KJ 法的第二步——功能含义的组合与归并。

（5）寻找各特质、特质群之间存在的整合结构，以获得该管理思想依靠不同特质、特质群所组成的复合体表征。

以泰罗的《科学管理原理》为例，泰罗的科学管理思想具有哪些特质呢？通过阅读分析，可以得出以下几点归纳：

科学管理的实质——工人与雇主应通过一场“完全的思想革命”，而做到：

T_1 寻求共同富裕——相信劳资双方具有共同利益，可以实现共同富裕。

T_2 合作增加盈余——用和平代替斗争，劳资双方合作努力增加盈余。

T_3 遵循经济理性——以最小的综合支出完成企业的工作，或每个人、每台机器制造出最大量的产品。

T_4 树立科学态度——对企业的一切事情，用科学研究和科学知识代替旧式的个人判断和个人意见。

由此可见，泰罗的《科学管理原理》中“科学管理的实质”是一种特质，它可以独立存在并为管理人员提供指导，而且正因为这一特质的确立，遂奠定了泰罗“科学管理理论”的与众不同的内容和形式。若把特质 T 再细分为 $\{T_1, T_2, T_3, T_4\}$，就得到了一群新的特质——特质群，它们中每一个都不是代表 T 的新特质。反之，特质群 $\{T_i\}$ $i=1, 2, 3, 4$ 又借助“目的—手段”链整合成特质 T。

（三）多种研究方法的综合运用

1. 哲学诠释方法

研究先秦兵家思想的战略管理特质离不开对先秦兵家思想的诠释。长期以来，中国学术界研究传统思想，一直采用的是哲学诠释的研究方法。虽然作为理解和说明艺术的现代诠释学体系，在中国古代尚未确立，但是中国古代有经久不衰的注释学以及“我注六经”、“六经注我”的诠释传统，这为我们的研究提供了重要的方法论借鉴。而在西方哲学诠释有多种表现形式，如狄尔泰对历史的诠释，把人在历史性方面的自我理解作为诠释的特征，以求得历史与自我的同一；海德格尔针对实存的本体论诠释，提出一切理解都是自我一一理解，以回答实存的意义；加达默尔针对文本的诠释，提出诠释是一种“生产性”的努力，以达到“现在”和历史的“视界融合”。

研究先秦兵家思想的战略管理特质，先需要正确而全面地把握先秦兵家思想的深刻内涵。这就涉及如何对先秦兵家思想进行诠释的问题。先秦兵家典籍微言大义，具有丰富的哲学内涵，特别是诸如“形势”、“虚实”、“奇正”、“轻重”等概念具有概念的模糊性、内涵的丰富性，要充分理解这些具有辩证性的对偶范畴的本质思想，就必须对其进行哲学诠释。研究中我们将结合中国古代哲学思想，从具体、义理、真实三层次上运用句法、语义、关联性、历史性、统一性等手段诠释先秦兵家典籍中的一些重要思想、概念和哲学范畴，以达到正确把握先秦兵家思想战略管理特质的目的。这三个层次的哲学诠释含义如下：

第一层次，具体的诠释。具体的诠释一般具有固定的结构形式，亦即按照其思想逻辑范畴的资料、文本，作原原本本的实事求是的诠释，力求如实地显现范畴的固有含义。中国古代源远流长的训诂注疏之学，便是企图去了解原来思想家的原原本本的思想，虽说没有对每个思想的诠释都做到原原本本，但某些方面是做到了的。在具体诠释中，主体与客体之间有着历史的关系，主客体相互作用的客观过程在历史中达到主客体的融合。

然而在研究先秦兵家战略管理思想的过程中，只有具体的诠释是不够的，因为对某个思想范畴的诠释，因受某种条件的限制，常常未必准确。或固于认识者已有的观点、角度、侧面，或由于古代哲学家自身思想的矛盾及内涵的混沌性（模糊性）、多层次性、游移性等，以及认知主体的素质和认知客体的显露，都需要有一个过程或有一定的偏差。在这个过程中，难免仁者见仁，智者见智，因此便需要有深一层次的分析。

第二层次，义理的诠释。义理的诠释一般具有横断面的结构形式，它是指把哲学范畴放在一定的历史范围内，从一定历史时期的整个思潮中、从整体思想的网状联系中、从时代的精神和多向结构中，揭示范畴的内涵。这就是说，在一定的历史时期内，由于理论思维的发展和时代的需要，使出现了显现该时代面貌的思潮。在这些思潮内部或外部的彼此论争中，从各个方面、各个角度或各个层次，说明每个范畴的时代含义。一个哲学家或思想家提出某种哲学理论时，未必就意识到这种哲学理论的价值。往往通过争论，同一意见者的发挥和不同意见者多层面的批评，使得范畴所包含的规定性更加明确和确定。而且各范畴在整个时代思潮和思想逻辑结构系统中的作用和地位亦更加明显。这样，便可以把握范畴的深层内涵，同时，通过与同时代的各种不同思想家的对比研究，亦有助于把握范畴深层结构。

但是一个思想家、哲学家由于时代的局限，往往不能充分了解自己所建立的哲学思想的时代含义或种种丰富的哲理蕴涵，而时人出于种种原因，或褒贬不一，或给予歪曲，致使其本来面目受到损害，这都是可能的。一个思想的理论价值被发现，固然是由于时代的需要，但也往往需经过历史的检验，这便需有再深一层的诠释。

第三层次，真实的诠释。真实的诠释一般具有纵断面或横断面与纵断面相结合的结构形式，乃是较之义理的诠释又为深一层的诠释。随着历史的发展，材料、文本的积累，能更全面、更清晰地呈现范畴的本质含义。历史的实践亦可清除掉避讳、隐私等障蔽。范畴的本质含义和历史意义通过这一过程显现出来，这里既有对范畴固有资料、文本的重新审查梳理，亦有对范畴在一定历史时期内的含义的重新发掘，使客观的诠释和义理的诠释相融合。这是横断面和纵断面相结合的总体思考。

具体的诠释、义理的诠释和真实的诠释是相互联系、相互渗透、相互转化的，从而构成一个完整的诠释体系。如果说具体的诠释注重原原本本的诠释的话，那么，义理的诠释则是范畴所内藏的种种哲理的发掘，而真实的诠释则是注重梳理出范畴本应理出而未理出的蕴涵。三者相互结合，就有可能分析出先秦兵家战略管理思想的内在逻辑与结构，从而为沟通不同兵家典籍思想找到依据，为分析先秦兵家思想战略管理特质和建构先秦兵家思想战略管理特质群的结构奠定坚实的基础。

2. 内容分析方法

内容分析法是一种系统化和定量化分析文献集合等相关载体中所含真实内容的方法，在情报学和传播学中被广泛采用。从某种意义上说，内容分析是我们大部分人几乎每天都在做的事情，当然是比较随意做的。我们用内容分析方法在已知信息的基础上分析新信息，在信息中寻找一般性、规则性以及模式；阅读字里行间的信息；检验信息的一致性。由于内容分析方法关系到本书的整个研究设计的核心，有必要对其作一个说明。我们利用有关内容分析的一些定义作为分析的材料，一方面来说明内容分析的概念，另一方面说明内容分析的步骤。

定义 1：建议互换地使用“内容分析”和“编码”这两个术语，以指这种对任何符号行为所做的客观的、系统的和定量的描述。

定义 2：是对交流内容的表达作客观、系统和定量描述的一种研究方法。

定义 3：是一种运用定量编码主题的文献分析方法。

定义4：是任何一个通过系统和客观地识别原文中具体化特征而进行调查的研究方法。

定义5：是文献研究的一个类型，是对各种文字、图片、广播、电视等媒介传播的内容进行客观、系统和定量描述的一种研究技术。

对上述内容进行内容分析的步骤：

第一步：反复阅读上述内容，从中领悟出这些定义中所包含的基本内容元素，其中有对内容分析的判断，有对其性质的描述，有分析对象等。

第二步：建立内容元素的结构框架。其中有从定义中抽出的“定量”、“系统”、“客观”、“编码”四个词，还有与分析对象和判断相关的两个描述性元素。

第三步：建立内容分析表（见表2-1）。

表2-1 内容分析表

	定量	系统	客观	编码	判断	对象
定义1	1	1	1	1		符号行为
定义2	1	1	1	0	研究方法	交流内容表达
定义3	1	1	1	1	文献分析方法	文献
定义4	0	1	1	0	研究方法	
定义5	1	1	1	0	文献研究	文字、图片、广播、电视
出现频数	4	5	5	2		

第四步：依据表2-1得出结论，即内容分析三个特征是定量化、系统性和客观性，有时候内容分析被作为编码的同义词。

一个比较完整的内容分析操作步骤大体上有六步：第一，确定分析目的。第二，选择样本。第三，定义分析单元。一般来说，对于文字分析中，词是最常用的分析单元。第四，制定分析框架。这是内容分析的核心工作，也是体现内容分析系统的关键。根据分析的目的和分析单元的具体情况，确定有意义的逻辑结构，也就是要把分析单元分配到一个能说明问题的逻辑框架中去。逻辑框架可以是一个分类表，也可以是网络图等。第五，频数统计。频数统计不仅包括分析单元出现的频数，还包括对数据的数学处理。频数统计工作量巨大，一般依靠计算机完成。第六，结论汇总。主要对统计分析结论的有用性和可靠性分析，更重要的是把数据统计分析的结论与定性的判断结合起来，提出研究者自己的观点。

在本书中，我们将利用头脑风暴等方法收集反映或关系到先秦兵家战略管理思想的字词，统计字词出现的频率和位置。这样做一方面可以保证能够较为全面且客观地找出先秦兵家思想的战略管理特质；另一方面，字词出现的频数和位置还能够为分析某个特质的重要性和进行不同典籍中相同的某个特质或同一典籍中相近的特质之间的对比分析和诠释提供方便。

三、研究设计

研究设计关注的是本书在怎样一个分析框架下，如何运用战略管理特质分析方法对先秦兵家思想的战略管理特质进行研究。分析框架涉及几个重要方面，即先秦兵家战略管理思想有哪几个方面的内容、各个内容之间的关系如何、从哪几个角度进行分析等。只有确立了分析框架，管理特质研究方法才有用武之地。此外，管理特质分析方法还不是一个特别成熟的方法，正处于不断发展中，很多具体的步骤可以根据研究的需要进行改善，为了增强研究的科学性，本书将哲学诠释方法和内容分析方法来辅助引入管理特质分析，作为管理特质分析的辅助分析方法。

（一）研究预设与分析框架

分析框架的建构关系到对中国传统管理哲学逻辑的理解和对先秦兵家思想的总体把握，由于目前这方面尚没有一个统一的观点，学术界仁者见仁，智者见智，因此不可能有一个完全科学精确的方法来建立分析框架，更多的只能靠笔者的功底和对前人研究成果进行思辨分析。如前所述，我们把先秦兵家思想界定为中国传统管理思想的重要组成部分，是先秦时期诸子争鸣过程中发展出来的被几千年实践经验证明具有很强实用价值的管理思想体系，并且认为先秦兵家思想关注的焦点是如何获取国家和军事竞争优势的问题，内含丰富的战略思想，其管理思想主要体现为一种战略管理思想。

根据这个基本界定，同时根据对先秦兵家典籍的思辨研究和相关理论文献的分析，我们引入如下预设：第一，先秦兵家思想作为一种管理思想，从管理对象的角度看，大体上由四部分组成，即君主或将帅的自我管理思想、国家管理思想、军队管理思想和竞争战略管理思想。第二，这四个部分是一个有机的整体，形成了一个管理思想体系。根据跨文化的战略管理概念，我们可以认为这是一个战略管理思想体系。在这个战略管理思想体系中，君主和将帅的自我管理是国家管理、军队管理和竞争战略管理的基础；而国家管理和军队管理是竞争战略管理的基础。第三，君主和将帅的自我管理思想的很多内容是相关的，有很多管理原则既是君主应当遵循的，也是将帅应当遵循的；国家和军队管理思想很多内容也是相关的，很多管理原则既是国家管理的原则，也是军队管理的原则。第四，先秦兵家思想作为一个诸子学派，其思想涉及了治身、治国、治军和治敌等诸多方面。管理，在中国古代被称为“治”，“治就是管理”。君主和将帅的自我管理思想，统称治身思想。国家管理和军队管理是为了获得发展和获取竞争实力，是进行竞争的实力基础，因此，我们把国家管理思想和军队管理思想放在一起，统称为经国治军思想。竞争战略管理思想主要是为了战胜敌人，获取竞争优势，我们称为治敌思想。

治身、治国、治军主要关注内部发展战略管理问题，治敌主要关注外部竞争战略管理问题。人们常常使用不同的分析框架来分析这两类战略管理问题，如何似龙、施祖留等人在分析中国传统管理思想，即治国之道时主要运用了治国目标、治国手段、治国基础等词汇；而张阳、周海炜等人在分析《孙子兵法》战略管理特质时主要使用了战略决策、战略资源、战略谋略等词汇。

本书综合他们的方法，主要采用“目标—手段—基础”模式对先秦兵家战略管理特质进行分析。这个结构模式和前面跨文化管理形式化定义中的结构模式本质是完全相同的，但是顺序不一致，用词也有差异。这样修改主要是为了对战略管理特质分析的方便。因为首先，在对兵家思想分析的过程中，某种思想的“目的”可能是隐含的，但是其“目标”则往往会比较明确。故此，我们用“目标”代替“目的”。其次，某种思想的“基础”也不是一下子就能够发现和找到的，一般都是在明确了“目标”和“手段”之后，根据内容中的蛛丝马迹，依靠个人思辨分析才能找到。故此，本书按照后文将进行的管理思想特质分析过程，把顺序进行了修正。在这个结构模式中，“基础”主要指依据，也包括基本观念、基本观点、人性论等，这是管理实践活动的出发点，也是一种管理思想、管理理论得以存在的基础。另外，由于6部先秦兵家典籍中各部典籍关注的侧重点不同，有时使用“目标—手段—基础”模式进行分析会显得力不从心，如《孙子兵法》侧重治敌思想，治身和治国思想几乎可以忽略。而《司马法》更加关注治国、治军思想，特别是战前的军事准备思想丰富。因此，在分析每一部典籍时，如果该典籍某一方面的思想谈得比较少，我们仅简单地把其战略管理特质一条条地列出来或者用最简单的“目标—手段”模式来分析其战略管理特质。但是当某方面思想是该典籍关注的焦点，内容非常丰富，论述非常充分时，可能会出现用“目标—手段—基础”模式进行分析难以全面概括其特质的情况。为此，本书引入“境界”这个词汇。在本书中“境界”主要指管理者所希望达到的管理目标所具有的特征。“境界”这个词主要来自中国哲学领域的研究成果，中国哲学和西方哲学具有不同的形态，它特别关注人道，关注人如何通过实践人道功夫而走向天人合一的境界，中国传统哲学典籍中大量的是对某种人生境界或者治国境界的描述，然后是如何实现这种境界的功夫的论述。中国哲学界特别是台湾地区的学者大都主张用“境界—功夫”这对词汇来描述中国传统哲学思想，他们一般都认为中国哲学有四大内容，即天人论、品格论、功夫论和境界论。因此，本书认为“境界”这个词汇反映了中国传统管理哲学的一个基本特点，引入“境界”这个词汇来补充“目标—手段—基础”模式，就可以建立一个能够更好描述先秦兵家战略管理思想的结构框架。

对于治敌思想战略管理特质分析，由于涉及竞争和战略管理，为了能够更好地与现代战略管理理论衔接，我们则从战略分析、战略决策、战略行动、战略目标等几个方面进行分析。需要说明的是，由于中国传统管理思想具有知行合一的特点，因此在先秦兵家思想中，战略分析、战略决策和战略行动是有机的不可分割的整体，而非顺序割裂的各个部分。实际上它们都属于治敌手段，而战略目标乃是治敌目标，治身与经国治军思想则构成了治敌基础，将的治身之道构成了谋略治敌的基础，经国治军之道构成了实力治敌的基础。这样，我们可以得出一个和治国、治军完全一样的分析框架。所以，治敌思想这部分内容所用的分析框架虽然在形式上和分析治身、治国、治军思想的框架不同，但实质上是一样的，都是“目标—手段—基础”这样一个框架。

一般情况下，治身思想可以分为君主治身之道和将帅治身之道，因此，本书中用特质 T_1 表示君主治身之道，用特质 T_2 表示将帅治身之道，用特质 T_3 表示治国之道，用特质 T_4 表示治军之道。治敌思想是兵家关注的焦点，情况往往比较复杂，研究中根据每一部典籍的具体情况用若干的特质表示。

根据上述预设，本书对于先秦兵家思想战略管理特质研究的分析框架如图 2－1 所示（图中用虚线框表示的是分析的维度，每一部典籍在分析过程中不一定各个维度都会出现，而是根据每部典籍的具体情况灵活选择这些维度中的一个或几个；实线框中为分析的内容）。

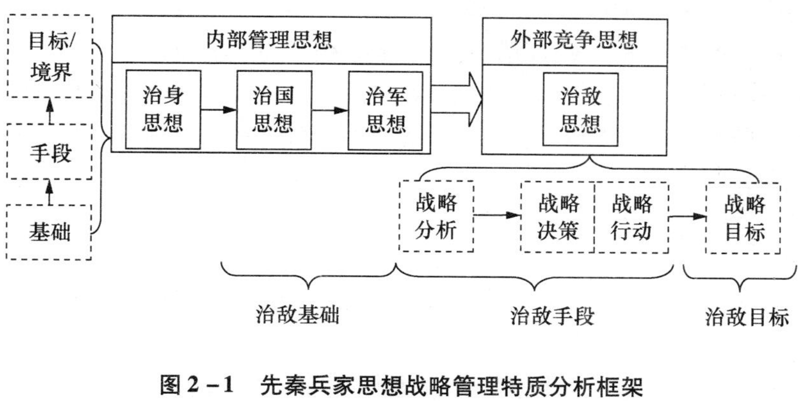

图 2－1　先秦兵家思想战略管理特质分析框架

（二）管理特质分析操作步骤的改进

前面我们已经介绍了管理特质分析方法的一般操作步骤，但是其中某些步骤仍然是非常模糊的，个人经验性色彩较浓厚，而科学性不足。如“尽可能地细分该管理思想，以获得包含在该管理思想内的、具有管理学意义的单位”。具体如何细分，分的方法是什么？这些都是需要考虑的，如果只是通过个人思辨，那么无疑缺乏足够的科学性和规范性。为了使研究更具有规范性和科学性，本书将引入哲学诠释方法和内容分析方法对管理特质分析方法进行改进。每一步的改进大体上是这样的：

第一步，仔细阅读与理解需研究的管理思想。这一过程中，我们综合其他学者和古人对先秦兵家思想的诠释成果，运用哲学诠释法从多个层面来把握先秦兵家思想的真实内涵。同时为了保证能够比较完整而全面地获取先秦兵家思想的管理特质，辅之以内容分析方法和头脑风暴法等方法，利用计算机和其他研究者的观念来保证能够尽可能获取比较完整和客观的先秦兵家思想战略管理思想。我们主要运用内容分析方法，尽可能全面地找出可能反映先秦兵家思想战略管理特质的主题词，根据主题词的指示，仔细阅读相关文字段落，进行不同段落相同主题词的对比，从而把握先秦兵家思想战略管理特质。

第二步，尽可能地细分该思想，以获得包含在该思想内的、各种具有战略管理理论意义的单位。本书在个人思辨的基础上，引入头脑风暴法、访谈并结合内容分析方法来细分先秦兵家思想。

第三步，用战略管理特质概念进行检验以确定各种战略管理特质。

第四步，用 KJ 法或其他逻辑归类方法，合并不同特质，以得到新特质或特质群。

第五步，寻找各特质、特质群之间所存在的整合结构，以获得该管理思想依靠不同特质、特质群所组成的复合体表征。本书将寻找先秦兵家各部典籍之间的关系和结构，形成先秦兵家管理思想的总体结构，为了实现这个目标，本书将在完成对每一部典籍管理思想进行特质分析之后，利用内容分析方法和哲学诠释方法，注重把握先秦兵家管理思想的内在逻辑，分析先秦兵家具有共性的内容，最终完成这项工作。

本书进行内容分析的具体步骤如下：

步骤一：确定分析目的。本书中分析的目标是通过定性分析和定量分析相结合的方法，找出先秦兵家思想中的具有战略管理意义的系列思想，并进而分析其特质。

步骤二：选择样本。在本书中样本是非常明确的，即代表先秦兵家思想主体的6部先秦兵家的典籍。不过每部典籍几乎都有不同的版本，一般应选择一个比较常用的版本，然后建立电子版，输入计算机软件进行统计。由于时间精力以及研究经费的限制，本书使用计算机统计样本——先秦兵家6部典籍的电子版本全部来自新国学网（www. sinology. cn）。从其原文看，《孙子兵法》、《吴子》、《六韬》、《司马法》、《尉缭子》主要来自宋本《武经七书》；《孙膑兵法》来自银雀山汉墓竹简整理小组重新编订的《银雀山汉墓竹简（壹）·孙膑兵法》（文物出版社，1985年）。在诠释方面，本书主要参照骈宇骞等译注的《孙子兵法·孙膑兵法》、褚玉兰、张大同所编著的兵法经典新解《孙子·吴子·尉缭子·司马法》和唐书文译注《六韬·三略译注》等书籍。

步骤三：定义分析单元。一般来说，在文字分析中，词是最常用的分析单元。但是对于先秦兵家典籍来说，由于古汉语的特色，往往一个单字就构成了一个词，故此，在本书中主要选取字为分析单元。

步骤四：制定分析框架。这是内容分析的核心工作，也是体现内容分析系统性的关键。根据分析的目的和分析单元的具体情况，确定有意义的逻辑结构，也就是要把分析单元分配到一个能说明问题的逻辑框架中去。逻辑框架可以是一个分类表，也可以是网络图等。本书根据对先秦兵家战略管理思想的相关预设，已经提出一个基本的分析框架。

步骤五：选择分析主题词。主题词的选择是一项非常重要的工作，一般情况下，主题词的选取需要做到：第一，一个词表达一个概念，不受人们的主观理解和上下文左右。第二，主题词所反映的概念不是孤立的，通过逻辑组合可形成索引条目，以表达中心内容，这样就在参与组配的主题词之间形成了意义上的相互联系，通过这种联系，可以反映主题词背后的知识领域的联系。第三，一些使用频度虽然很高但仅仅反映一般概念的叙词或日常用语往往不适合作为主题词。在本书中，由于先秦兵家典籍具有用词精练，微言大义的特色，以及古汉语词语用法灵活的特点，使得有时候会对上述第一条要求有所逾越，导致某些分析结果不精确。对于这种情况，本书主要采取对一些内涵丰富多变的主题词进行重点诠释的方法对内容分析的结果进行补充，说明某一个主题词表达的概念主要有哪些。对于第二条要求，需要研究者很好地把握主题词之间的逻辑关系，本书主要利用前面特质群的结构分析帮助把握。

此外，还有一个问题，对于英文材料，往往可以利用专门软件对样本的全部词汇进行词频统计，然后从中筛选出与战略管理特质相关的主题词，这是选择主题词最好的辅助手段。但是，目前尚未出现能够很好地对古汉语进行自动分词的软件，故此，只能采用人工选择主题词的方法，人工选择主题词往往容易出现忽略遗漏的情况。为了避免这种情况，本书主要使用两种方法，来保证主体词选择的有效性和相对完善性：一是根据第三章、第四章研究的结果，从已经归纳出来的战略管理特质中提炼出主题词；二是运用集体 BS 法（Brain Storming“头脑风暴”法），通过座谈等形式，向十余位研究过先秦兵家典籍思想的管理研究者收集他们的观点，让他们提出能够反映先秦兵书中的重要管理思想的词汇。由于古汉语语法、词汇和现代汉语有很大的差别，如何确定词汇是一个难题。李雪峰曾经用“形”与“势”、“虚”与“实”、“刚”与“柔”、“奇”与“正”、“攻”与“守”等对偶的单字作为分析的基本单位，来分析《孙子兵法》中的战略管理思想，并探讨每对范畴在企业战略管理中的应用。这给了我们一个启发，分析先秦兵家思想可以使用具有独立意义的单字进行分析，特别是对偶的单字可能蕴藏了丰富的管理思想。

经过座谈和个人思考，本书从先秦兵家典籍中提取了 75 个具有独立意义的单字作为内容分析的基本主题词及指示词（在内容分析方法上，指示词和主题词是有区别的，本书为简化，故把二者合称，在本书中谈到主题词若不特别说明，既包含主题词也包含指示词）。分别是：人、民、君、主、将、兵、敌、国、军、戒、慎、道、治、仁、义、礼、德、忠、法、信、威、勇、教、和、权、胜、败、利、害、安、危、知、智、谋、计、算、形、势、虚、实、轻、重、奇、正、众、寡、强、弱、天、地、气、力、先、后、攻、守、战、击、速、疾、备、宽、清、惠、严、明、赏、罚、诛、杀、刑、爱、间、静、励。应该说，这 75 个字并不一定能够保证完全覆盖先秦兵家战略管理思想，但是如果要提高覆盖面就必须要有更多的主题词，在精确性和可行性之间进行权衡，选择这 75 个主题词不失为一种可以接受的做法。本书根据这些主题词出现的频率来判断某个战略管理思想的重要性，并根据其出现的位置来指引寻找战略管理特质的方向。

这些单字中有相当一部分具有对偶关系，如“形”与“势”、“虚”与“实”、“刚”与“柔”、“奇”与“正”、“攻”与“守”、“轻”与“重”、“先”与“后”、“强”与“弱”、“众”与“寡”、“赏”与“罚”、“胜”与“败”、“安”与“危”、“利”与“害”等，这些是我们分析的重点，它们一般都是构成战略管理特质分析框架中管理手段的关键特质。某些词具有相似的意思，如“戒”与“慎”、“备”，“君”与“主”，“诛”与“杀”等，我们在完成了统计之后，将把这些词进行归并，以把握某一种意义、观点或思想在先秦兵家思想中所占的地位。某些词可能具有多个意义，如“权”一般指权变、权衡，但是有时也指权威，只要其有某一个意义占主导地位，我们仍然收录。此外还有一些词出现的频数虽然高，其中某些思想也还重要，或者说也指示了某些重要思想的出现，但如果其概念很不统一，反映的思想差异很大，没有某种概念占绝对优势，则不列入。如“王”这个词，在6部典籍中出现的次数高达251次，但是大多数都是作为一个称呼如威王、武王、文王，没有特别的意义。但有的时候与先王、贤王连用时则往往论述治身、治国思想，又具有比较重要的意义。还有“上”出现156次，但是概念不同，有时指君主和将领，有时指方位，有时指通尚。对于这种情况，设计软件处理不如笔者在分析特质时自己多加思考来得方便，来得准确，故此不列入基本主题词。也就是说，虽然我们使用内容分析方法探索先秦兵家思想的总体特征，但是它仅仅是一种辅助分析工具，不可能也不应该代替思辨分析方法。

这75个字和我们的分析框架是对应的。大体上可以认为人、道、治、国、军、敌为指示词，它们形成了先秦兵家思想的基本逻辑，即人把握道，从而治国、治军进而治敌。管理的主体是君主、将（帅），管理的客体是民、兵、军、国。人把握道的过程为治身过程，其关键的内容是戒和慎。治国、治军主要从德治和法治两个方面进行，使得国富民强，军队团结且有战斗力。治国、治军包括的主题词有：仁、义、礼、德、忠、法、信、威、勇、智、教、和、权。由于治身是治国、治军的基础，它们之间是相互贯通的非二元对立关系，治身思想的主题词往往也是治国、治军思想的主题词，因此我们不做区分。这反映了中国传统的非二元对立思维方式和通过修身进而齐家、治国、平天下的管理逻辑理路。

治敌是先秦兵家最关心的内容，因此相关的主题词也特别多，治敌目标是为了战胜敌人，获取国家和军队的竞争优势。治敌思想大体上可以分为四组：第一组，战略分析相关的主题词，如知、谋、计、算、间、天、地、众、寡、强、弱、形、势、虚、实等；第二组，战略决策的基本原则相关的主题词，如胜、败、利、害、安、危等；第三组，战略行动相关的主题词，如轻、重、奇、正、气、力、先、后、攻、守、速、疾、战、击等；第四组，战略目标相关的主题词，如胜、安等。战略行动中的许多主题词往往也是战略分析的主题词，在统计过程中，我们把这种既可以作为战略分析主题词又可以作为战略行动主题词的主题词放在战略行动主题词的统计分类中，这样正好反映了中国传统兵法思想知行合一的特点，它们是战略分析的内容，但同时也是战略行动的依据，并随着行动过程而不断变化具有动态性和权变性。先秦兵家思想作为一种知行合一的战略管理思想，其知识存在方式是非常独特的，先秦兵家思想的精髓更多地体现为一种行动知识，只有在战略管理行动中才能显现，对战略的认识依赖于管理行动。这种状况造成了对管理者经验的极度依赖，与西方的战略管理理论有相当大的差异。另外，我们把人、道、治、国、军、敌等指示词分别放入相关类别，人、道、治放入治身类，国、军放入治国、治军类，敌放入治敌类。战略目标由于比较简单故放入战略决策类不单独列出，这样我们就可以形成一个先秦兵家思想内容分析分类统计表（见表2－2）。

表2－2 先秦兵家思想内容分析分类统计

治身	人、道、治、君、主、将、戒、慎、备、静、勇、知（智）、仁
治国、治军	义、礼、德、爱、和、惠、清、宽、严、明、忠、信、教、励、法、威、权、赏、罚、诛、杀、刑、国、民、军、兵
战略分析	知、谋、计、算、间、天、地、众、寡、强、弱、形、势、虚、实
战略决策	胜、败、利、害、安、危、敌
战略行动	轻、重、奇、正、气、力、先、后、攻、守、速、疾、战、击

步骤六：利用计算机软件进行内容查找和频数统计。频数统计不仅包括分析单元出现的频数，还包括对数据的数学处理。频数统计工作量巨大，一般依靠计算机完成，本书使用 Antconc 3.2w（Windows）软件，这款软件操作简单、功能强大。在本书研究过程中，我们将根据各种关键词出现的频数确定各部典籍关注的重点，利用计算机对各个关键词进行定位来寻找同一关键词在不同上下文中的含义，以全面获取该关键词在先秦兵家思想中的含义，同时利用计算机对关键词定位还可以使得本书能够不遗漏地分析关键词相关的重要战略管理思想，这样就能够大体保证对先秦兵家思想战略管理特质分析的全面性和系统性。

步骤七：补充、诠释与修正频数分析的结果。内容查找和频数分析的结果只是作为我们进行战略管理特质分析的工具和参考，并不能代替思辨分析。内容分析实际上是一种把定性分析和定量分析紧密结合的方法，其结果绝不仅仅是频数统计值，得出定量数据的过程其实也是对文献内容进行透彻的理解和分解的过程。内容分析不是取代定性分析而是使得定性分析系统化，达到一个新的水平。

四、本章小结

本章是本书的理论基础，对于本书的研究有着至关重要的作用。首先，交代了本书中所涉及的重要相关概念，如先秦兵家、先秦兵家思想、战略管理特质等，对本书题目进行了全面而深入的解析，并指出了研究的重点。其次，交代了本书研究的五个方法论基础，并对管理和战略管理的概念进行跨文化的开拓。再次，说明本书的研究方法，主要介绍了管理特质分析方法、哲学诠释方法和内容分析方法，并且提出了将哲学诠释方法和内容分析方法融入管理特质分析方法的思路和步骤。最后，依据跨文化的战略管理概念建立了一个研究先秦兵家思想战略管理特质的分析框架。这个分析框架主要由“目标—手段—基础”结构组成，本书将运用这个框架和改进过的管理特质分析方法，沿着“治身”—“经国治军”—“治敌”的逻辑理路分析先秦兵家思想的战略管理特质。

第三章　先秦兵家思想战略管理特质分析之一

《孙子兵法》、《吴子》、《司马法》三部先秦兵法典籍，共同的特征是篇幅比较短，但内涵非常深刻，微言大义。并且三部典籍的作者孙武、吴起和田穰苴生活时代都在春秋末期到战国初期，具有大致相同的时代背景，故把它们并列。但是它们各自所体现出来的思想倾向迥异，大体上《孙子兵法》尚智、《吴子》尚义、《司马法》尚仁。

一、《孙子兵法》思想的战略管理特质

《孙子兵法》是由我国古代春秋末期杰出的军事家孙武所著。孙武，字长卿，春秋末期时齐国乐安（今山东惠民县）人。《孙子兵法》今存本共 13 篇，分别是计、作战、谋攻、形、势、虚实、军争、九变、行军、地形、九地、火攻、用间。书中总结了春秋末期以前的军事战略战术思想与经验结晶。《孙子兵法》在世界上受到许多国家政治家、军事家、战略家和企业家们的重视，被认为是军事领域和工商管理领域的必读书籍，还曾一度成为世界热门畅销书籍。目前，世界上已经有英、俄、德、日、捷、朝鲜、越南、马来西亚等十几种文字版本的《孙子兵法》在世界各地出版。《孙子兵法》的思想非常深刻，远远超越了那个时代，唐太宗曾经说他看过很多兵书，没有超过《孙子兵法》的[①]。茅元仪认为“前孙子者，孙子不遗；后孙子者，不能遗孙子”[②]。英国战略学家利德尔·哈特提出应将《孙子兵法》的思想精髓作为制定现代战略的理论基础，他

① 语出《唐李问对》“太宗曰：朕观诸兵书，无出孙武”。

② 参见茅元仪：《武备志兵诀评孙子》，转引自于汝波：《孙子学文献提要》，军事科学出版社，1994年。

作序的《孙子兵法》英译本，被列入联合国教科文组织汇编的“中国代表作丛书”。约翰·柯林斯说：“孙子是古代第一个形成战略思想的伟大人物……他的大部分观点在我们当前的环境中仍然具有和当时同样重大的意义。”美国战略研究中心斯坦福研究所主任福斯特，曾以“上兵伐谋”为核心思想提出过新战略，参与这一合作研究的日本学者三好修，将此研究成果直称为“孙子的核战略”①。

直到现在，国内外许多先进的战略思想和管理思想仍然无法超越《孙子兵法》。2005 年 Donald Sull 在《哈佛商业评论》上提出：“重大的商机是很稀少珍贵的，对于某个企业来说商机什么时候出现几乎无法把握。因此，企业只有在长期的经营活动中都保持住机会敏感性，积极做好准备，才能抓住机会，这是十分重要的。”这个观点其实仍然是《孙子兵法》“立不败而待可胜”观点的重复。《孙子兵法》思想对于中国企业战略管理具有深刻的现实意义，它借助文化的传承力量已经进入中国人的思维方式。儒家文化圈中的许多企业家都在自觉不自觉地运用这些思想，研究中国企业战略管理不能不了解《孙子兵法》。下面从治身、治国、治军和治敌等几个方面对《孙子兵法》思想的战略管理特质进行分析。

（一）治身思想战略管理特质

治身是管理主体的任务，是指管理主体提高自身管理能力的过程。治身思想和西方管理学领导、西方心理学中自我管理理论以及半学术性的成功学理论比较接近。在管理实践中，管理者要搞好组织的管理，离不开对自我的管理。但是令人遗憾的是西方战略管理理论对这方面关注很少，几乎完全忽略管理主体的治身能力和行为对企业战略管理的影响。在中国传统管理思想中，治身思想具有独特重要的位置，治身被视为管理的逻辑起点。儒家管理思想的一个最突出的特点就是非常重视管理者的治身思想，并有一整套完整的治身理论体系。相比较之下，先秦兵家的治身思想要显得逊色许多，关于治身的内容比较零散不成体系。但是在先秦兵家思想中，治身进而治国、治军、平天下的逻辑思路仍然非常鲜明，治身思想仍然是先秦兵家战略管理思想的逻辑起点。

在《孙子兵法》中作为管理主体的主要是“君”或“主”以及“将”。“君”和“主”含义相同，都是指国家的最高管理者。“将”则是治理军队和指挥军队打仗的管理主体。在企业中，君主就是企业的总裁或者老板，而将则是部门经理或主管。孙子对将的治身之道分析较详细，提到将的地方有 50 次，但是对于君主的治身之道很少论及，大多数是在论将时，顺便提到君主应当如何。《孙子兵法》中提到“主”共计 14 次、“君” 8 次。加起来尚不足提到“将”的

① 转引自吴仁杰：《〈孙子〉的战略思想及学术影响》，《河南师范大学学报》（哲学社会科学版）2001 年第 3 期。

次数的一半。不过，孙子提到君主的次数虽然不多，但是态度严肃，也很重视君主的作用。

1. 特质群 T_1 为君之道

君主治身的目标是成为明主。《孙子兵法》多次提到明主这个词。明主就是明道之主，懂得事物发展规律，圣明的君主。在中国古代专制社会中，作为最高统治者的君主，对于战争的影响是根本性的。一个昏庸的君主，即使有着富强的国家和精兵良将，也难以打胜仗，如战国时期的赵国就是如此，赵国国力并不比秦国弱多少，还有廉颇、李牧等良将，但由于赵国国君昏庸，赵国不断被削弱，最后败亡。《孙子兵法》认为明主应具有以下几个特征：

（1）知人善任，即“将能君不御”。孙子认为明主应当能够知道将的才能，同时又能放心大胆地让将在战争进行时自由行动，随机应变，充分发挥自己的才能。这对于管理者是非常有启发的，管理总会遇到一个授权问题，到底应当用人不疑，还是应当保持控制，《孙子兵法》告诉我们如果认准了下属的人品和才能就应当用人不疑。反之，就需要保持控制了。

（2）理性冷静，即“主不可以怒而兴师”。孙子认为战争是决定国家生死攸关的大事，做出发动战争的决策一定要基于理性，绝不可以受情绪影响，不然将产生严重后果。企业战略管理过程中也是如此，特别是面临重大的战略问题时绝对不能凭借一时的激情而进行决策，而应当进行理性的分析，这样才有可能做出正确合理的决策。

（3）目光远大，不贪小利而误大事，即“爱爵禄百金，不知敌之情者，不仁之至也，非民之将也，非主之佐也，非胜之主也”。孙子认为一个人只关注眼前的蝇头小利，没有长远眼光，就无法做大事，这种人不能当将军，不能辅佐君主，更加不适合成为君主，当了领导必定会导致组织的失败。

此外，要经常对某些事情慎之、虑之。

通过上述分析，结合特质理论，可以得到《孙子兵法》治身思想战略管理特质群 T_1 为君之道。T_1 可以分为两个子特质：T_{11} 为治身目标和 T_{12} 为治身手段。记为：T_1：$\{T_{11}, T_{12}\}$。

治身目标 T_{11}，即是要成为明主；治身手段 T_{12} 又可分为四个子特质：即有 T_{12}：$\{T_{121}, T_{122}, T_{123}, T_{124}\}$。其中，$T_{121}$ 为知人善任；T_{122} 为理性冷静；T_{123} 为目光远大；T_{124} 为善于反思。T_{11} 和 T_{12} 具有一种由抽象走向具体的关系，即：$T_{11} \rightarrow T_{12}$。

2. 特质群 T_2 为将之道

将的治身目标是成为良将。如果君主能够做到不御将，那么将就是军事战争的最高领导者，对于战争的胜败具有最直接、最根本的影响。要成为良将，孙子提出以下几方面的要求：

（1）良将应具有五种德行：智、信、仁、勇、严。用单字表示德行是中国传统管理思想的一大特色，《孙子兵法》也显示出这样的特点。《孙子兵法》中对将提出了五种德行要求“智、信、仁、勇、严”，即有智慧、讲信用、有仁爱之心、有勇气、做事严谨。

有意思的是，孙子提出的五种德行有三种正好是孔子所提倡的君子之德。《论语》中说“智者不惑，仁者不忧，勇者不惧”。而且三种德行的顺序也一样。为什么对将和君子的要求相近呢？其实从管理的视角看，就不奇怪了，孔子所说的君子之道，实际上就是管理者之道。而将其实也是管理者，君子一般从事的是公共管理工具，将从事的是军事管理工作，但是作为管理者，他们是相同之处多于相异之处。智者不惑，表明智者对面临的问题完全了解，对于所遭遇的情况完全能够掌控，这样不仅不会有疑惑，而且能够使自己充满信心，做到不忧不惧。孙子把“智”放在首位是有特别的意义，因为在战争中，如果缺乏智慧，光有仁爱和勇气，那么就会成为妇人之仁、匹夫之勇。此外，将的各种才能如知、谋以及用间等都是建立在“智”的基础之上的，只有智将才能做到先知，并根据信息使用谋略，从而克敌制胜。所以孙子说“知兵之将，民之司命，国家安危之主也”。可见，“智”在《孙子兵法》中的重要性。当然“勇”的作用也很重要，如果光有智慧，但没有勇气去实施，再好的战略都是空的。正如克劳塞维茨所说“勇敢能够替理智和知识添翼，此种翅膀越强，也就可以飞得越高，视野也越广，结果也越佳”。除了智和勇之外，孙子还提出信、仁、严三种德行。这三种德行主要关系到治军，《论语》中提出“民无信不立”，任何组织、国家、军队乃至任何团体，如果没有信任，那么这个组织将很难维持。卢曼认为信任是人性和世界的自明事态的本性，没有信任人将会为各种看起来很小的事情而恐惧苦恼。作为军队的领导者，将在平时不仅要负责战争的计划和准备，而在战时更要负责军队指挥和管理，即治军。将如果不能在士兵心中建立信任，那么就不可能维持军队的战斗力。同时“仁”也是维持军队战斗力和凝聚力的重要力量，《孙子兵法》中所说的“卒未亲而罚之，则不服，不服则难用”、“视卒如婴儿，故可以与之赴深溪；视卒如爱子，故可与之俱死”，讲的都是仁爱的作用。“严”是为将之道的最后一个条件，《孙子兵法》开篇就提出“兵者，国之大事，死生之地，存亡之道，不可不察也”。“夫将者，国之辅也。辅周则国必强，辅隙则国必弱。”战争关系重大，将的责任重大，要求为将之人一定要严谨，在军中任何事情都要做到无纰漏，因为战争过程往往只要一点小毛病就可能导致严重的后果。

（2）良将应当去掉的五种缺陷。孙子除了从正面提出将治身应当具有五种德行之外，还提出了五种将治身应当注意的不良德行。“故将有五危，必死可杀，必生可虏，忿速可侮，廉洁可辱，爱民可烦。凡此五者，将之过也，用兵之灾也。覆军杀将，必以五危，不可不察也。”这五种不良的德行，表面上似乎不是坏的德行，甚至和“五德”一致，如“必死”和“勇”，“爱民”和“仁”意思都很相近，但是它们和“五德”还是有重大区别的，这个区别主要表现在“度”上，如必死乃是勇敢的表现，但是勇敢过头了，每次战斗都冒不必要的风险，那么就很可能落入敌人的圈套而被杀。“爱民”是仁爱的表现，但是过分仁爱，打仗时就因为爱民而受到很多牵制，就容易贻误战机。廉洁是好的德行，但是过分洁身自好，则可能被侮辱所激怒而落入敌人的圈套。而贪生怕死和情绪容易激动则是不折不扣的必须去除的不良德行。

（3）良将还应当有高尚的品质，对人民热爱，对君主忠心。虽然《孙子兵法》从未提到过“忠”字，但是孙子提出作为将领应该做到“故进不求名，退不避罪，唯民是保，而利于主”，这种思想完全是忠于国家，忠于君主的表现。而且孙子提倡的这种“忠”的思想不是后世封建社会所提倡的愚忠，这种“忠”更多是出于对人民的仁爱之心，对国家长治久安的深远考虑。

（4）良将应当善于保密。孙子提出“将军之事，静以幽”，打仗讲究谋略、运用诡道，因此，将帅必须善于保密，不能让敌人知道自己的意图，不然任何周密的战略计划和深谋远虑都无法成功。此外，《孙子》要求将经常对某些事情“修之”、“警之”，需要将有反思精神。

通过上述分析，结合特质理论，可以得到《孙子兵法》治身思想战略管理特质群 T_2 为将之道。T_2 可以分为两个子特质：T_{21} 治身目标和 T_{22} 治身手段，记为：T_2 $\{T_{21}, T_{22}\}$。治身目标 T_{21}，即是要成为良将；治身手段 T_{22} 又可分为五个子特质：即有 $T_{22}: \{T_{221}, T_{222}, T_{223}, T_{224}, T_{225}\}$。其中，$T_{221}$ 为修“智、信、仁、勇、严”五种德行；T_{222} 为去除五种性格缺陷；T_{223} 为要忠君爱民；T_{224} 为善于保密；T_{225} 为要有反思精神。T_{21} 和 T_{22} 具有一种由抽象走向具体的关系，即：$T_{21} \rightarrow T_{22}$。

根据上述，可以得出《孙子兵法》治身思想战略管理特质群 T_1 为君之道和 T_2 为将之道的 KJ 图（见图 3－1）。

（二）经国治军思想战略管理特质

先秦兵家对政治的关注有两种态度：一是从政治视角来看军事问题，把军事活动当成实现政治目标的一种手段，如《司马法》、《六韬》等；二是从军事的视角来看政治问题，把政治当成军事不得不涉及的内容，《孙子兵法》正是这种视角的典型。孙子完全知道政治对于军事的重要性，提出了“主孰有道”，“君命有所不受”，“久暴师则国用不足”等重要思想，但是他未能对军政关系给予较多的注意，治国思想仅仅必要时才提及，钮先钟甚至认为这是孙子的一项重要缺失。孙子这种把自己的思想局限在军事领域中的做法，不太合乎先秦诸子的主流

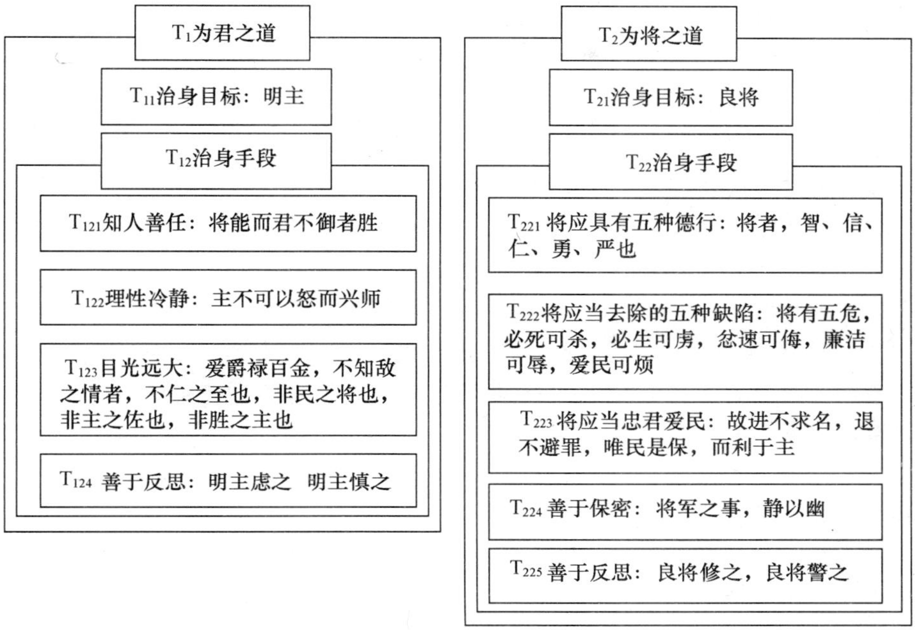

图3－1　《孙子兵法》特质群 T_1 和 T_2 的 KJ 图

做法（先秦诸子大多是政治、军事、人生等放在一起论述，《司马法》、《六韬》、《尉缭子》等兵书都花了不少篇幅来谈论治国问题），倒很像西方职业军人所进行的军事研究。本书认为《孙子兵法》之所以出现这种情况，可能与曹操删订《孙子兵法》有关，据《汉书·艺文志》记载，《孙子兵法》原有82篇，曹操删订之后只有13篇，很有可能曹操把原《孙子兵法》中军事战略思想以外的内容都删去了。另外在《孙子兵法》中治国和治军是相通的，因此，我们把《孙子兵法》的治国思想特质放在治军思想中，不单独列出。

《孙子兵法》与治国有关的思想主要有两点：

1. “修道保法”

《孙子·形篇》指出：“善用兵者，修道而保法，故能为胜败之政。”孙子提出“道者，令民与上同意也”（《计篇》）。在比较战争双方取胜的条件时，他又提出要观察“主孰有道”（《计篇》）。在孙子看来，“道”就是使民众、士兵与君主、将领同心同意，“有道”就是取得民众的支持和士兵的拥护；“修道”就是要想民众之所想，急民众之所急，兴民众之所喜，除民众之所恶。通过“修道”而取得民众和士兵的支持，就能在战争中立于不败之地。所谓“法”，包括“曲制、官道、主用”等。“曲制”，是指组织编制；“官道”，是指管理者的职责范围、上下隶属关系；“主用”，是指与经国治军相关的各种管理制度。“保法”，就是要健全各项规章制度，严明国家法律或军队法令的权威，这样国家政治才能清明，军队才能有强大的战斗力，才能够实现获取全胜战略目标的基础。可见“修道而保法”是经国治军的基本手段，包括了经国治军的许多方面。“修道保法”的思想完全可以用于企业战略管理，企业在商业竞争中“修道”，就是要了解行业的竞争规律，明白企业竞争优势的来源和获取方法。企业在商业竞争中“保法”，就是搞好内部管理，开发战略资源、培育核心能力，以质优价廉的商品和服务满足消费者的需求。

2. “令素行”

《孙子兵法》提出“令素行以教其民，则民服；令素不行以教其民，则民不服。令素行者，与众相得也”。“令素行”在很多情况下被诠释为平素管教士兵严格执行命令，士兵就会养成服从的习惯。如果把“民”解释为民众，“令”解释为国家法律，那么“令素行”也可以作为治国的重要手段。在先秦时期等级制度观念强，儒家甚至提倡“刑不上大夫，礼不下庶人”，孙子针对这种观念做了批判，认为这样使得国家法律不能保持一致，即在某些人面前法律能够执行，在某些权贵面前法律不能执行，那么就是令不素行，这样老百姓就不能信服，就会造成领导者威信下降，得不到人民群众的拥护支持。只有让任何人都遵守法律，大家才会对法律信服，才会对领导者拥护，产生“与众相得”的良好局面。在现代企业管理中这一点也很重要，如果企业领导者偏袒某些人，不能做到令素行，就可能失去更多人的拥护。

“修道保法”对治国和治军来说都是非常重要的一个纲领性思想，可以视为对《孙子兵法》经国治军思想的概括，“令素行”乃是其衍生出来的经国治军重要手段。

《孙子兵法》治军的论述不少，大体上分为关于治军目标的论述和治军手段的论述。

（1）关于治军目标的论述。一只训练有素的能够打胜仗的军队应该是怎样的呢？孙子认为这样的军队有这么几个特征：一是军队上下统一思想、统一意志，心往一处想、劲往一处使，并且能够很好地配合。即所谓的“上下同欲者胜”，“齐勇如一”，一个组织面对激烈竞争时，最糟糕的不是竞争对手多么强大、形势多么严峻，而是组织内部不统一、相互拆台、内讧，这样用不着对手的攻击，自己就先垮台了。二是要能够相互之间很好地配合。孙子提出“故善用兵者，譬如率然”，并解释说，率然乃是一种蛇，无论是攻击它的头、尾或者中间，它都会用其他没有受到攻击的部位去保护受到攻击的部位。三是军队行动要迅速，保密。“故其疾如风，其徐如林，侵掠如火，不动如山，难知如阴，动如雷震。”

（2）达到这种治军目标的手段。孙子主要提出了两个要求：一是要爱卒，使得士卒亲附将领，这样才有战斗力，即“视卒如婴儿，故可以与之赴深溪；视卒如爱子，故可与之俱死”。二是要通过军法的力量，让他们服从命令。孙子认为“厚而不能使，爱而不能令，乱而不能治，譬若骄子，不可用也”。“卒未亲而罚之，则不服，不服则难用。卒已亲附而罚不行，则不可用。”

根据分析框架，治国思想和治军思想应用两个特质 T_3 和 T_4 表示，但由于《孙子兵法》中治国思想内容太少而且完全适用于治军，因此我们把治国思想和治军思想合并，统一用特质群 T_3 表示称为经国治军思想，T_3 又可分为两个子特质：T_{31}为经国治军目标和 T_{32}为经国治军手段。记为：T_3：{T_{31}，T_{32}}。T_{31}和 T_{32}具有一种由抽象走向具体的关系，即：$T_{31} \rightarrow T_{32}$。

特质 T_{31}经国治军目标又可分为三个子特质：T_{311}为统一思想、统一行动：“上下同欲者胜”；“齐勇如一”。T_{312}为相互配合：“善用兵者，譬如率然”。T_{313}为行动迅速、保密：“故其疾如风，其徐如林，侵掠如火，不动如山，难知如阴，动如雷震”。

特质 T_{32}经国治军手段又可分为三个子特质：特质 T_{321}保持法令的绝对权威：“令素行以教其民，则民服；令素不行以教其民，则民不服。令素行者，与众相得也”。特质 T_{322}关爱下属：“视卒如婴儿，故可以与之赴深溪；视卒如爱子，故可与之俱死。厚而不能使，爱而不能令，乱而不能治，譬若骄子，不可用也”。特质 T_{323}行罚，使可用：“卒未亲而罚之，则不服，不服则难用。卒已亲附而罚不行，则不可用。故令之以文，齐之以武，是谓必取”。

根据上述，可以得出《孙子兵法》经国治军思想战略管理特质群 T_3 的 KJ 图（见图 3－2）。

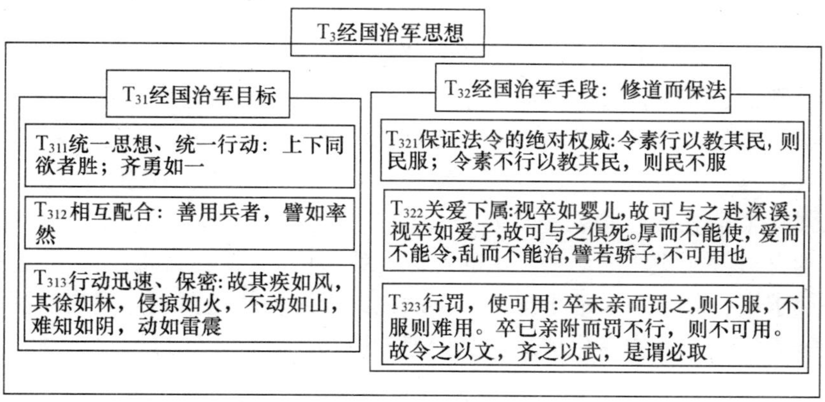

图 3－2 《孙子兵法》特质群 T_3 的 KJ 图

（三）治敌思想战略管理特质

《孙子兵法》特别关注治敌问题。治敌是指在军事竞争环境下，运用各种手段克敌制胜，从而获取军事竞争优势，这和企业的竞争战略管理非常相似，因为，我们把治敌思想理解为一种竞争战略管理思想。《孙子兵法》的大部分内容关注的都是竞争战略管理问题，其篇幅所占的比例远远高于先秦其他兵家典籍中相关思想的比例。和治国思想、治军思想相比，竞争战略管理更具有普遍性，这恐怕是《孙子兵法》不仅能够流传千古，而且在当代企业界备受关注的重要原因。下面从战略分析、战略决策、战略行动以及战略目标四个方面来分析《孙子兵法》的治敌思想。

1. 特质群 T_5 战略分析

战略分析涉及分析的内容，数据信息的获取和分析的方法等问题，《孙子兵法》对于分析的内容和数据信息的获取都非常重视，但是缺乏分析方法的论述。中国传统管理思想中直觉体悟的思维方式，没有借助各种工具模型进行分析的习惯。况且在先秦时期还不可能出现现代管理学中常用的各种分析工具和分析方法，只能靠个人经验、观察进行直觉体悟式的思辨分析。因此特质群 T_5 战略分析可以分解为两个子特质：T_{51}分析内容和 T_{52}信息的获取方法。记为：T_5：$\{T_{51}，T_{52}\}$。

（1）特质 T_{51}分析内容：五事七计。为了战胜敌人，获取竞争优势，首先需要进行战略分析，战略分析有一个分析哪些内容的问题，如在战略管理理论中战略分析有一个 SWOT 模型，告诉企业战略管理者，进行战略分析要分析四个方面，即企业内部的优势和不足，外部的威胁和机会。而《孙子兵法》对发动战争前的战略分析，提出了一个“五事七计”分析模型。即“故经之以五事，校之以计，而索其情：一曰道，二曰天，三曰地，四曰将，五曰法”。也就是说有五个方面是战略分析需要分析的内容。孙子详细解释了这五个方面具体包含哪些内容。“道者，令民于上同意，可与之死，可与之生，而不危也；天者，阴阳、寒暑、时制也；地者，远近、险易、广狭、死生也；将者，智、信、仁、勇、严也；法者，曲制、官道、主用也。凡此五者，将莫不闻，知之者胜，不知之者不胜。故校之以计，而索其情，曰：主孰有道？将孰有能？天地孰得？法令孰行？兵众孰强？士卒孰练？赏罚孰明？吾以此知胜负矣。”如果用白话文解释就是：所谓管理有道就是要使民众和君主的意愿一致，可以叫他们和君主一起赴死，和君主一起求生，赴汤蹈火都不害怕。所谓把握天时，就是要懂得昼夜、阴晴、寒冬、酷暑等气候季节的变化情况。所谓把握地利，就是要懂得远途近路、险要平坦、广阔狭窄、死地生地等地形条件。所谓善任将帅，就要能够识别下属是否具备智慧、诚信、仁慈、勇敢、威严等品质。所谓搞好法制建设，就是要懂得设立合理的组织结构和部门，制定合理的干部岗位职责以及配置好组织的各项资源。这五方面情况，作为将帅的人都不能不知道。了解这些情况的就能胜利，不了解的就不能胜利。所以，战前要进行战略分析，要把对敌对双方优劣条件的估计作比较，来探索战争胜负的情势。要看：哪一方君主的政治开明？哪一方将帅的指挥高明？哪一方天时地利有利？哪一方法令能贯彻执行？哪一方的军事实力比较强大？哪一方的兵卒较有训练？哪一方的赏罚比较严明？我们根据这些，就可以判断谁胜谁败了。

《孙子兵法》还有一句名言“知己知彼，百战不殆”，显然“五事七计”，正是从己和彼两个方面进行分析和比较的。经过这种分析比较，孙子认为就可以在战斗没有进行之前知道谁胜谁负了。

因此，特质 T_{51} 战略分析的内容可以分解为七个子特质。记为：T_{51}：{T_{511}，T_{512}，T_{513}，T_{514}，T_{515}，T_{516}，T_{517}}。分别是：特质 T_{511}“主孰有道”；特质 T_{512}“将孰有能”；特质 T_{513}“天地孰得”；特质 T_{514}“法令孰行”；特质 T_{515}“兵众孰强”；特质 T_{516}“士卒孰练”；特质 T_{517}“赏罚孰明”。

（2）特质 T_{52} 信息的获取方法：用间和观察。战略分析需要在获取各种情报信息的基础上才能进行，《孙子兵法》中有着丰富的如何获取军事情报的思想。在《孙子兵法》中获取信息的方法主要有两种：第一，通过间谍获取信息；第二，通过观察获取分析信息。这样我们就得到了特质 T_{52} 的两个子特质：特质 T_{521} 用间和特质 T_{522} 观察。

1）特质 T_{521} 用间。《孙子兵法》专门用最后一章讨论用间的问题。“故用间有五：有因间，有内间，有反间，有死间，有生间。五间俱起，莫知其道，是谓神纪，人君之宝也。因间者，因其乡人而用之；内间者，因其官人而用之；反间者，因其敌间而用之；死间者，为诳事于外，令吾闻知之而传于敌间也；生间者，反报也。”孙子首先提出了有五种间谍，即因间、内间、反间、死间、生间：因间乃是利用敌方本地人做间谍；内间乃是利用敌方官吏做间谍；反间乃是收买或利用敌方间谍为我所用；死间乃是传递假情报给敌方的间谍；生间乃是能够活着回来报告敌情的间谍。然后孙子对用间提出了相关要求“故三军之事，莫亲于间，赏莫厚于间，事莫密于间，非圣贤不能用间，非仁义不能使间，非微妙不能得间之实”。“无所不用间也。间事未发而先闻者，间与所告者兼死”，“故明君贤将，能以上智为间者，必成大功。”归纳起来有三点：第一，给予谍报人员优厚的待遇；第二，做好保密工作；第三，选用才智过人的优秀人才做间谍。这样，特质 T_{521} 用间可以分解为两个子特质：子特质 T_{5211} 为用间的原则，共有五个下一级子特质；特质 T_{5212} 为用间的要点，共有三个下一次子特质。

用间在现代商业竞争中仍然是一种非常重要的竞争手段，可能因为涉及商业伦理问题，西方战略管理理论很少谈到用间问题，但实际上很多企业仍然在使用商业间谍。某些国家在法律上对商业间谍处罚比较严厉，商业间谍可能少一些，某些国家法律上对商业间谍处罚比较宽松，商业间谍可能就会多一些。此外，间谍行事要求保密，所以媒体报道也比较少。但是我们不能忽视它的存在。20 世纪80年代，美国50家公司中，有80%的公司都增加了谍报费用开支，有的公司公开宣称他们设置有刺探情报的部门，连著名的通用公司都这样做。日本战后企业高速发展所需要的新技术，很多是依靠用间的手段而获取的，这使得他们能够在最短的时期内，用最少的成本获得世界上最先进的技术。中国有不少高科技企业虽有高科技之名却无高科技之实，往往是把别人的高科技部件进口过来进行组装，只能获取一点微薄的利润。而很多有利可图的核心技术国外企业是不可能廉价提供给中国企业的，这些企业要赶超国际企业，只有走自主研发的道路，但是自主研发的道路是漫长而风险巨大的，而运用间谍来获取情报，对于提高企业技术水平，缩短与竞争对手的差距是一条捷径，据说有若干企业在竞争中使用了用间的手段，并获得了成功。不过用间具有一定的风险性且违反竞争伦理，弄不好会使得企业受到法律的制裁，信誉败坏，造成严重危害。因此，在现代企业战略管理中应当少用、慎用。

2）特质T_{522}观察。《孙子兵法》有一大段详细地描述如何通过观察来获取有用的情报："敌近而静者，恃其险也；远而挑战者，欲人之进也；其所居易者，利也；众树动者，来也；众草多障者，疑也；鸟起者，伏也；兽骇者，覆也；尘高而锐者，车来也……兵怒而相迎，久而不合，又不相去，必谨察之。"这些具体观察分析方法对战争非常有用，不过对管理来说意义不是太大，故略过不作分析。

根据上述，可以得出《孙子兵法》治敌思想战略管理特质群T_5战略分析的KJ图（见图3－3）。

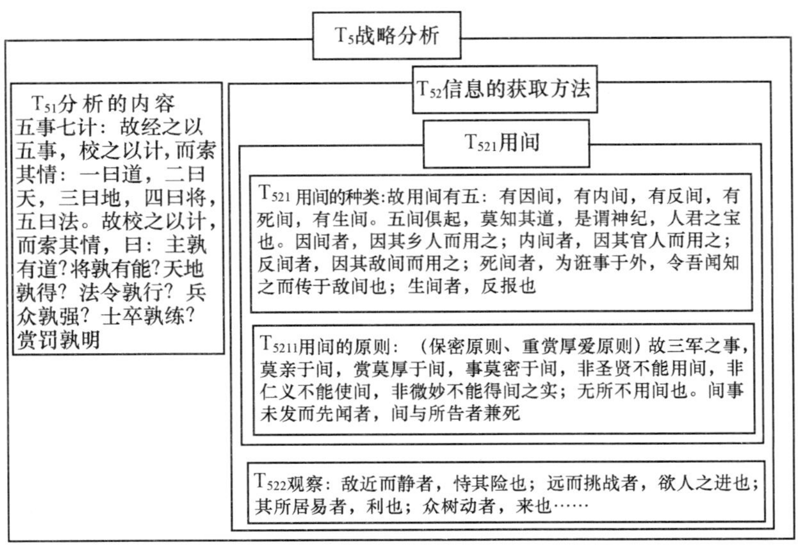

图3－3　《孙子兵法》特质群T_5的KJ图

2. 特质群 T_6 战略决策

进行战略分析的目标是为了给战略决策提供依据。战略决策是一个复杂的过程，西蒙曾经说过“管理就是决策”，指的是组织中各种人员的决策过程组合在一起就形成管理过程。从这个角度看，战略决策也就是战略管理的核心过程。《孙子兵法》基本上没有涉及战略决策的过程，而论述更多的是战略决策原则。《孙子兵法》中战略决策的原则主要有科学原则、庙算原则、利害原则、速胜原则，它们构成了战略决策特质群 T_6 的四个子特质。

（1）特质 T_{61} 科学原则。先秦兵家普遍有着不信迷信鬼神之说的传统。除了《六韬》有一些望气之类神秘理论，其他的典籍均没有神秘的观念，《尉缭子》更是公开反对鬼神之说。《孙子兵法》也是如此，孙子提出“先知者，不可取于鬼神，不可象于事，不可验于度，必取于人，知敌之情者也”。作为战略决策的基本原则，明确指出，指挥战争不可去求神问卜、不可用类似的事情去做吉凶推测，也不可用夜观星辰（天象）运行的度数去验证作战方案；而必须从了解敌人情况者的口中去取得。在先秦时期，由于殷周时期流传下的巫祀传统影响力仍然非常强大，迷信思想对人们影响很大，墨子就明确认为有鬼神，孔子不能肯定鬼神是否存在，则提倡“敬鬼神而远之”。而《孙子》则完全不关注鬼神，虽然讲天，如“五事”之二便是天。但这里的天，说的是“阴阳、寒暑、时制也”，完全是自然意义上的天，没有丝毫的神秘色彩。孙武相信用人类的理性能够把握战争的规律，而根本不需要借助什么“上天”、“鬼神”之类的神秘力量。科学原则反映了《孙子兵法》的理性主义精神。

（2）特质 T_{62} 庙算原则。孙子对于战略决策是非常审慎的，要求做出决策前进行周密的分析和思考，尽量多收集信息，反对凭借一时冲动做出决策。他提出“夫未战而庙算胜者，得算多也；未战而庙算不胜者，得算少也。多算胜少算，而况于无算乎！吾以此观之，胜负见矣”。庙算原则要求决策者尽早收集信息，尽量收集信息，即做到比竞争对手先知，比竞争对手多知，做到知己知彼。“故曰：知己知彼，百战不殆；不知彼而知己，一胜一负；不知彼不知己，每战必败。”

（3）特质 T_{63} 利害原则。《孙子兵法》提出“是故智者之虑，必杂于利害，杂于利而务可信也，杂于害而患可解也。是故屈诸侯者以害，役诸侯者以业，趋诸侯者以利”。这不仅提出了一项重要的战略决策原则，实际上反映了中国传统管理文化的一个基本特征，即谋略化。从某种意义上说，先秦兵家战略思想更多地表现为一种谋略思想。谋略思想是基于一种价值推导性思维方式进行谋划，而西方的战略思想主要是一种以认知性思维方式进行谋划。谋略作为一种独特的观念文化形态，它在思维性质上与西方文化尤其是现代科学文化有明显的差别。谋略思维方式不同于现代科学思维的逻辑实证，它并不一定依据已有的知识；也不同于具有宗教艺术性思维特征的感悟和超越，因为它有很强的功利性，始终以利害关系推导为基本原则和逻辑的价值推导性思维。这种思维性质使中国传统文化中的管理与今天的科学管理具有很大的差别。

《孙子兵法》反映这种基于利害关系的战略决策原则的重要思想还有“故不尽知用兵之害者，则不能尽知用兵之利也。故兵以诈立，以利动，以分和为变者也。故将通于九变之利者，知用兵矣；将不通九变之利，虽知地形，不能得地之利矣；治兵不知九变之术，虽知五利，不能得人之用矣”等。

（4）特质 T_{64}速胜原则。速胜原则是孙子进行战略决策的另一原则。速胜思想的背后是孙子对国家与战争全局的思考，这实际上可以引出“战争的目的”这样一个哲学问题。孙子认为“胜久则钝兵挫锐，攻城则力屈，久暴师则国用不足。夫钝兵挫锐，屈力殚货，则诸侯乘其弊而起，虽有智者不能善其后矣。故兵闻拙速，未睹巧之久也。夫兵久而国利者，未之有也”。“故兵贵胜，不贵久。”《孙子兵法》的功利主义色彩很强，认为发动战争乃是为了实现某种利益，而依靠消耗国家实力去争取胜利则违背了战争根本目的。因此，战争必须追求速胜，反对消耗战。

根据上述，可以得出《孙子兵法》治敌思想战略管理特质群 T_6 战略决策的 KJ 图（见图 3－4）。

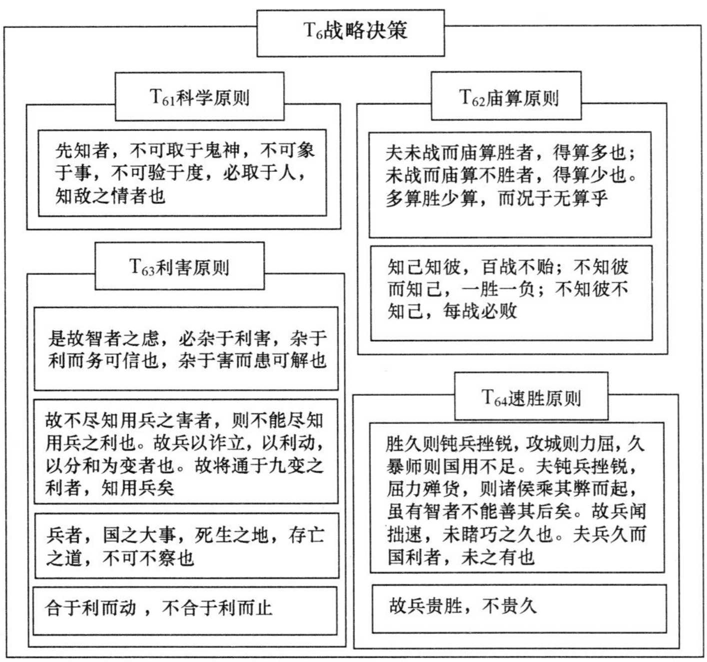

图 3－4　《孙子兵法》特质群 T_6 的 KJ 图

3. 特质群 T_7 战略行动

战略行动常常和战略管理的执行阶段混为一谈，在某些情况下也许是正确的，但是很多情况下，特别是环境变化非常剧烈时，战略管理往往不是一个正式的过程，因而没有正式的战略规划，那么就只有战略行动而没有战略的执行了。在中国传统知行合一的文化下，战略行动有着更为特殊的意义。中国有很多企业战略管理缺乏明确的战略计划和战略计划实施或执行，但却并不妨碍这些企业展开各种战略行动。在知行合一的传统下，战略行动实际上包含了战略的分析与决策。因此，战略行动是整个治敌思想的精华。上述《孙子兵法》的战略分析的内容方法、战略决策原则等各种战略管理特质，都会体现在战略行动的战略管理特质中。为了简化，我们不再重复已经论述过的，主要关注《孙子兵法》中的战略行动思想另外两个很显著的特点：第一是主动性；第二是权变性。这是《孙子兵法》治敌思想中两个非常重要的战略管理特质，特别是权变性原则，统摄了《孙子兵法》整个治敌思想，所谓“兵者，诡道也”，即是说用兵之道在于权变①。下面我们具体分析这两个原则：

（1）特质 T_{71} 主动原则。《孙子兵法》中，从两个方面阐释了主动原则。故此，主动原则包含两个子特质，分别是：子特质 T_{711} “致人不致于人”；子特质 T_{712} “立不败，待可胜”。

1）特质 T_{711} 致人不致于人。《孙子兵法》非常强调获取战争的主动权，认为获取主动具有极端重要意义。他提出“善战者，致人而不致于人”，保持了主动权，胜利就有了把握，就能立于不败之地。《孙子兵法》认为，要掌握主动权，就要善于调动敌人，牵着敌人的鼻子走，即要主动致人才能不致于人。“故迂其途，而诱之以利，后人发，先人至，此知迂直之计者也”，要做到善于调动敌人，就要善于“示形”，使敌人发生错觉，以利诱敌，使敌被我调动，我乃乘其立足未稳而攻击之。

2）特质 T_{712} 立不败，待可胜。《孙子兵法》认为能否打败敌人主要看敌人是否有薄弱环节，故此，主动原则要求将领应当是努力使自己立于不败之地，不让敌人有机可乘，同时积极主动地去寻找敌人的薄弱环节或等待敌人的薄弱环节出现，而不是鲁莽地和敌人交战。“故善战者，立于不败之地，而不失敌之败也。是故胜兵先胜而后求战，败兵先战而后求胜。”

（2）特质 T_{72} 权变原则。权变原则是《孙子兵法》的精华中的精华，是《孙子兵法》最富有辩证法思想的内容。孙子提出“兵以诈立”、“兵者，诡道也”，诡诈就是一种权变之术，是以真真假假、虚虚实实等各种手段来迷惑敌人的一种

① “诡”字先秦时期为“变易”之义，无贬义，参见储良才：《宋刊本〈孙子〉十三篇新诂》，《浙江大学学报》（人文社科版）2003 年第 9 期。

手段。所谓“能而示之不能，用而示之不用，近而示之远，远而示之近”等，实际上都是以“不能”、“用”、“近”等这些表面行为来迷惑敌人。《孙子兵法》的权变原则的根本特征可以概括为根据环境变化和竞争对手的特点，运用各种手段欺骗和迷惑对手，使之处于被动地位或落入圈套，从而造成对自己有利的态势，继而击败敌人。作为一种战略管理思想的特质 T_{72} 权变原则，可以分成三个子特质，即特质 T_{721} 形势之变，特质 T_{722} 虚实之变，特质 T_{722} 奇正之变。

1）特质 T_{721} 形势之变。形势是《孙子兵法》中一个比较复杂的概念，以至于专门有人写书讨论先秦时期的“形与势”的含义。《孙子兵法》中关于形势的论述有“激水之疾，至于漂石者，势也”。“故善战人之势，如转圆石于千仞之山者，势也。”“勇怯，势也；强弱，形也。”“故善战者，求之于势，不责于人故能择人而任势。”“任势者，其战人也，如转木石。木石之性，安则静，危则动，方则止，圆则行。”“计利以听，乃为之势，以佐其外。势者，因利而制权也”等。根据这些关于形势的论述可见，《孙子兵法》思想中“势”和“形”是密切联系在一起的，“形”是指作为事物状态的“形”，是一种客观现实的表现和形态，是一切战略活动所必须首先把握的，是制定战略的基础和前提。“势”是由一定的“形”所造成的能量特征。“激水之疾，至于漂石者，势也。”其意为冲击而出的水非常迅猛，以至于能把大石头冲走，这是由于水“势”的强大。这和物理学中势能的定义很相似，放在高处的重物本身不是“势”，但是让重物从高处向下做自由落体运动，这时其中的势能转变成动能，“势”的力量就表现出来了。在战争和企业竞争过程中也存在这种现象。对立的各方的“形”均蕴涵着一定的“势”能，组织领导者要善于强化这种“势”能，并在竞争时将其释放出来，变成战胜对手的巨大力量。《孙子兵法》“勇怯，势也；强弱，形也”。《十一家注孙子》解释道：“兵得其势则怯者勇，失其势则勇者怯。”强大的军事阵容和实力之“形”，能够鼓舞全军上下英勇战斗的高昂气势，从而对敌人产生巨大的威慑力量，使得敌人精神意志发生动摇，产生畏惧之心，形成一种怯弱之势。能够改变“势”的因素有很多，如人数的多少，俗话说人多势众；高昂的斗志，敢于拼搏的意志，能够带来士卒“以一当十”奋勇作战的作用；道义的力量，道义能够鼓舞人的斗志，地理位置的优越能够带来“一夫当关，万夫莫开”的效果等。

形势在战略分析时就要考虑，“五事七计”中的“五事”即五种因素综合起来就形成一种大的形势。但是更重要的是在战争过程中对形势的把握，因为形势是会不断变化的，前面所谓“立不败，待可胜”，就是要等待形势变化造成可胜之机。孙子重视的是在战略行动中把握形势变化，并主动采取各种手段改变形势，而绝非静态地去分析形势如何，故此我们把形势列入战略行动的基本原则，而非战略分析的内容，这体现了中国传统管理思想知行合一的特征。即根据形势而采取行动。形势之变要求军队在战斗中根据形势进行变化，利用形势或者制造声势，形成对自己有利的情形。

2）特质 T_{722} 虚实之变。《孙子兵法》说："兵之所加，如以石投卵者，虚实是也。"虚实和形势是两对非常接近的概念，一般虚的表现是弱，实的表现是强。而《孙子兵法》说："强弱，形也。"可见，强弱这种虚实状态是以形来表现的，即形中包含了虚实状态。敌我的虚实之形一旦表现出来，那么双方的胜败之势就明确可见了。虚实与形势区别主要表现在，形势是对战争力量因素的总体认识，而虚实是从敌我对比的角度，从战争各种力量因素比较中来看待问题的。虚实是对立统一的，形势则不然。虚实把形势一分为二，即敌方的形势和己方的形势。并在这种对立比较中，决定自己的战略行动，这个过程就是从形势中辨别虚实寻找虚实的过程。形势是对一个问题采取了两个视角，即既要认识其表象"形"，也要认识其实质"势"，把现象和实质统一起来。而虚实认知的仅仅是实质。运用形势时常常讲"示形"和"造势"。"示形"的结果，必然会造就一定的态势，而"形"中的虚实状态是依据"示形者"的意图来布置的，其产生的势和效果，就是所造之"势"。这种势是为了克敌制胜，必须和敌方的形势和虚实相符合，必须使敌人毫无觉察。形势的运动变化过程也就是虚实对立变化的过程，敌我双方的形势发展，必然体现为双方虚实对立的各种变化，而认识形势和虚实就是认识敌我双方所拥有的各种战争力量在如何运动变化的问题。

3）特质 T_{723} 奇正之变。奇正是根据敌我双方的形势、虚实比较结果，来如何使用自己手里的战争力量，以实施避实击虚，战胜敌人的战略行动手段。奇正和虚实构成了一对目的和手段关系，奇正是实现避实击虚的目的手段。郭化若认为奇正包含三个方面的区别：一是从军队部署上，担任守备的为正，集中机动的为奇。二是从作战方式上，正面攻击的为正，迂回侧击的为奇；明攻为正，暗攻为奇。三是按照一般作战原则，作战的为正，根据情况采取特殊作战的为奇。奇正的运用关键在于权变，在于对虚实的认识，虚实改变，奇正必须随之改变。对此，《唐李问对》有精辟论述："靖曰：先教之以奇正相变之术，然后语之以虚实之形可也。诸将多不知以奇为正、以正为奇，且安识虚是实、实是虚哉！太宗曰：策之而知得失之计；作之而知动静之理；形之而知死生之地；角之而知有余不足之处。此则奇正在我、虚实在敌欤？靖曰：奇正者，所以致敌之虚实也。敌实，则我必以正；敌虚，则我必为奇。苟将不知奇正，则虽知敌虚实，安能致之哉！太宗曰：以奇为正者，敌意其奇，则吾正击之；以正为奇者，敌意其正，则吾奇击之；使敌势常虚，我势常实。"

这段话是说"要识别虚实，必须先懂得奇正相生的方法。不懂得以奇为正，以正为奇，就不会了解虚是实实又是虚。懂得了奇正相生，就可以采取主动，用这一方法来调动敌军，从而摸透敌军的虚实，然后用正兵对抗敌军的坚实之处，出奇兵攻击敌军的虚弱之处。敌人以为我是正兵，我就出奇兵攻击它，反之，就用正兵攻击它。这样，就可以达到掌握主动，调动敌人而不被敌人所调动的目的，并最终战胜敌人”。作者在这里全面而又深刻地论述了虚实与奇正、主观与客观的辩证关系，对如何争取用兵的主动权问题作了精彩的阐述。他又指出，为保持和提高我军的战斗力，削弱敌军的战斗力，可以采用以近待远、以逸待劳、以饱待饥和以诱待来、以静待躁、以重待轻、以严待懈、以治待乱、以守待攻的方法，来取得作战的胜利。战略行动中要把权变原则和主动原则结合起来，体现的是主动求变，因虚实而变、因形势而变，而变化的两个基本手段就是奇兵与正兵。追求战略行动的变化是为了捕捉对手的弱点并将对方优势转变为劣势。所谓“利而诱之，乱而取之，实而备之，强而避之，怒而挠之，卑而骄之，佚而劳之，亲而离之，攻其无备，出其不意”。同时，“能而示之不能，用而示之不用，近而示之远，远而示之近”，以实现“致人而不致于人”的战略主动，在变化中“以正合，以奇胜”取得最终的胜利，即“水因地而致流，兵因地而制胜，水无常形，能因敌则取胜者谓之神”。

由此可见，形势之变、虚实之变和奇正之变乃是相互关联的范畴，形势之变是对战争进程中各种因素所形成的总体情况和变化趋势的把握过程；虚实之变乃是对敌我双方力量分布动态变化情况的把握过程；奇正之变乃是我方主动改变自己力量分布，以实现避实击虚的过程。它们共同组成了《孙子兵法》最博大精深的权变治敌思想体系。这种思想虽然流传几千年，其精髓仍然没有完全被挖掘，仍然闪烁着辩证法的光芒。

根据上述，可以得出《孙子兵法》治敌思想战略管理特质群 T_7 战略行动的 KJ 图（见图 3－5）。

4. 特质群 T_8 战略目标

相对于其他特质群来说战略目标是比较简单的，即获取胜利，一般军事战争主要通过战斗获取胜利。孙子认为通过这种手段获取胜利不是最好的，不是“善”的，获取胜利最好的手段是不使用武力，即“不战而屈人之兵”。这样我们就得到了《孙子兵法》中关于特质群 T_8 战略目标的两个子特质：特质 T_{81} 全胜：主要是通过伐兵，攻城取得胜利；特质 T_{82} 胜：主要通过伐谋、伐交取得胜利。

全胜思想是《孙子兵法》非常重要的一个思想，对当代政治军事界都有重要影响。美国在“二战”后对苏联等社会主义国家逐渐由武装对抗政策，走向实施和平演变政策，实际上体现其国家战略目标由追求胜转变为追求全胜。孙子还

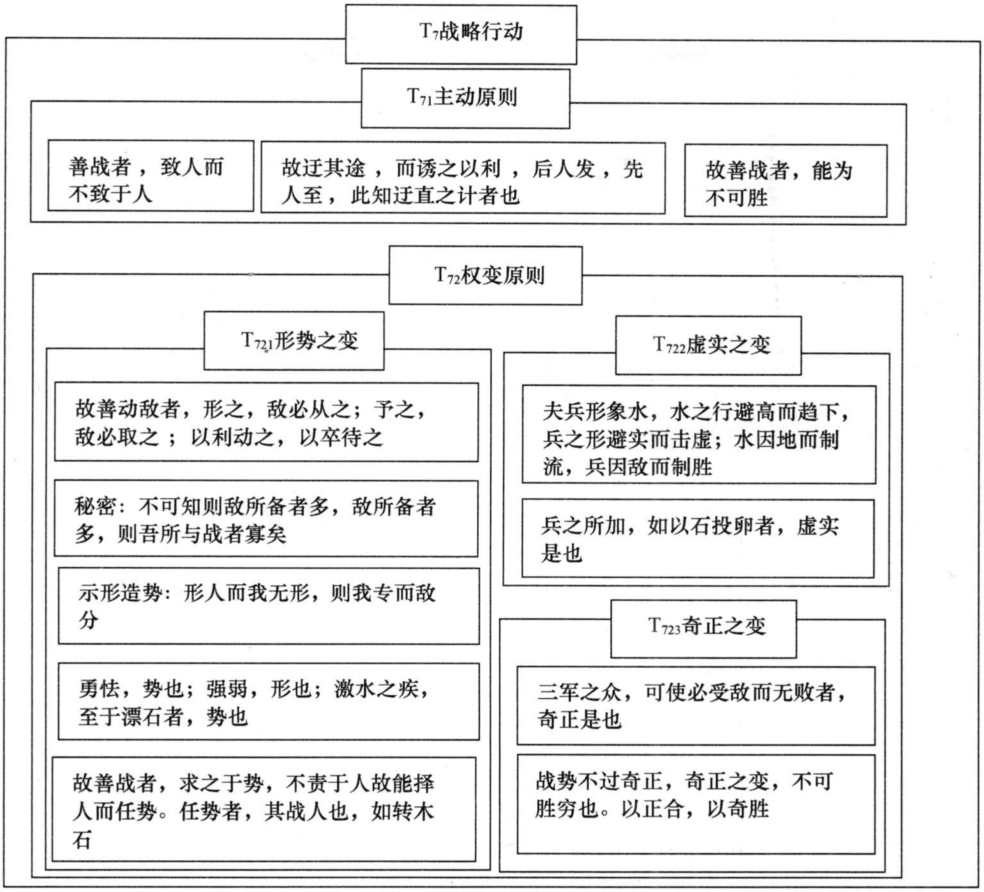

图 3－5　《孙子兵法》特质群 T_7 的 KJ 图

对全胜作了相关的论述，“故善用兵者，屈人之兵而非战也。拔人之城而非攻也，破人之国而非久也，必以全争于天下”。全胜思想呈现出孙子战略思想的最高目标。

根据上述，可以得出《孙子兵法》治敌思想战略管理特质群 T_8 战略目标的 KJ 图（见图 3－6）。

据此，结合我们的分析框架，可以得出《孙子兵法》治敌思想战略管理特质分解图如图 3－7 所示。

在知行合一的中国传统管理文化下，T_5 战略分析、T_6 战略决策和 T_7 战略行动实际上是有机地组合在一起的，它们共同构成了《孙子兵法》治敌思想中最重要的内容，即治敌手段。前面的治身、经国治军思想的特质 T_1、T_2、T_3 等都是治敌思想的特质 T_5、T_6 和 T_7 的基础。

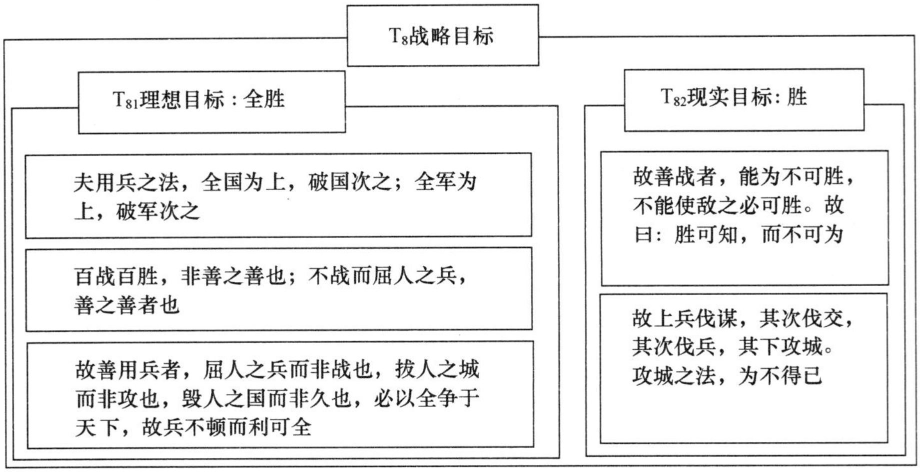

图 3－6 《孙子兵法》特质群 T_8 的 KJ 图

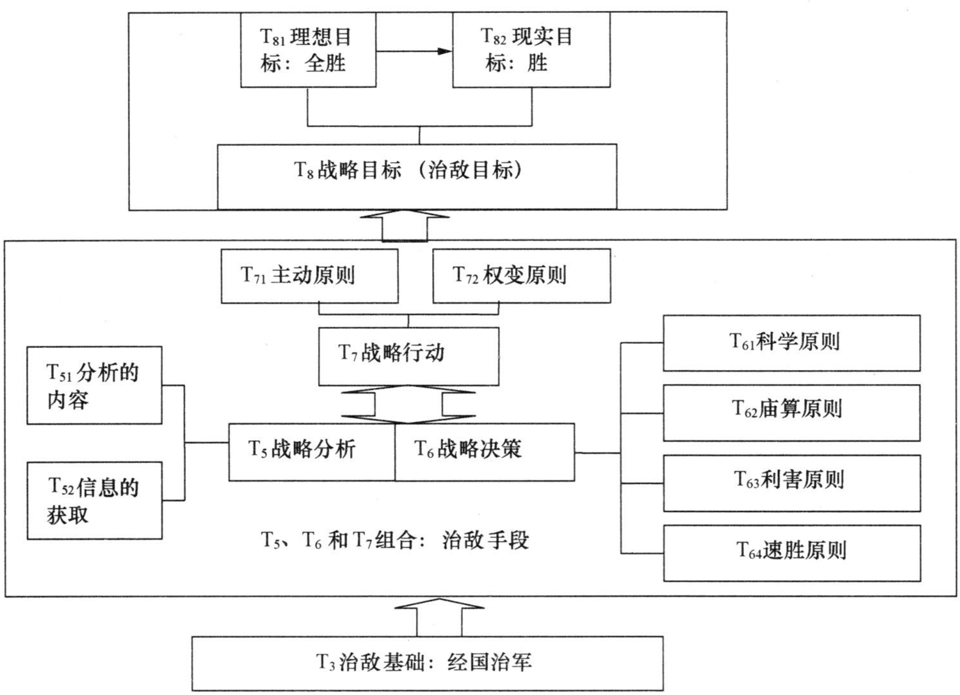

图 3－7 《孙子兵法》治敌思想特质分解

二、《吴子》思想的战略管理特质

在先秦《吴子》是与《孙子兵法》齐名的兵书，合称“孙吴”。《吴子》一般认为是战国时期吴起的作品。吴起不仅是一个英勇善战、战功赫赫的常胜将军，而且也是一位伟大的战略理论家和政治家。根据《吴子》记载，吴起为魏国大将，“守西河。与诸侯大战七十六，全胜六十四，余则钧解。辟土四面，拓地千里，皆起之功也。”《史记·孙子吴起列传》记载吴起在楚国为相，进行改革，短短数年就让一个衰弱的楚国，一跃成为以“南平百越，北并陈、蔡，却三晋，西伐秦”的强国。可以说，吴起比孙武更富有军事和政治实践经验，他提出的战略思想和管理思想比孙武更具有现实性。叶适在其《习学记言·吴子》中指出，《孙子兵法》“言将事太深远”，“微妙入神”，不如《吴子》所言“切近明白”，“无智愚高下皆可用。”战争是政治的产物，一个国家政治情况直接关系到其军事力量的消长。要发动对外的战争就必须要使国家内部政治稳定、经济发展。军事离不开政治，组织对外竞争战略发动离不开内部管理的支持，这已是现代战略学者的共识。《孙子兵法》中只有寥寥数语提到政治，没有任何深入的论述，而《吴子》则对此做了较充分的论述，把军事和政治、战略和管理紧密地联系在一起，不仅弥补了《孙子兵法》的缺陷，也更增强了其对企业战略管理的指导意义。从《孙子兵法》和《吴子》本身的内容看，孙武更重视战争本身，重点研究战役战略。而吴起则充分认识政治和军事之间的互动关系，将进行对内的国家军队的管理和对外的战争结合论述，关注大战略层面上的问题。

（一）治身思想战略管理特质

《吴子》对作为领导者的君主和将的自我管理之道，论述得比《孙子兵法》要详细得多。《孙子兵法》提到将的地方有33次，但是对于君主的治身之道很少论及，大多数是在论将时，顺便提到君主应当如何。《吴子》中提到“主”共计7次，“君”18次。君主与将有些方面的作用是相似的，他们都是组织战略的制定者与推行者。将的能力和素质决定着整个组织的兴衰与战略管理过程的成败。

1. 特质群 T_1 为君之道

君主治身的目标是成为明主。要成为明主，吴起提出这么几点：

（1）修四德。“夫道者，所以反本复始。义者，所以行事立功。谋者，所以违害就利。要者，所以保业守成。若行不合道，举不合义，而处大居贵，患必及之。”按照吴起的观点，“道”是事物的规律；“义”是激励人积极行动建功立业的制度和文化；“谋”是做事情的过程中用来创造机会、抓住机会和避开威胁的谋略；“要”是获得成功后能够保持进取心。在企业战略管理中，把握“道、义、谋、要”四大原则，就是企业领导者要认真学习，提高自身能力使得自己能够按照事情的规律做事，同时要能用制度和文化激励他人和自己一起去完成事情，并且在做事情的过程中懂得运用谋略创造机会、抓住机会和避开威胁。在获得成功后，领导者还要能够保持进取心，继续获得更多的成就。

（2）居安思危。《论语》有云“人无远虑，必有近忧”，忧患意识是中国传统思想文化的一大特色，哈佛大学的江忆恩认为“居安思危，有备无患”是中国传统战略文化的中心思想。这一点在《吴子》中表现得非常明显，吴起在和魏文侯对话时说：“夫安国家之道，先戒为宝。今君已戒，祸其远矣。”并且进一步提出“战胜易，守胜难”的思想。并认为“五胜者祸，四胜者弊，三胜者霸，二胜者王，一胜者帝。是以数胜得天下者稀，以亡者众”。可见，虽然吴起打过很多仗，并保持了不败的纪录，但他并非好战分子，他时刻保持着对战争的谨慎心态。要求君主在和平时期就要“简募良材，以备不虞”。

（3）善于纳谏。“不敢信其私谋”。在人治传统下，君主的行为是决定国家兴亡的关键，君主如果刚愎自用，则很有可能给国家带来灾难性的后果，而进谏是唯一可能对君主行为进行制约的方法，君主如果善于纳谏，那么就有可能对君主一些不合理、不正确的行动进行纠正，防止产生消极影响。

（4）善于积聚人才。“世不绝圣，国不乏贤，能得其师者王，得其友者霸。”君主身边如果多有贤才，不仅能帮助君主提高才德，少犯错误，而且为君主治国安邦进而实现王霸之业，提供了最坚实的基础。

通过上述分析，结合特质理论，可以得到《吴子》治身思想战略管理特质群 T_1 为君之道 。T_1 可以分为两个子特质：T_{11}君主治身目标和 T_{12}明主治身手段。记为：T_1：｛T_{11}，T_{12}｝。其中君主治身目标 T_{11}，即是成为明主；明主治身手段 T_{12}，又可分解为四个子特质：即有 T_{12}：｛T_{121}，T_{122}，T_{123}，T_{124}｝。其中，T_{121}具备四种德行；T_{122}居安思危；T_{123}善于纳谏；T_{124}善于积聚人才。T_{11}和 T_{12}具有一种由抽象走向具体的关系，即：$T_{11} \rightarrow T_{12}$。

2. 特质群 T_2 为将之道

将的治身目标是成为良将。良将是一个将领应当追求的理想境界，对于这种境界《吴子》中有如下描述：“必足以率下安众，怖敌决疑。施令而下不敢犯，所在而寇不敢敌。得之国强，去之国亡。是谓良将。”良将应具有的主要特征可以概括为“二能，四德，四机，五慎”。“二能”指的是将领应当能文能武，文武双全，即“总文武，兼刚柔”。“四德”指的是将领应当具有威、德、仁、勇四种品德，才能达到“足以率下安众，怖敌决疑。施令而下不敢犯，所在而寇不敢敌”。其中勇被放在四德之末，吴起认为“勇”不是将最重要的素质，“夫勇者必轻合，轻合而不知利，未可也”，将领过于勇猛反而有害。“四机”指的是气机、地机、事机、力机。把握气机，就是要领导者能够在组织中建立严格的纪律和统一高效的行政体制；把握地机，就是要领导者能够及时把握环境变化和机会，占据有利的位置；把握事机，就是要求领导者能够根据实际情况，运用谋略了解对手，扰乱对手，根据对手的行动决定应对战略等；把握力机，就是要求领导者能够不断改进内部管理，培育组织能力，同时激发下属的主观能动性。五慎指的是“理、备、果、戒、约”，对于一个组织来说，“理”要求领导者要懂管理之道，对组织治理有方；“备”要求领导者平时要多学习，不断提高自己的素质；“果”则要求领导者遇事要果断，敢于冒一定的风险，不畏首畏尾；“戒”要求领导者保持高度的戒备之心，善于把握组织外部的机会与威胁；“约”就是领导者做事高效务实，不做表面文章，不搞花架子，做到精兵简政。

通过上述分析，结合特质理论，可以得出《吴子》治身思想战略管理特质群 T_2 为将之道。T_2 可以分为两个子特质：T_{21} 治身目标和 T_{22} 治身手段。记为：T_2：{T_{21}，T_{22}}，治身目标 T_{21}，即是要成为良将；治身手段 T_{22} 又可分解为四个子特质：即有 T_{22}：{T_{221}，T_{222}，T_{223}，T_{224}}。其中，T_{221} 为文武兼修；T_{222} 为具备四种德行；T_{223} 为能够把握“四机”；T_{224} 为做到“五慎”。T_{21} 和 T_{22} 具有一种由抽象走向具体的关系，即：$T_{21} \rightarrow T_{22}$。

根据上述，可以得出《吴子》治身思想战略管理特质群 T_1 为君之道和 T_2 为将之道的 KJ 图（见图 3－8）。

（二）经国治军思想战略管理特质

《吴子》中治国与治军的关系十分模糊，其中关于治国和治军的论述大多是相通的，既是治国思想又是治军思想，给人一种军国一体、全民皆兵的感觉。其实这正好反映了战国时期的特征，战国时期强大的国家几乎都带有某种军国主义特征，如秦国，老百姓想要升官发财，除了去打仗没有别的路可以走。吴起在魏国建立的魏武卒制度，也是为了激励老百姓打仗。生活在两个诸侯国边境的老百姓平时是农民，一有战事，就成为军人。据《韩非子·内储说上·七术》记载“吴起为魏武侯西河之守。秦有小亭临境，吴起欲攻之。不去，则甚害田者；去之，则不足以征甲兵。于是乃倚一车辕于北门之外而令之曰：‘有能徙此南门之外者，赐之上田、上宅。’人莫之徙也。及有徙之者，遂赐之如令。俄又置一石赤菽于东门之外，而令之曰：‘有能徙此于西门之外者，赐之如初。’人争徙之。乃下令曰：‘明日且攻亭，有能先登者，仕之国大夫，赐之上田上宅。’人争趋之。

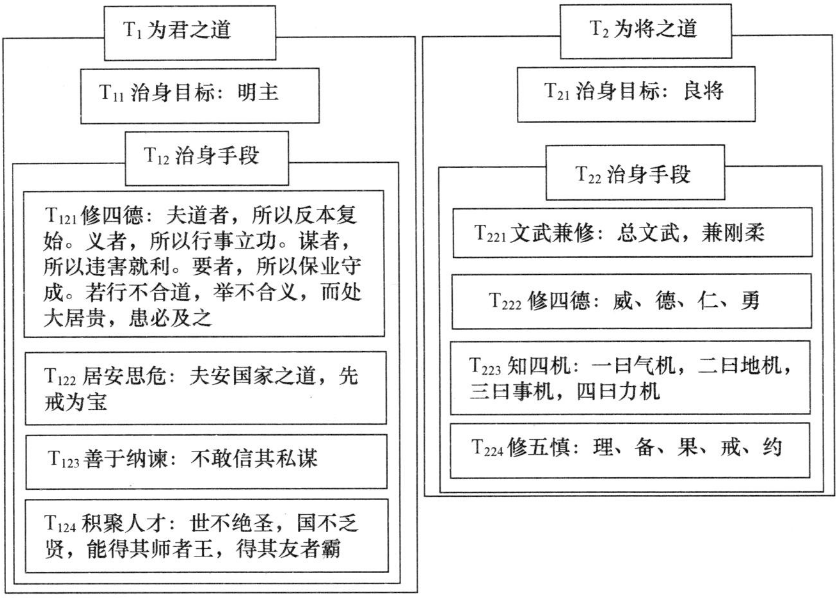

图 3-8 《吴子》特质群 T_1 和 T_2 的 KJ 图

于是攻亭，一朝而拔之。”可见，军民一体、全民皆兵的思想早在战国时代就出现了。可以把《吴子》的治国、治军思想合在一起，统称经国治军思想，《吴子》经国治军思想可以概括为“内修文德，外治武备”。

1. 特质群 T_3 治国思想：“内修文德”

（1）特质 T_{31} 治国目标。《吴子》对治国目标没有明确的论述，但是对治国境界做了描述：

1）“百姓是吾君而非邻国，则战已胜矣。”在吴起看来，一支得到人民拥护的军队就是无坚不摧的军队。《史记·孙子吴起列传》还提到“武侯浮西河而下，中流，顾而谓。”吴起曰：“美哉乎山河之固，此魏国之宝也!”起对曰：“在德不在险……若君不修德，舟中之人尽为敌国也。”儒家所倡导的“天时不如地利，地利不如人和”的思想，在《吴子》里也得到了反映。

2）“民知君之爱其命，惜其死若此之至，而与之临战，则士以尽死为荣，退生为辱矣。”战国时期治国目标是为了打仗，《吴子》认为如果老百姓都拥护君主，认为君主是一个仁义爱民的好君主，那么面对敌人时，他们就为君主效命。

（2）特质 T_{32} 治国手段。具体如何治国，《吴子》提出了以下几点：

1）修“道、义、礼、仁”四德。《吴子》提出“是以圣人绥之以道，理之以义，动之以礼，抚之以仁。此四德者，修之则兴，废之则衰”。这里有一个值得说明的问题，吴子在提出四德之前，还提出了“道、义、谋、要”四德，那么它们之间是什么关系呢？这个问题常常让人费解。通读《吴子》，我们发现吴起在提出“道、义、谋、要”修文德的四大原则之后，只是给出了一个说明，没有进一步阐释其作用，就立刻提出“道、义、礼、仁”四德，而对于四德则阐释了其作用却没有说明其内涵。正常情况下，出现这样的逻辑不连贯的现象是不可原谅的。《吴子》一书存在诸多亡佚，已是学术界的定论，显然，此处的逻辑不连贯是由于《吴子》一书存在着残缺所造成的。那么吴起先后提出“道、义、谋、要”和“道、义、礼、仁”的目的到底是什么呢？《史记·孙子吴起列传》记载吴起曾拜儒学大师曾子为师，《吴子》开篇第一句话是“吴起儒服以兵机见魏文侯”，且其中内容明显深受儒家思想影响，历史学家们往往把吴起归为兵家或法家的代表，但实际上吴起的思想源于儒家，从吴起以儒服见文侯的行为看，可见他自认为是儒家的代表或者至少是通晓儒家思想。在此，可以大胆猜测，吴起已经初步把握儒家管理思想的核心——“修己安人”了。“道、义、谋、要”四大原则其实是吴起对君主或将领提出的要求，是吴起对组织领导者治身或者说“修己”的原则。而“道、义、礼、仁”则是组织领导者治国治军或者说“安人”的原则。可见“内修文德”的本质和儒家的“修己安人”管理思想是一致的。修“四德”是治国的基本手段，后面几个手段其实都可以视为修四德工作的细化。修四德要求领导者把握事物的规律，在组织中建立高瞻远瞩、英明神武的形象，将组织成员团结在自己的身边，形成强大的组织凝聚力。一方面，建立完善而严格的制度用“礼”来约束员工、训练组织，以提高其纪律性和能力；另一方面，积极关心员工生活，让其感受到集体的温暖，用“仁”来激发员工的主观能动性。

2）“贤者居上，不肖处下。”充分重视人才的作用，任人唯贤。

3）“民安其田宅，亲具有司。”解决老百姓衣食住行问题和老幼抚养问题。俗话说“民以食为天”，君主要驱使老百姓去打仗，就要重视提高老百姓的生活水平，保证老百姓的温饱，使得“民安其田宅，亲具有司”，以解除战士们的后顾之忧，使其一心为国战斗。

4）“教百姓而亲万民”，“劝善禁恶”，“必谨君臣之礼，饰上下之仪，安集吏民顺俗而教”。国君治国应当花大力气，对百姓进行教育，以达到劝善禁恶的目标，并且使得老百姓亲附。

5）“简募良材，以备不虞。”既然明主有着居安思危的意识，那么明主治国行为也应当体现有备无患的治国战略思想，因此，《吴子》提出君主治国应当“谨”君臣之礼，应当“简募良材，以备不虞”。

通过上述分析，结合特质理论，可以得出《吴子》经国治军思想战略管理特质群 T_3 治国思想。T_3 可以分为两个子特质：T_{31} 为治国目标和 T_{32} 为治国手段。

记为：T_3：｛T_{31}，T_{32}｝。治国手段 T_{32} 又可以分为五个子特质：即有 T_{32}：｛T_{321}，T_{322}，T_{323}，T_{324}，T_{325}｝。其中，T_{321} 为修四德；T_{322} 为用贤；T_{323} 为安民；T_{324} 为教育；T_{325} 为积累备战。T_{31} 和 T_{32} 具有一种由抽象走向具体的关系，即：$T_{31} \rightarrow T_{32}$。

根据上述，可以得出《吴子》经国治军思想战略管理特质群 T_3 治国思想的 KJ 图（见图 3－9）。

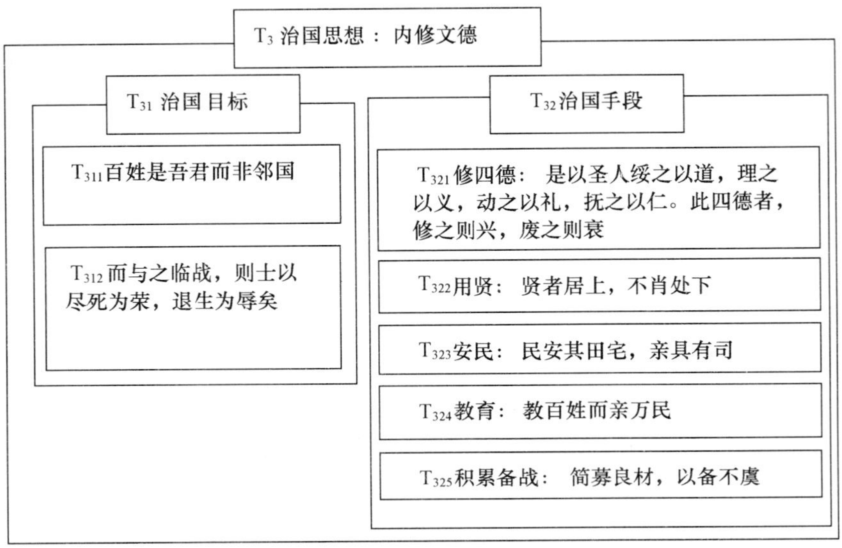

图 3－9 《吴子》特质群 T_3 的 KJ 图

2. 特质群 T_4 治军思想：“外治武备”

虽然《孙子兵法》也提出了“兵非贵益多也”的观点，但是没有进行深入的论述，《吴子》才真正明确了精兵主义原则，并且有着了不起的实践成果。吴起为魏国建立了“武卒”制度。魏国考选“武卒”，要求能“衣三属之甲，操十二石之弩，负矢五十个，置戈其上，冠带剑，赢三日之粮，日中而趋百里”（《荀子·议兵》）。吴起正是依靠“武卒”这样的精锐之师实现“与诸侯大战七十六，全胜六十四，余则钧解。辟土四面，拓地千里”的丰功伟绩的。

（1）特质 T_{41} 治军目标。《吴子》中对治军的理想目标做了两次描述：第一次，“居则有礼，动则有威，进不可当，退不可追，前却有节，左右应麾，虽绝成陈，虽散成行。与之安，与之危，其众可合不可离，可用而不可疲，投之所往，天下莫当。”第二次，“是以一人投命，足惧千夫。今臣以五万之众，而为一死贼，率以讨之，固难敌矣。”可见，治军的理想境界是整个军队内部团结得像一个人一样，能够患难与共，对外则都像亡命之徒，没人敢于抵挡。即“投之所往，天下莫当。”“士以尽死为荣，退生为辱矣。”

（2）特质 T_{42} 治军手段。为了建立一支精锐之师，《吴子》中对治军的手段提出了如下几点：

1）精选士卒。吴起要求认真挑选士卒，可给予他们极高的待遇和荣耀，以激励士气，同时进行艰苦训练，提高战斗力。“选而别之，爱而贵之，是谓军命。其有工用五兵、材力健疾，志在吞敌者，必加其爵列，可以决胜。厚其父母妻子，劝赏畏罚，此坚陈之士，可与持久，能审料此，可以击倍。”

2）教育激励。《吴子》提出“故用兵之法，教戒为先”，“必教之以礼，励之以义，使有耻也”，“举有功而进拘之，无功而励之”。吴起认为“夫人有耻，在大足以战，在小足以守矣”。《论语》说“见义不为，无勇也”，可见义是激发勇气的重要力量。对于那些有一技之长、英勇善战和为国捐躯的将士，要实行“加其爵列”及重赏优待其父母妻儿等方法来激励他们发挥出最大的主观能动性达到“一人投命，足惧千夫”的效果。

3）严明赏罚。吴起非常重视军纪和赏罚，提出“进有重赏，退有重刑．行之以信，令制远。”《尉缭子》记载“吴起与秦战未合，一夫不胜其勇，前获双首而还。吴起立命斩之。军吏谏曰：‘此材士也，不可斩！’起曰：‘材士则是也，非吾令也。’斩之”。要使用军队必须先训练军队，要使得军队“居则有礼，动则有威……其众可合不可离，可用不可疲，投之所往，天下莫当”。而要做到这些，就必须要对士卒“进有重赏，退有重罚”并强调“行之以信”。企业要应对激烈的市场竞争也应当有严格的纪律，由于商业竞争和军事竞争的差别，企业要有严格的纪律不是要求员工像士兵一样绝对服从上级命令，而是要求组织中不能出现员工自由散漫、任意违法规章制度的现象。

（3）特质 T_{43} 治军基础。《吴子》治军提倡的是精兵主义原则。吴起认为军队的价值不在于人数的“众寡”，而在于“益于用”。他认为“若法令不明，赏罚不信，金之不止，鼓之不进，虽有百万，何益于用！”认为少数精锐部队可以以一当十甚至当百。《吴子》还记载了吴起率领 5 万人打败秦军 50 万人的事迹。“‘今臣以五万之，众，而为一死贼，率以讨之，固难敌矣。’于是武侯从之，兼车五百乘，骑三千匹，而破秦五十万众，此励士之功也。”

通过上述分析，结合特质理论，可以得到《吴子》经国治军思想战略管理特质群 T_4 治军思想。T_4 可以分为三个子特质：T_{41} 治军目标、T_{42} 治军手段和 T_{43} 治军基础，记为：T_4：$\{T_{41}, T_{42}, T_{43}\}$。治军手段 T_{42} 可以分为三个子特质：即有 T_{42}：$\{T_{421}, T_{422}, T_{423}\}$。其中，$T_{421}$ 为精选人才；T_{422} 为教育激励；T_{423} 为重赏重罚，行之以信。

根据上述，可以得出《吴子》经国治军思想战略管理特质群 T_4 治军思想的 KJ 图（见图 3－10）。

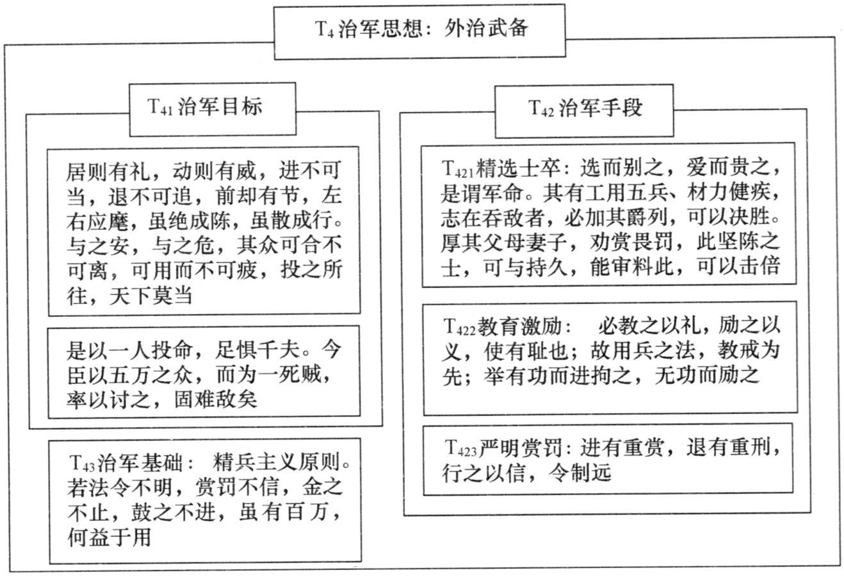

图3-10 《吴子》特质群T_4的KJ图

吴起把“修文德”和“治武备”相提并论，深刻阐明了政治与军事两者之间的紧密关系，“修文德”就是要搞好政治，“治武备”就是要搞好军事，两者相辅相成，不能偏废，他指出“昔承桑氏之君，修德废武，以灭其国。有扈氏之君，恃众好勇，以丧其社稷”。对于企业战略管理来说，要搞好一个企业，同样也有“内修文德，外治武备”两方面的工作。这表现在企业要面对激烈的市场竞争，不仅要培育自身的核心竞争力，同时也要保证组织的凝聚力，使员工能力得到充分的发挥。这就要求企业领导人不断学习，提高自身素质，努力掌握企业发展、行业演化以及战略管理等规律，积极做好领导团队建设，学会如何激励员工努力工作，提高员工素质。同时不断创新企业制度和文化，使企业能够适应环境的变化，并在发展过程中学会运用各种战略、战术手段创造机会、抓住机会和避开威胁。在取得成功后领导团队能保持进取心，继续努力保持企业的竞争优势。

根据上面对《吴子》经国治军思想的战略管理特质分析，我们发现可以把《吴子》经国治军思想概括为“义”治，《吴子》提出“凡制国治军，必教之以礼，励之以义，使有耻也。夫人有耻，在大足以战，在小足以守矣”。可以说是其经国治军思想的基本手段；“以治为胜”的精兵主义原则是其治军思想的基本观点；而“君能使贤者居上，不肖者处下，则陈已定矣。民安其田宅，亲具有司，则守已固矣。百姓皆是吾君而非邻国，则战已胜矣”是其经国治军思想的总依据。由吴起经国治军思想的基本手段和总体依据看，《吴子》重视对人的道德激励，提倡礼义教化，同时也重视刑法，儒家思想和法家思想在《吴子》经国治军思想中得到了完美的结合。这样我们就有了《吴子》经国治军的基础特质，T_{331}和T_{431}：基本观点是“以治为胜”。T_{332}和T_{432}：经国治军依据“君能使贤者居上，不肖者处下，则陈已定矣。民安其田宅，亲其有司，则守已固矣。百姓皆是吾君而非邻国，则战已胜矣”。T_{333}和T_{433}：基本观点是“治国治军就是治人”。据此，结合我们的分析框架，可以得出《吴子》经国治军思想战略管理特质分解图如图3－11 所示。

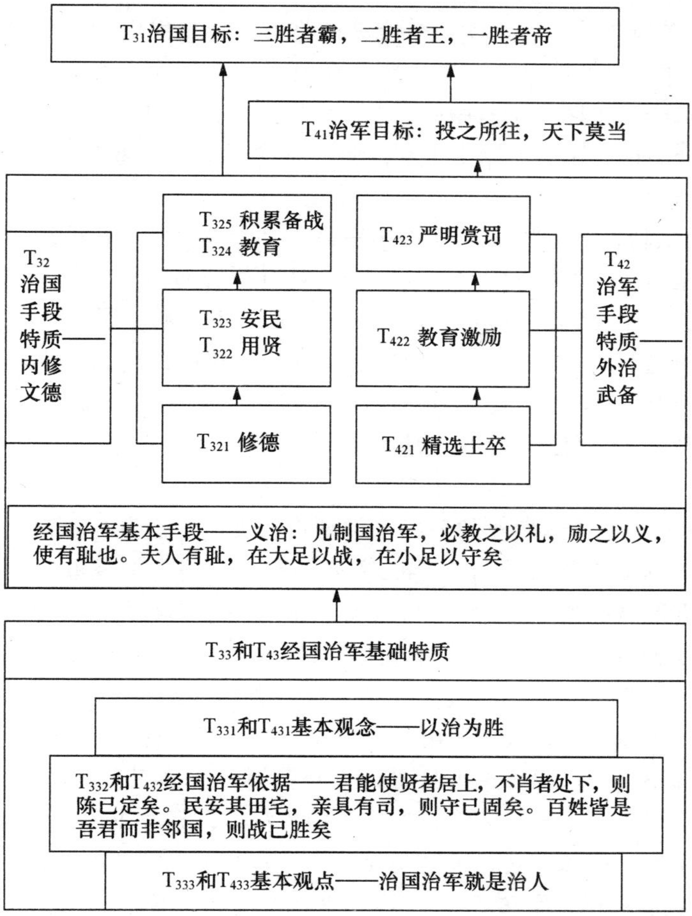

图3－11 《吴子》经国治军思想战略管理特质分解

（三）治敌思想战略管理特质

《吴子》和《孙子兵法》一样关注治敌问题。但是《吴子》对于理论谈得不多，关注的是可操作的实践。因此，分析《吴子》的治敌思想战略管理特质比分析《孙子兵法》简单，如《吴子》的战略决策多表现在战略行动过程中，对决策本身的形而上学的思考不多，因此，我们分析《吴子》治敌思想的战略管理特质主要从战略分析、战略决策与行动和战略目标三个方面进行。

1. 特质群 T_5 战略分析

战略分析特质主要包括分析的内容和信息获取的方法。

（1）特质 T_{51} 分析的内容。

1）对竞争对手领导者才能和个性进行分析。吴起提出“必先占其将而察其才”。如果对手非常聪明能干，那么就避免和他发生冲突，如果对手无能，那么就不要放过机会，大胆出击打败他。“其将愚而信人，可诈而诱。贪而忽名。可货而赂。轻变无谋，可劳而困。上富而骄，下贫而怨，可离而间。进退多疑，其众无依，可震而走。”

2）对军队特点的分析。吴起提出军队“以治为胜”，并根据当时的情况分析各国军队的特色。“夫齐性刚，其国富，君臣骄奢而简于细民，其政宽而禄不均，一陈两心，前重后轻，故重而不坚。击此之道，必三分之，猎其左右，胁而从之，其陈可坏。秦性强，其地险，其政严，其赏罚信，其人不让，皆有斗心，故散而自战。击此之道，必先示之以利而引去之，士贪于得而离将，乘乖猎散，设伏投机，其将可取。楚性弱，其地广，其政骚，其民疲，故整而不久……”

3）对其他各种具体情况的分析，如地形、天时、后勤、军队士气、纪律等多方面的分析。吴起具有非常丰富的实战经验，他把有把握取胜的情况分为八种，没有把握取胜的情况分为六种。“凡料敌有不卜而与之战者八。一曰，疾风大寒，早兴寤迁，刊木济水，不惮艰难。二曰，盛夏炎热，晏兴无间，行驱饥渴，务于取远。三曰，师既淹久，粮食无有，百姓怨怒，妖祥数起，上不能止。四曰，军资既竭薪既寡，天多阴雨，欲掠无所。五曰，徒众不多，水地不列，人马疾疫，四邻不至。六曰，道远日暮，士众劳惧，倦而未食，解甲而息。七曰，将薄吏轻，士卒不固，三军数惊，师徒无助。八曰，陈而未定，舍而未毕，行阪涉险，半隐半出。诸如此者，击之勿疑。”“有不占而避之者六。一曰，土地广大，人民富众。二曰，上爱其下，惠施流布。三曰，赏信刑察，发必得时。四曰，陈功居列，任贤使能。五曰，师徒之众，兵甲之精。六曰，四邻之助，大国之援。凡此不如敌人，避之勿疑。所谓见可而进，知难而退也。”

（2）特质 T_{52} 信息的获取方法。

1）用间。如果直接观察和试探都没有效果时，还有一个获取信息的重要方法就是用间。“敌人若坚守以固其兵，急行间谋以观其虑。”吴起非常强调用间，他把用间列为作为将必须拥有的才能之一，即四机之一。提出“善行间谍，轻兵往来，分散其众，使其君臣相怨，上下相咎，是谓事机”。

2）观察。通过观察获取信息，吴起非常善于观察，他见魏文侯时针对魏文侯说的言不由衷的话，很坦率地告诉魏文侯自己善于“以见占隐，以往察来”，并说出了魏文侯内心真实的想法，从而获取了魏文侯的赏识与信任。在治敌过程中，吴起更是强调通过观察获取信息，认为根据观察到的各种现象可以捕捉到获胜的战机。吴起提出“敌人之来，荡荡无虑，施旗烦乱，人马顾，一可击十必使无措。诸侯未会，君臣未和，沟垒未成，禁令未施，三军匈匈，欲前不能，欲去不敢，以半击倍，百战不殆”。“敌人远来新至，行列未定，可击。既食未设备，可击。奔走，可击。勤劳，可击……”

3）试探。有些情况下通过直接观察难以获取信息，吴起提出可以通过试探的方式获取敌方的信息。“令贱而勇者，将轻锐以尝之。务于北，无务于得，观敌之来，一坐一起，其政以理，其追北佯为不及，其见利佯为不知，如此将者，名为智将，勿与战矣。若其众谨哗，旌旗烦乱，其卒自行自止，其兵或纵或横，其追北恐不及，见利恐不得，此为愚将，虽众可获。”

根据上述，可以得出《吴子》治敌思想战略管理特质群 T_5 战略分析的 KJ 图（见图 3－12）。

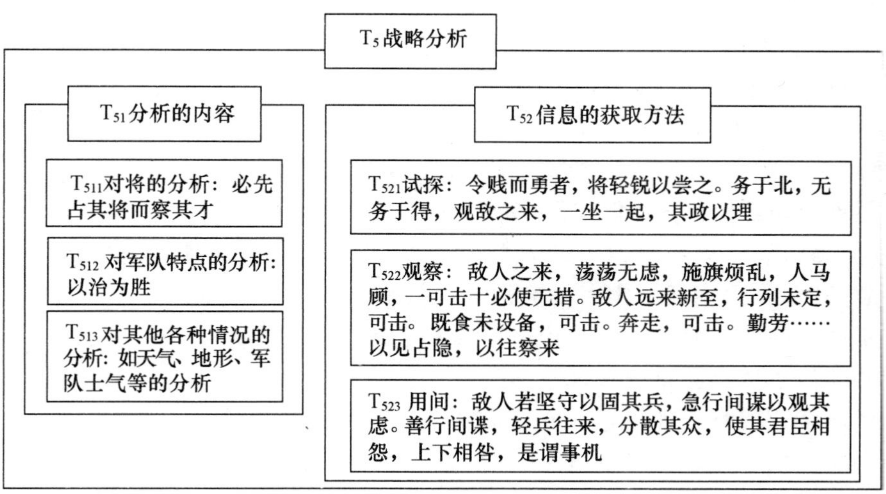

图 3－12　《吴子》特质群 T_5 的 KJ 图

2. 特质群 T_6 战略决策与行动

（1）特质 T_{61} 权变原则。权变原则也是《吴子》非常重视的一个原则，尽管《吴子》缺乏诸如形势、虚实、奇正等精妙的理论，但是《吴子》却一下子抓住了权变原则的要点，即避实击虚。吴起提出“用兵必须审敌虚实而趋其危”。做到“因形用权”那么就能事半功倍，“不劳而功举”。同时，《吴子》通过吴起与魏武侯的对话，列举了根据各种不同情况，权变治敌的策略。如“其将愚而信人，可诈而诱。贪而忽名。可货而赂。轻变无谋，可劳而困。上富而骄，下贫而怨，可离而间。进退多疑，其众无依，可震而走。士轻其将而有归志，塞易开险，可邀而取。进道易，退道难可来而前。进道险，退道易，可薄而击。居军下湿，水无所通，霖雨数至，可灌而沈。居军荒泽，草楚幽秽风飙飙数至，可焚而灭。停久不移，将士懈怠，其军不备，可潜而袭”。

（2）特质 T_{62} 节制原则。节制原则是《吴子》提出的一个很实用的原则，《吴子》说“凡行军之道，无犯进止之节，无失饮食之适，无绝人马之力”。打仗是一件非常辛苦的事情，虽然必要的时候命都可以不要，但是为了保持良好的战斗力，在不需要拼命时，需要注意保持力量。这个原则只有像吴起这样具有丰富实践经验的将领才能深刻体会。这点对于现代企业管理也是有意义的，企业采取战略行动应当量力而行，如果目标过于远大，不知道节制，不停地催促员工努力，其结果只能是欲速则不达。

（3）特质 T_{63} 仁义原则。《吴子》的儒家色彩是比较浓厚的，“城邑既破，各入其宫，御其禄秩收其器物。军之所至，无刊其木、发其屋、取其粟、杀其六畜、燔其积聚，示民无残心”（《吴子·应变》）。对待失败的竞争对手也应当善待，“其有请降，许而安之”（《吴子·应变》）。有的学者认为《吴子·图国》提到“有此三千人，内出可以决围，外入可以屠城矣”，因而认为吴起对待竞争对手是十分凶残的，但是仔细分析可以看出这里只是吴起对于其训练的锐卒所具有的强大战斗力的一种形象描绘，并不表示吴起赞同屠城。相比之下，《孙子兵法》虽然也谈到仁义，却仅仅是一个口号，缺乏实际的内容。

（4）特质 T_{64} 果断原则。对于战略决策，吴起提出了一个很有特色的原则，即果断的原则。“用兵之害，犹豫最大；三军之灾，生于狐疑”，这个观点对于缺乏实战经验的战略理论家来说，可能很难体会，实在是“千古名言，对于古今中外任何指挥官都是永久的忠告”。这个观点也只有久经沙场的战将才能体会。对于企业战略管理也是如此，面对稍纵即逝的市场机会，企业领导者必须能够果断做出决策，迅速采取行动，如果因为害怕风险、害怕失败而犹豫不决，那么不仅无法把握现有机会，还会失去其他的机会，给企业带来重大损失。

通过上述分析，结合特质理论，可以得出《吴子》治敌思想战略管理特质群 T_6 战略决策与行动。T_6 可以分为四个子特质：T_{61} 为权变原则；T_{62} 为节制原则；T_{63} 为仁义原则；T_{64} 为果断原则。记为：T_6：{T_{61}，T_{62}，T_{63}，T_{64}}。根据上述，可以得出《吴子》治敌思想战略管理特质群 T_6 决策与行动的 KJ 图（见图 3－13）。

T_6战略决策与行动

T_{61}权变原则：用兵必须审敌虚实而趋其危；因形用权，则不劳而功举

T_{62}节制原则：凡行军之道，无犯进止之节，无失饮食之适，无绝人马之力

T_{63}仁义原则：军之所至，无刊其木、发其屋、取其粟、杀其六畜、燔其积聚，示民无残心。其有请降，许而安之

T_{64}果断原则：用兵之害，犹豫最大；三军之灾，生于狐疑；故师出之日。有死之荣，无生之辱；临敌不怀生

图 3－13　《吴子》特质群 T_6 的 KJ 图

3. 特质群 T_7 战略目标

《吴子》中没有对其战略目标进行明显的描述，但是经过分析还是可以看出来，《吴子》第一篇称为《图国》一般有两种解释：一解释为希望治理好国家；二解释为图谋兼并别的国家。我们认为第二种解释比较合理，战国时期主要特点就是进行大规模的兼并战争，战国七雄都想获得更多的土地，继而统一天下。战国时期和春秋时期的一个显著不同就是诸侯国再也不把周王室放在眼里，不再把建立霸业当作目标，而希望取代周王室，一统天下。《吴子》中间接说明了战略目标的三个层次：第一是帝；第二是王；第三是霸。《吴子》战略目标特质比较简单，T_7 战略目标是兼并敌方。共有三个层次的子目标：第一是帝；第二是王；第三是霸。故不画 KJ 图。

据此，结合我们的分析框架，可以得出《吴子》治敌思想特质分解图如图 3－14 所示。

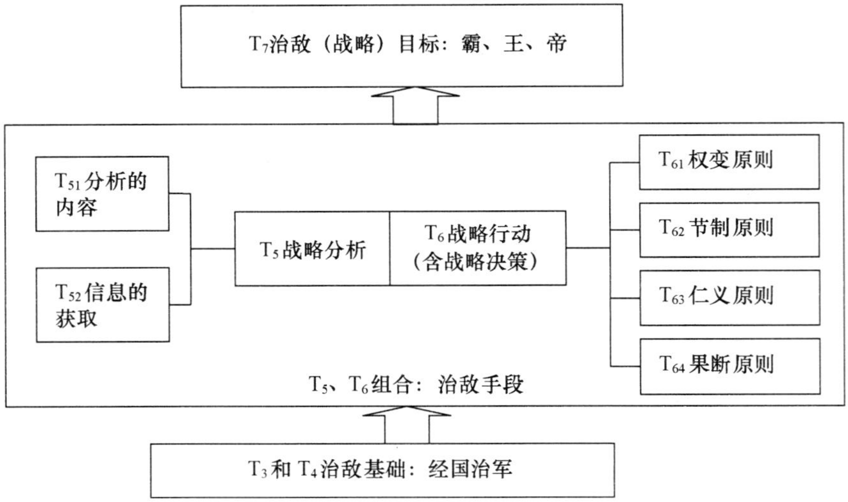

图3－14　《吴子》治敌思想战略管理特质分解

三、《司马法》思想的战略管理特质

《司马法》是我国古代重要兵书之一，旧题田穰苴所著，田穰苴是春秋晚期时的人，曾经担任齐国的司马，为当时的名将。据《史记·司马穰苴列传》记载："齐威王使大夫追论古者司马兵法而附穰苴于其中，因号曰《司马穰苴兵法》。"可见，《司马法》的形成有一个过程，最早是周朝时期的王官兵学，流传到春秋时期，为田穰苴继承并有所发展，大约到了战国初期经过齐国的学者整理而成书。宋元丰中把《司马法》列为《武经七书》之一，颁行武学，定为将校必读之书。《司马法》流传至今已两千多年，亡佚很多，现仅残存5篇。司马迁认为《司马法》"余读《司马兵法》，宏阔深远，虽三代征伐，未能竟其义"。而今本所见《司马法》人们却多认为水平不够，如清代学者姚鼐认为《司马法》"世之所传者，泛论用兵之意，其辞庸甚，不足以言《礼经》，亦不足以言权谋也"，故此认为今本《司马法》是伪书。龚自珍也认为《司马法》"其言孙、吴之舆台，尚不如《尉缭子》。所谓宏廓深远者安在?"现代研究《司马法》的学者虽然反对《司马法》是伪书的观点，但也多数接受了《司马法》军事思想远不如《孙子兵法》的观点，认为其列入《武经七书》的价值主要在于它保存了西周与春秋时期的军制、军礼、军法等思想，为人们研究那个时期的军事思想提供了重要的资料。其实《司马法》继承了周朝传统的王官兵学，阐释了春秋时期兵家主流的观点，在大战略层面和军事战略层面都提出了很多有创见的思想，可以说是先秦兵家中的古典学派，提倡周朝的战争伦理和“礼”精神，主张义战，不重视或者说不赞同《孙子兵法》以利害原则决定战争行为的思想。《司马法》推崇“以礼固，以仁胜”，认为只有这样才能够“既胜之后，其教可复”，获得长治久安，“是以君子贵之”，至于运用谋略相对于“仁”来说，只不过“末”。所谓“凡大善用本，其次用末。执略守微，本末惟权。战也”，也就是说仁义才是治国安邦、战胜敌人之本，打仗时候没有办法，只好本末兼用。《司马法》比起《孙子兵法》、《吴子》等兵书有过之而无不及，司马迁对《司马法》的评价可谓是恰如其分。

《司马法》的战争观和春秋时期的时代特点是分不开的，春秋时期和战国时期完全不同，周王朝的天下共主的地位还在，人们对于周朝初期建立起来的诸侯国之间血缘宗法关系还比较认同，战争被认为是解决家族内部纠纷，维护家族秩序所采用的一种特殊手段，战争的目标往往只是让对方屈服而不是占领和兼并。因此，诸侯国面临的环境是一种既合作又竞争的国际环境，《司马法》的战略观念乃是最适合当时情况的。如果说《孙子兵法》关注的是生死存亡的竞争战略管理问题，那么《司马法》关注的就是合作竞争战略管理问题，这种战略管理思想对于现代企业战略管理来说可能会比《孙子兵法》更具有启发意义。《司马法》战略管理思想可以概括为“居国和，在军法，刃上察”，即以礼治国、以法治军、以智治敌。

（一）治身思想战略管理特质

从对预先设定75个词汇的词频分析的情况看，《司马法》似乎不关心君主和将的治身问题。文中提到“主”共计2次、“君”6次，提到将的地方有5次，远远少于《孙子兵法》和《吴子》。但是仔细阅读《司马法》可发现，《司马法》中常用“上”和“王”来代表君主或将。“上”在文中出现26次，其中20次是指代君主或“将”，“王”出现7次。可见，《司马法》对于为君之道和为将之道也是比较关注的。

1. 特质群 T_1 为君之道

《司马法》并没有明确指出，君主治身的目标是什么，但是它多次提到先王，多次提到王霸应当怎样怎样，说明它以先王、王霸为君主治身的目标。有必要说明的是霸在春秋时期不是一个贬义词，相反带有褒义，霸又称伯，乃诸侯之长，帮助天子维护天下秩序，成为霸主是一件非常荣耀的事情。王霸之道的主要特征是“天子之义必纯取法天地而观于先圣”，即根据天地之道和古代圣贤的做法来确定君主应当做的事情，这和儒家崇尚的为君之道完全一致。因此，可以认为，《司马法》为君之道战略管理特质 T_1 是“取法天地的先王之道”。但是《司马法》并没有深入讨论，故不画 KJ 图。

2. 特质群 T_2 为将之道

（1）特质 T_{21}治身境界。

1）《司马法》提出良将总体上应该给人这样的感觉：“居国惠以信，在军广以武，刃上果以敏。居国和，在军法，刃上察。居国见好，在军见方，刃上见信。”

2）《司马法》提出良将在国中应具有以下行为特征：“在国言文而语温，在朝恭以逊，修己以待人，不召不至，不问不言，难进易退。”

3）《司马法》提出良将在军中应具有以下行为特征：“在军抗而立，在行遂而果，介者不拜，兵车不式，城不上趋，危事不齿。”

（2）特质 T_{22}治身手段。

1）《司马法》没有明确说明将的治身目标是成为良将，但是它对成为一个优秀的将领有不少论述。首先，良将和明主一样都应具有五种德行：即“仁、义、智、勇、信”，这五种德行具有重大的作用。《仁本》“故仁见亲，义见说，智见恃，勇见方，信见信。”即是说，行事合乎仁义可以获得人们的亲近，行事合乎道义可以说服别人跟随，行事显示出智慧可以让人感觉可以依赖，行事表现得勇敢可以让人感到有原则、意志不可动摇，行事坚守信用可以让人感觉到可以相信。这和《孙子兵法》中的为将之道仅仅相差一个字。

2）《司马法》提出良将应当注意去除的几种个性缺陷：“上同无获，上专多死，上生多疑，上死不胜。”即作为领导者，如果一味追求大家意见相同，那么就不能获取胜利；如果领导者过于独断专行，刚愎自用，那么就有可能被杀死；如果领导者贪生怕死，那么行动就会迟疑不决；如果领导者带有一种亡命之徒的不怕死观念去打仗，也同样无法获取胜利。这个论述表明《司马法》的一个重要思想，即为人处世要遵守中庸之道，要做到恰到好处，领导者既不能独断专行，也不能一味追求民主，这和我们党的民主集中制完全吻合，实践证明民主集中制非常适合军队管理。

从《司马法》对良将的描述，我们可以发现《司马法》的良将颇有儒家的君子之风，特别是良将在国之时的情形“在国言文而语温，在朝恭以逊，修己以待人”，这简直就是在描绘孔子。可见《司马法》治国思想和先秦儒家特别是孔子的主张是非常接近的，主要原因在于他们都羡慕先王之道，都继承了周朝的王官之学，是传统文化的继承者。综合孔子的君子之道和《司马法》的为将之道，我们可以管窥周朝的政治军事文化。

通过上述分析，结合特质理论，可以得到《司马法》治身思想战略管理特质群 T_2 为将之道。T_2 可以分为两个子特质：T_{21} 治身境界和 T_{22} 治身手段。记为：T_2：{T_{21}，T_{22}}，治身境界 T_{21} 又可分为三个子特质：即有 T_{21}：{T_{211}，T_{212}，T_{213}}。其中，T_{211} 为优秀将领给人的总体感觉、T_{212} 为在国中的行为特征、T_{213} 为在军中的行为特征；治身手段 T_{22} 又可分为两个子特质：即有 T_{22}：{T_{221}、T_{222}}。其中，T_{221} 为具有“仁、义、智、勇、信”诸德；T_{222} 为没有四种缺陷。T_{21} 和 T_{22} 具有一种由抽象走向具体的关系，即：$T_{21} \rightarrow T_{22}$，由此可以得出《司马法》治身思想战略管理特质群 T_2 为将之道的 KJ 图（见图 3－15）。

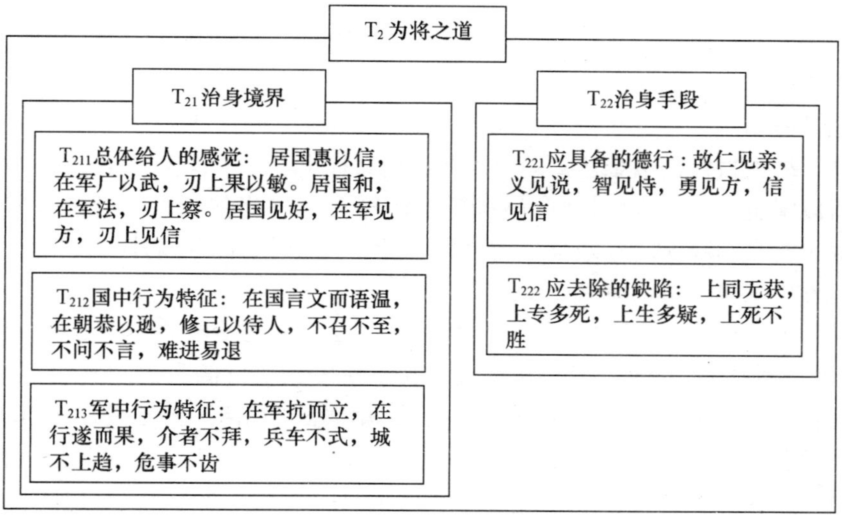

图 3－15　《司马法》特质群 T_2 的 KJ 图

（二）经国治军思想战略管理特质

《吴子》中治国与治军的关系十分模糊，带有一种军国一体的军国主义色彩，而《司马法》则正好相反，《司马法》强调治国与治军的区别，要求君主和将做到“国容不入军，军容不入国”，理由是，“军容入国，则民德废；国容入军，则民德弱。”治国强调德，治军强调义，治国和治军相分离，才能“德义不相踰”，保持“贵贱之伦经”。而且《司马法》花了很多篇幅论述虞氏、殷、周时代先王治国的特色，其由衷赞叹羡慕之情，简直和言必称尧舜的孟子相似，可见，《司马法》作者带有强烈的儒家思想特色。《司马法》的治国治军思想内容非常丰富，远远胜过《孙子兵法》、《吴子》，可以说这是其一大特色。因此，我们用略微复杂些的模式分析《司马法》经国治军思想战略管理特质。

1. 特质群 T_3 治国思想

《司马法》治国思想可以概括为“以礼治国”，该典籍处处强调仁义道德，强调教化和儒家的礼治几乎没有差别，《司马法》在谈论将帅治身时提出“在国和”，《论语》有云“礼之用，和为贵，先王之道，斯为美”。可见，《司马法》提倡的治国模式乃是先王之道的“礼治”。

（1）特质 T_{31} 治国目标。终极目标“狱弭而兵寝”，现实目标“内得爱，外得威”。《司马法》构想了一个国内无人犯罪，国外没有战祸的乌托邦式的太平盛世。提出治国的终极目标是“诸侯说怀，海外来服，狱弭而兵寝，圣德之治也”。为了说明这种太平盛世的存在，《司马法》用上古时期舜帝、夏朝、殷朝和周朝的情况来比较，提出“古者贤王，明民之德，尽民之善，故无废德，无简民，赏无所生，罚无所试。有虞氏不赏不罚，而民可用，至德也。夏赏而不罚，至教也。殷罚而不赏，至威也。周以赏罚，德衰也。”当然，《司马法》作者也知道这个终极目标是很难达到的。因此，他又提出了一个现实目标。即“内得爱焉，所以守也；外得威焉，所以战也”。治国目标应当使国内老百姓爱戴政府，发生战争时会和政府同心同德，抵抗敌人侵略；同时获得令国外敌人畏惧的雄厚实力，发生战争时足以应对。

（2）特质 T_{32} 治国手段。根据上面对《司马法》的治国原则的分析，可见其治国思想和儒家的治国思想非常接近，甚至用主张实行儒家的“礼治”来概括也不为过。《司马法》提出了几种治国手段和儒家“礼治”几乎没什么不同。

1）建立科学的管理分工体制。《司马法》提出“必立贵贱之伦经，使不相陵。德义不相踰，材技不相掩，勇力不相犯，故力同而意和也”。这和《荀子》的群分理论基本一致，虽然儒家提倡等级制度可以视为一种糟粕，但是儒家的等级制度更多的是和社会分工相关的，从现代中国社会看，尽管一方面提倡“领导是人民的公仆”，“领导和群众只有分工的不同而没有地位的不同”，但实际上，等级贵贱差异的思想还是存在于人们心中的。对于现代企业管理来说，建立分工体制已经成为基本的管理工作，其重要性是不言而喻的。

2）提倡谦虚、谦让的道德。《司马法》提出“上贵不伐之士，上之器也，苟不伐则无求，无求则不争”。“让以和，人以洽，自予以不循。争贤以为人，说其心，效其力。”中国传统管理思想一向提倡谦让的精神，俗话说“谦受益，满招损”，《易经》中只有《谦》卦的爻辞是六爻全吉。这种精神在《司马法》中也得到了反映，《司马法》认为谦虚的人是上等的人才，因为谦让能够带来和谐，使人们的关系融洽，谦让的人能够主动承担过错。同时谦让的人能够把功劳归于他人，这样使身边的人都能够心情愉悦，从而为他效力。此外，《司马法》还举例子具体分析了谦虚、谦让精神的作用，“大捷不赏，上下皆不伐善。上苟不伐善，则不骄矣，下苟不伐善，必亡等矣。上下不伐善若此，让之至也。大败不诛，上下皆以不善在己，上苟以不善在己，必悔其过，下苟以不善在己，必远其罪。上下分恶若此，让之至也。”即当军队打了大胜仗时，不要进行过多的褒奖，这样军队就不会邀功请赏。如果军队领导者不邀功请赏，那么就不会骄傲自满，如果下属官兵不邀功请赏，那么就不会相互攀比。如果全军上下都能这样，那么就是到了谦让的极致。当军队打了大败仗时，不要进行严厉的惩罚，军队领导要把过失揽到自己身上，这样就会对自己的错误铭记在心，从而改进。而下属官兵也可能会把过失往自身上揽，这样就会下决心不再犯错。如果上下都能够这样勇于承担责任，那么就到了谦让的极致了。

3）对老百姓以及军队进行教育。《司马法》非常重视教育的作用，提出了教育的重要性，指出教育是搞好国家和军队管理的前提，“故虽有明君，士不先教，不可用也”。《司马法》提出了教化的内容“六德”。六德包括“礼、仁、义、信、勇、智”，“六德合时而教，以为民纪之道也”，也就是要把这六种德行融入人们的风俗习惯中去。《司马法》中用古人的军事行动特点，说明了古人是如何通过实际行动对人们进行教育的。“古者，逐奔不过百步，纵绥不过三舍，是以明其礼也。不穷不能而哀怜伤病，是以明其仁也。成列而鼓是以明其信也。争义不争利，是以明其义也。又能舍服，是以明其勇也。知终知始，是以明其智也。”即古时候打仗时，胜利的一方不过分追击败退的敌人，败退的敌人也不会逃得太远，这就是为了告诉人们打仗要遵循礼；战斗过程中不过分逼迫丧失战斗力的敌人，怜悯受伤的人，这是为了告诉人们要有仁慈的心；等到敌人布置好阵势再进攻，这是为了告诉人们要守信用；为了道义而不是为了利益而发动战争，这是为了告诉人们要见义勇为；战后能够赦免投降的敌人，这是为了告诉人们要勇敢；战前能够预先知道成败，这是为了告诉人们要崇尚智慧。值得注意的是上面分析《司马法》为将之道时，我们提出了将应当修五种德行，这五种德行加上“礼”则正好是六德，为何为将之道比治国之道少一种德行呢？出现这种情况有两种可能：一是可能缺失了“礼见”两个字；二是礼和其他几种德行不在同一个层面上，礼属于组织层面的德行，其他几种德行属于个体以及个体之间的德行。本书认同后者，“仁、义、信、勇、智”都属于个体品质，而“礼”则属于组织层面的德行，故此应当区分。儒家的礼治实际上包含了对君主或者说管理者的“仁、义、信、勇、智”诸方面德行的要求。五德和六德的相似，反映了先秦兵家经国治军之道是由治身之道扩展而来的逻辑。《司马法》还提出了教化的要求，“事极修，则百官给矣，教极省，则民兴良矣，习惯成，则民体俗矣，教化之至也。”要求教化必须简单易行，这样才比较容易接受，一旦人们把教化的内容融入了风俗习惯，就算是达到了教化的最高境界。

(3) 特质 T_{33}治国基础。《司马法》治国基础可以从治国原则和治国依据两个方面来分析。治国原则可以概括为:“居安思危,仁义治国。”《司马法》第一篇《仁本》实际上就是对治国基本原则的概述,提出“以仁为本,以义治之之谓正。正不获意则权。权出于战,不出于中人”,“故国虽大,好战必亡;天下虽安,忘战必危”,即治国必须以仁义为本,这样治国才是正道,只有当仁义道德不能达到目标时,才使用其他的方法。其他的治国方法主要是针对战争的,而不是针对老百姓的。治国必须考虑战争发生的可能性,不然的话就可能发生危险,同时又不能为了应付战争,而搞军国主义。《司马法》还对为什么要“以仁为本”作了解释,“凡事善则长,因古则行”,即做事情如果保持一颗善心、持着善意,那么就能够长久,做事情如果依据传统,就能够比较好地推行。“以仁为本”乃是传统的先王之道,而且崇尚善,所以仁义治国,国家就能够长治久安。此外,《司马法》还提出了治国的七大原则,即“凡治乱之道,一曰仁,二曰信,三曰直,四曰一,五曰义,六曰变,七曰专”。即仁爱、诚信、公正、统一、道义、权变、专业。扩展起来就是治理一个国家要有仁爱之心,行事公正无私,建立人们对政府的信任,使得整个社会充满诚信和仁爱的风气。要统一指挥,遵循道义,根据实际情况运用不同的管理方法,任用专业人士进行专业部门的管理。用现代的眼光看,也是非常了不起的组织管理的原则,完全可以和法约尔著名的十四条管理原则相提并论。

《司马法》从两个方面提出自己的治国依据:第一,人性论。《司马法》对人性进行了深刻的考察,认为“人方有性,性州异,教成俗,俗州异,道化俗”,即认为人因地域的不同而具有不同的秉性,不同地方的人具有不同的性格特征,这和《吴子》中对当时各个诸侯国风俗习惯、人民性格的考察完全相同。不过《吴子》重视的是如何根据不同地方的人的性格使用不同的战略战胜他们,而《司马法》关注的是如何通过教化改变不同地方的人的性格。《司马法》明确地认为通过教化可以改变人们,并形成新的风俗习惯,要通过教化把道义融入人们的风俗习惯中去。第二,“凡事善则长,因古则行”。《司马法》根据自己的经验提出做事情如果遵循伦理道德就能够长久,尊重传统就能够很好地推行,应当说这是一个非常了不起的见解。

根据上述,可以得出《司马法》经国治军战略管理特质群 T_3 治国思想的 KJ 图(见图 3-16)。

2. 特质群 T_4 治军思想

《司马法》的治军思想可以概括为法德治军,《司马法》提出“在国和,在军法”可以说最为确切的说明了《司马法》经国治军总的指导思想。

(1) 特质 T_{41}治军目标:“三军一人”。《司马法》提出“凡胜,三军一人”,

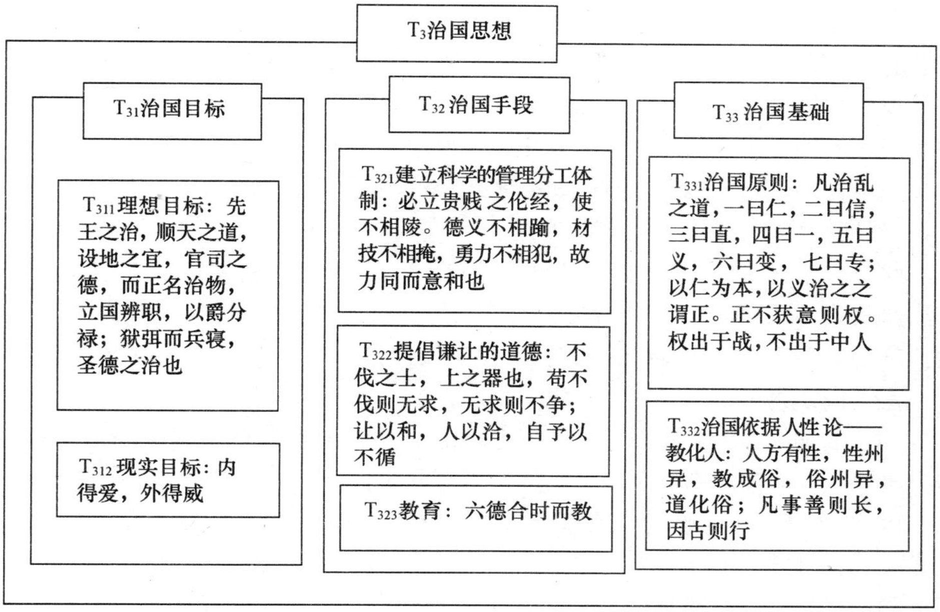

图 3－16　《司马法》特质群 T_3 的 KJ 图

乃是对于治军目标的描述，治军要使整个军队就像一个人一样。这个观点可以说是先秦兵家思想的共识，军队必须统一思想和行动，这样整个军队在战争过程中就能像一个人一样灵活机动，才能迅速抓住机会克敌制胜。

（2）特质 T_{42} 治军手段：德治与法治相结合。《司马法》治军的基本手段可以概括为德治与法治相结合。《司马法》认为以法治军是非常重要的，但是同时也要注意以德治军，赏罚和道德手段都很重要，所谓“荣利耻死，是谓四守”。利和死乃是指法治手段，即赏罚。荣耻乃是指德治手段，即教化。“容色积威，不过改意”，教化过程中无论是和颜悦色教导士兵还是威武严厉批评士兵，都是为了教化他们，使得他们能够改变态度，成为可用之材。赏罚同样是一种教育手段，赏罚的目的是劝人行善远恶。“赏不逾时，欲民速得为善之利也。罚不迁列，欲民速见为不善之害也”（《天子之义》）。这种劝善惩恶是通过人内心的变化而实现的，因而重心服，通过心服而达到遵守法纪的目的。赏罚不是目的，赏罚的目的是要尽量减少惩罚，“约法省罚”，为了达到这个目的，惩罚必须严厉，从小处着手“小罪乃杀。小罪胜，大罪因”。（《定爵》）小罪就要制止，犯小罪如果得逞，大罪也就跟着来了。同时赏罚还要有时效性，即“赏不逾时，罚不迁列”，让人速见为善之利和为恶之害，以便调整自己的行动等。《司马法》还提到了临战前德治和法治手段的应用，“执戮禁顾，噪以先之。若畏太甚，则勿戮杀，示以颜色，告之以所生，循省其职”，即临阵打仗时要用法治赏罚，特别是诛戮的手段来禁止士兵畏缩不前，左顾右盼，同时大声喝令士卒冲锋陷阵。但是如果士卒的畏惧心理太严重，就不能用诛戮的方法，而应当用德治教化的方法，和颜悦色地告诉他们杀敌求生的方法，促使他们各尽其职完成任务。

根据上述，我们可以得到《司马法》治军手段的几个重要子特质：特质 T_{421}：严刑峻法；特质 T_{422}：赏罚必速；特质 T_{423}：约法省罚；特质 T_{424}：教育。

此外，还有几个重要的治军特质：特质 T_{425}：重视改良军队武器装备。《司马法》提出“见物与侔，是谓两之”，侔是指效仿的意思，即发现敌人使用新式武器就要效仿制造。特质 T_{426}：军队制度化建设，即“等道义，立卒伍，定行列，正纵横，察名实”。

（3）特质 T_{43} 治军基础。《司马法》治军基础思想主要包括两个治军原则，即中庸原则、法治原则以及一个治军依据等几个方面。

1）特质 T_{431} 中庸原则。儒家推崇中庸之道，在先秦兵家中，具有浓厚儒家色彩的《司马法》也非常重中庸之道，尽管《司马法》没有谈到过中庸，但是其行动过程无不符合中庸之道。“凡战，先则弊，后则慑，息则怠，不息亦弊，息久亦反其慑。”即打仗的时候，先行动容易使得兵力疲劳，后行动则容易受到敌人威胁压制，休息容易造成懈怠，不休息就会疲惫不堪，休息久了则会产生怯战心理。那么怎么办呢，只有靠将领根据自己的经验中庸地把握行动的先后和强度，休息时间的长短和时机。《司马法》还提出“师多务威则民诎，少威则民不胜”。也就是说如果治军过分严厉，那么就会压抑士气，如果治军过分宽松，就会导致战斗力不足。显然治军不能过分严厉也不能过分宽松，必须在严厉和宽松之间寻找一个平衡点。这无疑也是典型的中庸之道。

2）特质 T_{432} 法治原则。对于以法治军《司马法》主要有以下几个方面的论述：第一，根据人们的心理，制定军法。“凡人之形（通型，即规矩），由众之求。试以名行（付诸实践），必善行之。若行不行，身以将之。若行而行，因使勿忘，三乃成章。人生之宜，谓之法。”（《定爵》）这段话包含以下几层意思：各种具体规定要符合众人的要求，即人生之宜；规定要名行一致，即能在实践中执行；将帅要带头守法，“身以将之”；反复实践证明此规定可行，就固定成规章制度；符合人的心理要求和实际能力的规矩才能叫做法。第二，军法要有威严。“凡战之道，位欲严，政欲栗……”（《严位》）即士兵的作战位置要严格规定，号令要森严。《司马法》提出“凡战，正不行则事专，不服则法。不相信则一，若怠则动之，若疑则变之，若人不信上，则行其不复。自古之政也”。进行战争的时候，如果正常的方式不能解决问题，那么就要使用专断独行的方式，正如现代军队中执行任务，理解要执行，不理解也要执行。如果谁敢不服从，就军法制裁。如果官兵不能相互信任，那么就要统一安排各项任务，不要指望让他们主动配合。如果军心发生了懈怠，那么就要进行整训；如果军心动摇就要改变计划，如果下级不信任上级，那么军队的行为就无法预期了。第三，以法治军的境界：《司马法》对于以法治军提出四个境界："凡军，使法在己曰专。与下畏法曰法。军无小听，战无小利，日成，行微曰道。[①]"第一个境界是把自己的命令作为法令，这叫作专制；第二个境界是制定各种法令，自己和下属都完全遵守法令，这才叫法治；第三个境界是军队在法令的治理下，思想统一，军心稳定，没有各种小道消息，打仗时，士卒严格遵守军纪，不会受到眼前利益的诱惑，这就叫做治军有所成；第四个境界是军队的法令在最细微的方面都能够被士卒严格遵守，就叫做治军有道。

3）特质 T_{433} 治军依据。《司马法》从人性论出发，提出治军的依据，"凡人，死爱，死怒，死畏，死义，死利。凡战，教约人轻死，道约人死正。"也就是说人们会为其所爱而去拼命，因为愤怒而拼命，因为畏惧而去拼命，因为道义而去拼命，因为利益而去拼命。治军就是要教导士兵看轻死亡，引导他们为了正义而死。因此，治军可以用获取官兵的热爱，激发官兵的同仇敌忾的怒气，建立的军法和将领在官兵心中的威严和威信，大力向官兵们宣讲道义，为去打仗的官兵提供厚利等手段去让官兵们拼命作战。

根据上述可以得出《司马法》经国治军思想战略管理特质群 T_4 治军思想的 KJ 图（见图 3－17）。

据此，结合我们的分析框架可以总结出《司马法》经国治军思想战略管理特质分解如图 3－18 所示。

（三）治敌思想战略管理特质

《司马法》治敌思想不如《孙子兵法》丰富，这主要是因为《司马法》对于战争的认识和《孙子兵法》完全不同，《司马法》对战争的认识和周朝的王官兵学一脉相承，周朝统治者认为由宗族和姻亲关系维持的诸侯国政权之间不存在根本的利害冲突，只要固有的君臣宗法能这样保持下去，便可以"纵马于华山之阳，放牛于桃林之虚；偃干戈，释兵振旅，示天下不复用也"。（《史记·周本纪》）故此，在这样的政治背景下形成的周朝王官兵学，尽管有着以往人们对战争规律的宝贵认识和一些切实可行的经验，还包括了大量的战争伦理观和仁义、道德、礼让等道德说教，其战争观念大体上有：第一，发动战争是天子的专有权力。《论语》有云，"天下有道，礼乐征伐自天子出。""诸侯之义，非天子之命，

① 很多版本的《司马法》"军无小听，战无小利，曰成"中的"曰"都作"日"，但是这样就很难和上下文联系起来，日和曰非常相似，很有可能是古代在传抄过程中的笔误。

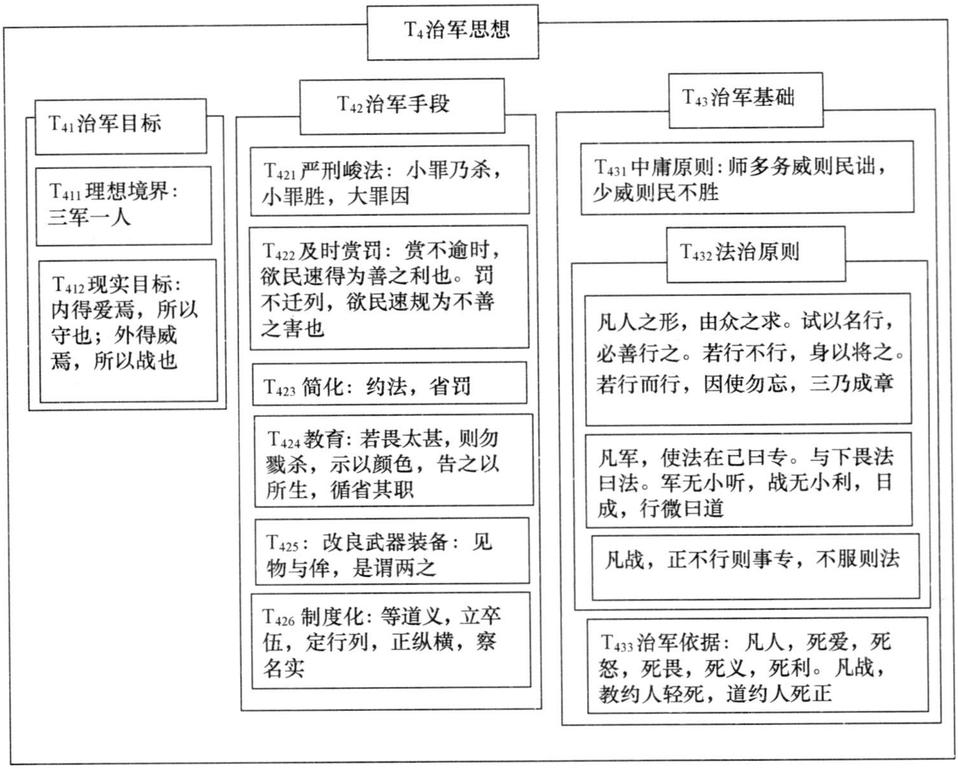

图3－17 《司马法》特质群T_4的KJ图

不得动众起兵，诛不义者”（《白虎通义·诛伐》）。第二，认为发动战争必须以维护道义为根本理由。其实这些道义有很大一部分是维护周王朝统治的要求。第三，发动战争行动不得违背礼仪、天命，不得破坏老百姓正常的生活和生产。第四，战争的目的是为了劝善禁恶，而不是消灭敌人，只要敌人能够改过或屈服，一般就应当结束战争。第五，反对攻灭诸侯国，提倡在铲除罪人的基础上，存亡国，继绝祀，安抚国人。这些观点在《司马法》中得到了完全反映，而在《孙子兵法》中却几乎看不到，可见《司马法》关注的是合作条件下的竞争问题。《司马法》治敌思想和《孙子兵法》具有不同的前提和分析视角。总体上《司马法》关注战争前的准备工作和大战略，而较少关注纯军事性的战略决策。特别是它的战略行动的仁义原则，轻重原则都是其他兵家中比较少见的。

1. 特质群T_5战略分析

《司马法》对战略分析提出了“五虑”思想：“顺天、阜财、怿众、利地、右兵，是谓五虑。”即打仗要考虑天时是否合适、财富是否充足、众人是否支持、

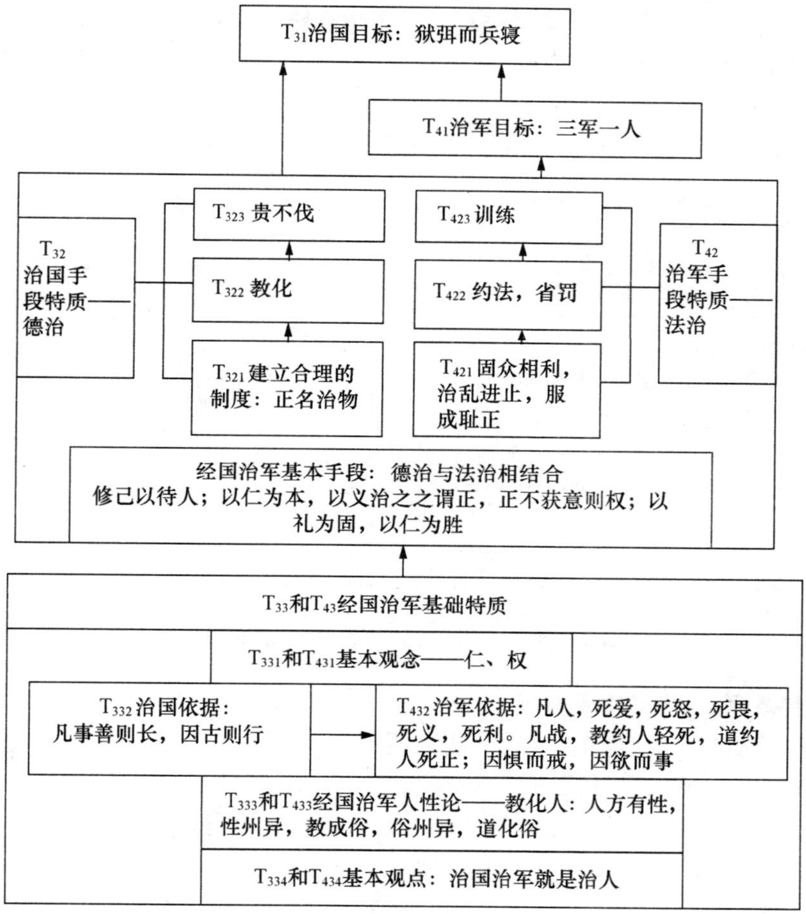

图 3－18　《司马法》经国治军思想战略管理特质分解

地行是否有利，军队是否训练好了。同时还要考虑“大小，坚柔，参伍，众寡，凡两，是谓战权”。即军队声势的大小、力量的强弱、编制情况、人数的多少等，这称为战争需权衡的东西。《定爵》提出“因敌令陈”，即根据敌人的情况决定使用的战术。《用众》提出“设而观其作，视敌而举”，即做好准备，同时观察敌人的行动，根据敌人的行动而展开自己的行动。此外，还要分析敌我军队是否存在不良现象，如“不服、不信、不和、怠、疑、厌、慑、枝、拄、诎、顿、肆、崩、缓，是谓战患。骄骄，慑慑，吟旷，虞惧，事悔，是谓毁折”，这些不良现象都会削弱军队的战斗力，敌人如果具有这些不良现象，就可以击败它，反之己方如果存在这些不良现象则会成为造成失败的隐患。

根据上述，可以得出《司马法》治敌思想战略管理特质群 T_5 战略分析的 KJ 图（见图 3－19）。

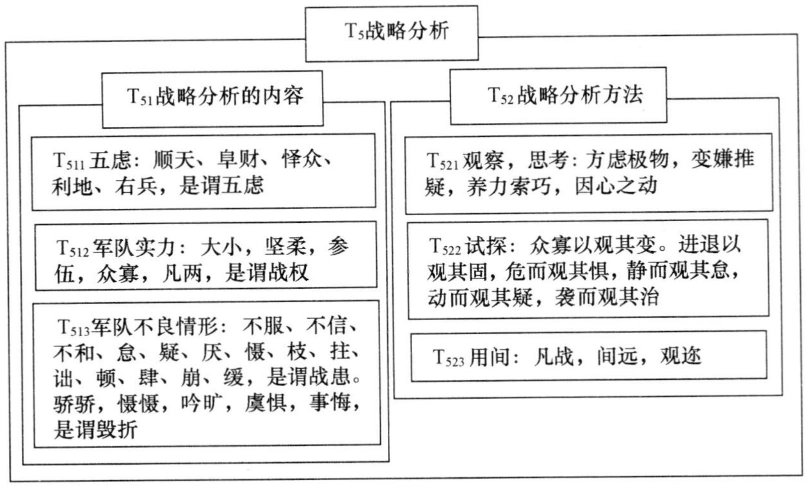

图 3－19　《司马法》特质群 T_5 的 KJ 图

2. 特质群 T_6 战略决策与行动

（1）特质 T_{61}仁义原则。《司马法》提出“兴甲兵以讨不义”，“战道：不违时，不历民病，所以爱吾民也；不加丧，不因凶，所以爱夫其民也；冬夏不兴师，所以兼爱其民也。”“入罪人之地，无暴圣祇，无行田猎，无毁土功，无燔墙屋，无伐林木，无取六畜，禾黍、器械，见其老幼，奉归勿伤。虽遇壮者，不校勿敌，敌若伤之，医药归之。”“既诛有罪，王及诸侯修正其国，举贤立明，正复厥职。”

（2）特质 T_{62}轻重原则。《司马法》提出“凡战：以轻行轻则危，以重行重则无功，以轻行重则败，以重行轻则战，故战相为轻重。凡马车坚，甲兵利，轻乃重”。钮先钟认为此处轻重应解释为兵力弱和兵力强，黄朴民、陈济康和吴建华等人也持类似观点，这样这段话一般都被解释为：“用小部队对付敌人小部队会有危险，用大部队对付敌人大部队就难以成功，用小部队对付敌人大部队就会导致失败，用大部队对付敌人小部队就可以决战。所以说，作战是双方兵力的对比和较量。”这样的解释当然不能说有错误，但是本书认为不是很妥当。因为这样解释的话，《司马法》无疑提出一个根据常识也可以知道的、毫无特色的观点。再参考《司马法》中其他地方对轻重的论述，如“甲以重固，兵以轻胜。上烦轻，上暇重。奏鼓轻，舒鼓重。服肤轻，服美重。凡马车坚，甲兵利，轻乃重”等。大多数《司马法》的研究者对于这些关于轻重的论述都是根据上下文逻辑关系和字面意思进行解释的话，只要解释得通就行，丝毫不理会其中的内在逻辑。这样导致了一个后果，认为“轻重”二字在《司马法》中有很多含义，而且这些含义各不相干。这对于一部流传千古的著作，实在是不可原谅的事。比较《论语》中对“仁”的思想的论述，虽然“仁”有很多不同层面的含义，但是这些含义之间存在着内在的逻辑关系，故而构成了孔子关于“仁”博大精深的思想体系。

本书认为，“轻重”不应解释为兵力弱和兵力强，“以轻行轻则危”中前一个“轻”当作装备差，后面的“行轻”指的是行动快，即武器装备差，实力不足，但行动敏捷或者擅长迂回战略，长途奔袭的军队容易出危险。“以重行重则无功”中前一个“重”当作装备好，后面的“行重”指的是行动慢。即武器装备好，实力雄厚，但行动迟缓的军队往往劳而无功。“以轻行重则败”即武器装备差，但行动也迟缓的军队则一定会失败。“以重行轻则战”武器装备好，行动也敏捷的军队才可以出战，获得成功。“故战相为轻重”即所以作战要权衡轻重问题。“凡马车坚，甲兵利，轻乃重”，也就是说在战略行动过程中要做到行动迅速，同时又保持防御力和强大的攻击力。

（3）特质 T_{63}权变原则。权变原则同样是《司马法》的重要原则，《司马法》提出因敌而动的观念“设而观其作，视敌而举。待则循而勿鼓，待众之作。攻则屯而伺之。”这个观点和《孙子兵法》的主动原则似乎有冲突，但实际上因敌而动，绝不是被动，而是以静制动，是一种特殊形态的主动。此外《司马法》还提出“击其微静，避其强静；击其疲劳，避其闲窕；击其大惧，避其小惧”，“用其所欲，行其所能，废其不欲不能。于敌反是”等系列权变治敌的重要思想。

（4）特质 T_{64}力气原则。《司马法》认为打仗要想持久就要靠力气，力气乃是两个词，力是指军队实力，气是指军队士气。“凡战，以力久，以气胜。以固久，以危胜，本心固，新气胜”，“新气胜”《武经七书新译》中译作朝气蓬勃才能取胜，《兵法经典新解》中译作锐气勃发才能够取胜，本书根据《左传》中曹刿论战所谓“一鼓作气，再而衰，三而竭”，认为一鼓作气乃是心气，也就是说激励士卒作战最好每次作战只激励一次，若多次进行激励鼓舞，那么士气就很难如第一次那么旺盛了，《司马法》强调心气胜和春秋时期崇尚正面进攻的战术密切相关。故此，这段话的意思是打仗时，军队实力强才能够持久，士气旺盛才能够取胜；军队防御坚固就能够持久，军队敢于冒险才能够取胜；军队一心求战，心无杂念才能够持久，一鼓作气就能够获胜。因此，战略行动过程要保持军队的力气和士气，即“养力索巧”。而要保持力气，战略行动时就要做到“舒”，《司马法》提出“军旅以舒为主，舒则民力足。虽交兵致刃，徒不趋，车不驰，逐奔不踰列，是以不乱。军旅之固，不失行列之政，不绝人马之力，迟速不过诫命”。即使打仗打得很激烈，仍然保持队伍不乱。而在临战前就要做到“力欲窕，气欲闲”，这样才能保证军队有力气和旺盛的士气。要提升军队实力，《司马法》提出“大军以固，多力以烦”的要求，并解释道“轻车轻徒，弓矢固御，是谓大军”，“密静多内力，是谓固陈”，“因是进退，是谓多力”，“上暇人教，是谓烦陈”。意思就是说，战车行动轻快，步兵行动敏捷，弓箭防御坚固，称为实力强大防守坚固，要做到这一点，就要平时经常对军队进行休整使其保持旺盛的战斗力，战时能够集中兵力；军队能够根据具体情况采取正确的战略行动，并且进退自如，称为战斗力强，要做到这一点，就要求将领沉着冷静，士兵训练有素。

根据上述，可以得出《司马法》治敌思想战略管理特质群 T_6 战略决策与行动的 KJ 图（见图 3－20）。

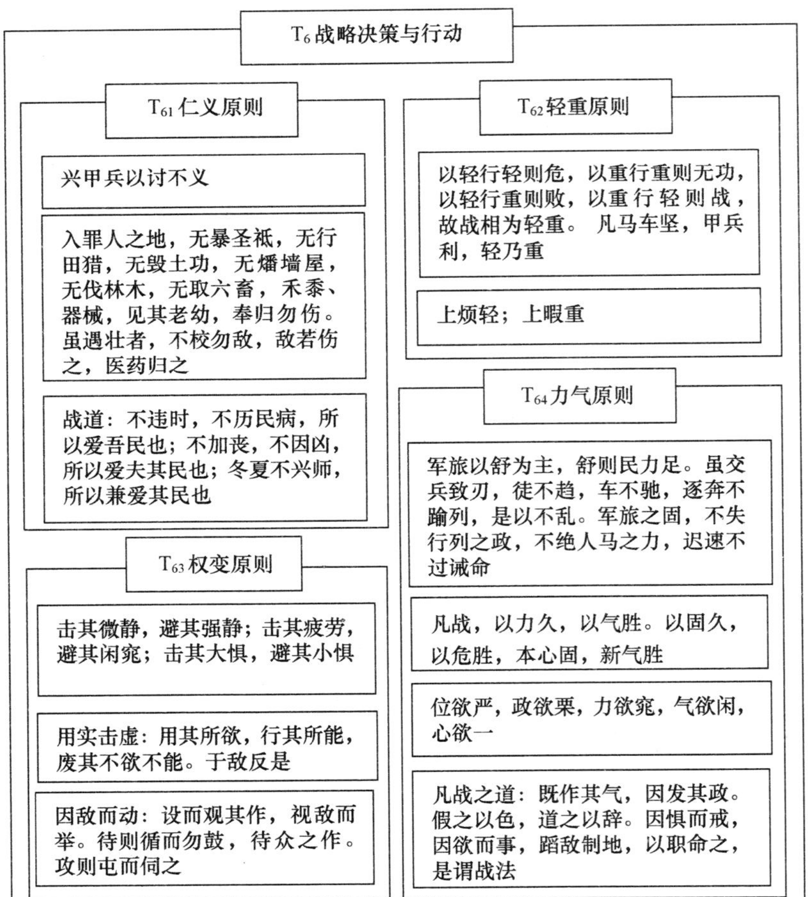

图 3－20　《司马法》特质群 T_6 的 KJ 图

3. 特质 T_7 战略目标："以战止战，吊民伐罪"

《司马法》的战略目标不仅是为了取胜，也不是《孙子》所谓的全胜，因为《孙子》的全胜是以利害关系为指导的，所谓不战而屈人之兵是因为敌人意识到打不过，为了避免更大的损失而屈服，己方因此而能够获取利益。而《司马法》的战略目标乃是以战止战，包含着浓厚的伦理色彩，《司马法》中发动战争是维护和平与道义的行为，而不是争夺利益的行为。"杀人安人，杀之可也"，杀死少数人是为了大多数人的幸福与安定；"攻其国，爱其民，攻之可也"，攻打别的国家是为了解救该国的人民。所以《司马法》的战略目标是以战止战，吊民伐罪，除暴安良，最终实现"诸侯说怀，海外来服，狱弭而兵寝，圣德之治也"的终极理想。可见，《司马法》是从政治和伦理的视角看待战争和战略问题，和先秦其他兵家典籍的战略观有着明确的差异。

据此，结合我们的分析框架，可以得出《司马法》治敌思想战略管理特质分解如图 3－21 所示。

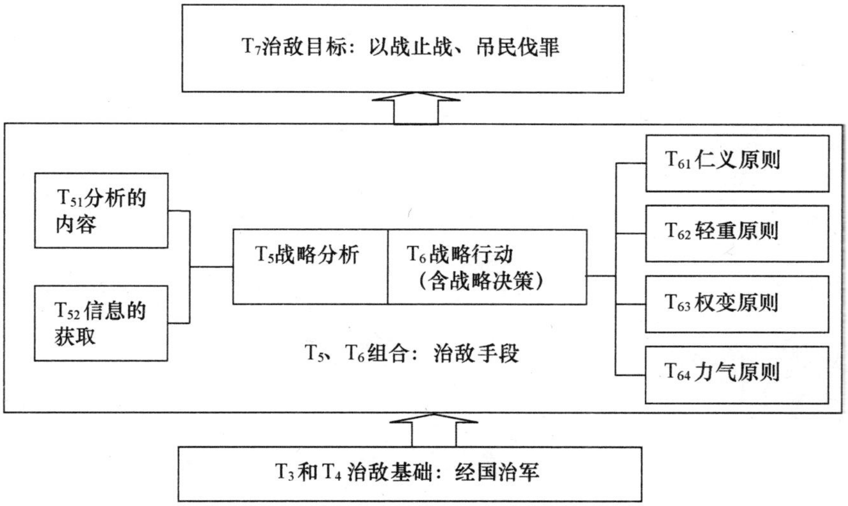

图 3－21　《司马法》治敌思想特质分解

四、本章小结

本章分析了《孙子兵法》、《吴子》和《司马法》三部典籍思想的战略管理特质。总体上《孙子兵法》具有博大精深的理论，关注竞争中的战略问题，特别是对权变治敌原则和主动治敌原则两大战略管理特质具有非常精深的论述，而对治身和经国治军问题谈得不多。因此，本书对其战略管理特质的研究也把分析的焦点放在战略决策与行动的特质分析上。而《吴子》则正好相反，战略理论谈得少，比较关注经国治军问题，重视操作性。《吴子》充分重视治国和治军之间的联系，提出了“内修文德、外治武备”的光辉思想，反映其对政治和军事之间互动关系的深刻认识。《吴子》治敌思想中的果断原则、节制原则、仁义思想等重要战略管理特质也非常具有特色。而《司马法》有着较浓厚的儒家思想色彩，非常关注管理伦理和战争伦理，重视经国治军的原则和规范。《司马法》提出了“军容不入国、国容不入军”等重要思想，反映出其对治军和治国差异的清醒认识，这对于克服后世泛滥的军国主义思潮是一个重要警示。《司马法》治敌思想体现在提倡义战，追求和平，希望建立一种稳定的国际秩序，并提出了独特的轻重治敌原则和气势治敌原则等竞争战略管理特质，这些思想对当代企业战略管理具有非常深刻的指导意义。

第四章　先秦兵家思想战略管理特质分析之二

本章要分析的《六韬》、《尉缭子》、《孙膑兵法》这三部先秦兵法典籍，比起上一章分析的三部著作来，篇幅都比较长。《尉缭子》、《孙膑兵法》中许多地方都有对《孙子兵法》、《吴子》观点的引用，甚至记载了他们的事迹，很明显晚于《孙子兵法》、《吴子》、《司马法》三部著作。考据界一般认为这三部兵书出现于战国中后期，具有大致相同的时代背景，故把它们并列。由于第三章中我们已经分析了三部兵书的战略管理特质，有了对比的基础，因此，本章我们将更重视不同兵书思想的战略管理特质之间的比较。

一、《六韬》思想的战略管理特质

《六韬》一书向来以“规模阔大，本末兼该”著称，其体系之完整，内容之丰富，均为古代兵书所少见，有的外国学者称之为“像一本军事百科全书”。《六韬》相传为周朝姜太公所著，宋代以后许多学者进行考证认为《六韬》乃后人借用姜太公之名所作。20 世纪 70 年代初在山东临沂银雀山汉墓和河北定县汉墓分别出土了竹简本《六韬》和《太公》，因而证明《六韬》确系先秦著作。司马迁在《史记》中说“后世之言兵，及周之阴谋，皆宗太公本谋”。《六韬》共 6 卷 6 篇，约 2 万多字，是先秦 6 部经典兵书中最长的。它以周文王、周武王与姜太公的对话的形式全面地论述了治国、治军和军事战略问题，在军事思想、政治思想和哲学思想等许多方面都有不少创见。《六韬》的道家思想比较突出，和黄老之学有着深厚的渊源，“道”字出现 72 次，先后谈到了“天道”、“人道”（《发启》），“先圣之道”（《明传》），王者之道（《上贤》），举贤之道（《举贤》），立将之道（《明传》），等等，并明确提出了无为的思想。陈锦松认为《六韬》是一部黄老道家的兵书实为精辟之见。比较同为先秦兵家的《六韬》和《孙子兵法》，我们可以发现二者的风格完全相反，《孙子兵法》局限于讨论军事领域的战略问题，而《六韬》则更多地关注超军事领域的大战略问题。如果说《孙子兵法》是军事战略方面难以逾越的理论高峰，那么《六韬》则是在大战略方面难以逾越的理论高峰。

（一）治身思想战略管理特质

《六韬》对于君主和将帅的治身之道非常关注，全文中“君”出现38次、“主”出现35次、“将”出现130次。分析非常精辟，其中很多观点即使是现代也难以超越。而且《六韬》有很多关于君主如何用人的思想，是其他兵书所少见的。用人之道虽然从逻辑上看应当归为治国手段，但是它以君主治身之道为基础，和君主的识人才能密切相关。

1. 特质群 T_1 为君之道

《六韬》认为君主的品质与才能直接决定了国家的兴衰，“君不肖，则国危而民乱，君贤圣则国安而民治，祸福在君不在天时。”君主应当成为圣贤之君。要成为圣贤之君，应做到以下几点：

（1）意志坚定，做事果断，有错必改。《文韬·明传》提出，“见善而怠，时至而疑，知非而处，此三者，道之所止也。柔而静，恭而敬，强而弱，忍而刚，此四者，道之所起也。故义胜欲则昌，欲胜义则亡，敬胜怠则吉，怠胜敬则灭。”要求君主见善而不怠，时至不疑，知非而改。克制自己的欲望，保持积极进取执行，毫不松懈。

（2）理性冷静，谦虚谨慎。《文韬·大礼》对君主和下属的理想特点都作了描述，“为上惟临，为下惟沉，临而无远，沉而无陷。为上惟周，为下惟定。”“安徐而静，柔节先定；善与而不争，虚心平志，待物以正。”即作为君主应当理性冷静地体察下情，作为下属应当驯服恭敬。君主思考要广泛周详，下属应当安分守己。君主应当理性冷静，柔和节制而胸有成竹；普通的施与恩惠而不与人争利，谦虚谨慎而又公正无私。

（3）善于纳谏，广泛听取各方面意见。《文韬·大礼》提出，“勿妄而许，勿逆而拒；许之则失守，拒之则闭塞。”作为君主不要轻易答应，不要因为忠言逆耳而排斥，轻易答应下属的要求则容易陷于被动，排斥下属的意见则会导致言路闭塞。应当“以天下之目视，则无不见也；以天下之耳听，则无不闻也；以天下之心虑，则无不知也”。

（4）深谋远虑。《六韬》提出，“夫王者之道如龙首，高居而远望，深视而审听。示其形，隐其情，若天之高不可极也，若渊之深不可测也。”作为君主应当站得高、看得远，深谋远虑，并且不让别人知晓，显得高深莫测的样子，给人像天一样高，像深渊一样深的感觉。

（5）居安思危。《六韬》提出“夫存者非存，在于虑亡；乐者非乐，在于虑殃。今王已虑其源，岂忧其流乎”，并用纣王作为反面教材，要求君主保持居安思危的心态，并且提出居安思危乃是最根本的问题。

通过上述分析，结合特质理论，可以得到《六韬》治身思想战略管理特质群。T_1 为君之道。T_1 可以分为两个子特质：T_{11} 治身目标和 T_{12} 治身手段。记为：T_1：{T_{11}，T_{12}}。

治身的目标 T_{11} 是成为圣贤之君；治身手段 T_{12} 又可以分为五个子特质：即有 T_{12}：{T_{121}，T_{122}，T_{123}，T_{124}，T_{125}}。其中，T_{121} 为意志坚定；T_{122} 为理性冷静；T_{123} 为善于纳谏；T_{124} 为深谋远虑；T_{125} 为居安思危。具有一种由抽象走向具体的关系，即：$T_{11} \rightarrow T_{12}$。

2. 特质群 T_2 为将之道

《六韬》中有多篇从不同角度专谈将帅问题，贤将是将治身应达到的目标。《龙韬·奇兵》提出“故将者，人之司命，三军与之俱治，与之俱乱。得贤将者，兵强国昌；不得贤将者，兵弱国亡”。怎样才能成为贤将呢？《六韬》详细论述了贤将的特点，并与不贤之将作了比较。

贤将具有的基本特征是“将必上知天道，下知地理，中知人事”。那么怎样才能成为贤将呢？

《六韬》认为，贤将应当具有多种德行。大体上为“勇、智、仁、信、忠、明、精微、常戒、强力”。《龙韬·论将》提出“所谓五材者，勇、智、仁、信、忠也。勇则不可犯，智则不可乱，仁则爱人，信则不欺，忠则无二心”，作为贤将的五条标准。此外，《龙韬·奇兵》还进一步提出“将不仁，则三军不亲；将不勇，则三军不锐；将不智，则三军大疑；将不明，则三军大倾；将不精微，则三军失其机；将不常戒，则三军失其备；将不强力，则三军失其职。”从这五条看，“智、仁、勇”正是《论语》中所谓的君子应具有的“三达德”。“忠、信”也是《论语》中所提倡的君子在交往过程中应具有的德行。《论语》中多次提到“主忠信”。大体上，忠为下级对上级应具有的品质，信为上级对下级应有的品质。《六韬》中“忠”字出现 11 次，是先秦所有兵家所罕见的，《孙子兵法》、《司马法》和《尉缭子》均未提到过“忠”字，《吴子》仅提到 1 次，《孙膑兵法》提到 5 次。可以说“忠”乃是《六韬》独特的思想，《六韬》还提出“二心不可以事君，疑志不可以应敌”，为将者必须忠诚。

另外，贤将还应当去除十种缺陷。《龙韬·论将》还进一步讨论“所谓十过者：有勇而轻死者，有急而心速者，有贪而好利者，有仁而不忍人者，有智而心怯者，有信而喜信人者，有廉洁而不爱人者，有智而心缓者，有刚毅而自用者，有懦而喜任人者。勇而轻死者可暴也，急而心速者可久也，贪而好利者可遗（赂）也，仁而不忍人者可劳也，智而心怯者可窘也，信而喜信人者可诳也，廉洁而不爱人者可侮也，智而心缓者可袭也，刚毅而自用者可事也，懦而喜任人者可欺也”。这十过，反映了“五材不是孤立的，而是相互补充，相互融合的”，不能仅仅是某一两个方面，必须兼而有之，而且比例应当协调，不能太过也不能不及，过犹不及。这正是作为将治身应注意的问题。

根据上述分析，结合特质理论，可以得到《六韬》治身思想的战略管理特质 T_2 为将之道。T_2 可以分为两个子特质，T_{21} 治身目标和 T_{22} 治身手段。记为：T_2：{T_{21}，T_{22}}。

治身目标 T_{21}，是成为贤将；治身手段 T_{22} 又可分为两个子特质，即有 T_{22}：{T_{221}，T_{222}}。其中，T_{221} 为具备“勇、智、仁、信、忠、明、精微、常戒、强力”诸德；T_{222} 为去十种性格缺陷。T_{21} 和 T_{22} 具有一种由抽象走向具体的关系，即：$T_{21} \rightarrow T_{22}$。

根据上述，可以得出《六韬》治身思想战略管理特质群 T_1 为君之道和 T_2 为将之道的 KJ 图（见图 4－1）。

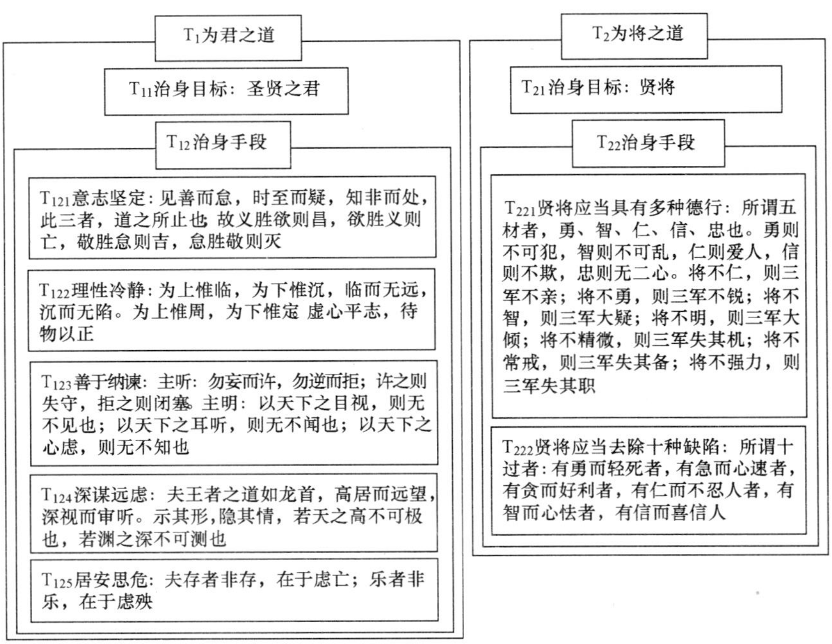

图 4－1　《六韬》特质群 T_1 和 T_2 的 KJ 图

（二）经国治军思想战略管理特质

1. 特质群 T_3 治国思想

《六韬》有着非常深刻的治国思想，从某种意义上看，《六韬》不仅是一部兵书，也是一部治国安邦定国的政治著作，其治国思想体系大体上属于黄老道家，提倡无为而治。

（1）特质 T_{31} 治国境界。《六韬》对理想的治国境界做了描述，“万民富乐而无饥寒之色，百姓戴其君如日月，亲其君如父母”，“陈其政教，顺其民俗；群曲化直，变于形容；万国不通，各乐其所；人爱其上，命之曰大定。”“古之圣人聚人而为家，聚家而为国，聚国而为天下；分封贤人以为万国，命之曰大纪”，要达到这个理想的治国境界，《六韬》提出“无使人夺汝威，因其明，顺其常。顺者任之以德，逆者绝之以力”。

（2）特质 T_{32} 治国手段。

1）特质 T_{321} 用贤。用人也是《六韬》治国战略中的重要一环。《六韬》提出“上贤，下不肖，取诚信，去诈伪，禁暴乱，止奢侈”。为了能够真正上贤，《六韬》提出必须“将相分职，而各以官名举人，按名督实。选才考能，令实当其名”，同时还提出了两套识人的手段：一是“六守”，即“富之而观其无犯，贵之而观其骄，付之而观其无转，使之而观其无隐，危之而观其无穷。富之而不犯者，仁也。贵之而不骄者，义也。付之而不转者，忠也。使之而不断隐者，信也。危之而不恐者，勇也。事之而不穷者，谋也”。二是八征，即“一曰问之以言以观其辞，二曰穷之以辞，以观其变，三曰与之间谋以观其诚，四曰明白显问以观其德，五曰使之以财以观其廉，六曰试之以色以观其贞，七曰告之以难以观其勇，八曰醉之以酒以观其态。八征皆备，则贤，不肖别矣”。（《龙韬·选将》）大体上，六守是考察下属的方法；八征是选择战将的方法。此外，《文韬·举贤》还特别指出有的君主表面上举贤，但是却不用贤，这样做会导致亡国。“举贤而不用，是有举贤之名，而无用贤之实也。其失在君好用世俗之所誉，而不得真贤也。君以世俗之所誉者为贤，以世俗之所毁者为不肖，则多党者进，少党者退。若是，则群邪比周而蔽贤，忠臣死于无罪，奸臣以虚誉取爵位，是以世乱愈甚，则国不免于危亡。”可见，《六韬》在用人之道方面具有非常深刻的见解。

2）特质 T_{322} 富国。《六韬》非常重视财富的作用，“财”字出现 7 次、“富”字出现 12 次，这两个词出现的频率和占总字数的比例虽然表面上不高，却远远高于先秦其他兵书。《六韬》提出“大农、大工、大商谓之三宝。农一其乡，则谷足；工一其乡，则器足；商一其乡，则货足。三宝各安其处，民乃不虑”。也就是说富国需要同时抓好农业、工业（当时应为手工业）和商业。《六韬》认为“人君从事于富。不富无以为仁，不施无以合亲。疏其亲则害，失其众则败。无借人利器，借人利器，则为人所害，而不终于世”。在前面所说的治国战略中“财”是实施整个战略的一个非常重要的关键环节。此外，财富还可以作为武器，“武王问太公曰：‘予欲立功，有三疑；恐力不能攻强、离亲、散众，为之奈何？’太公曰：‘因之，慎谋，用财。’”《文伐十二节》中提出的很多文伐手段，都需要财富的支撑，如“阴赂左右”、“厚赂珠玉”等。可见，财富不仅是行仁义的重要工具，也是“文伐”所必需的资源。

3）特质 T_{323} 法治。“用赏者贵信，用罚者贵必”。黄老之术向来和法家思想颇有渊源。黄老道家著作的《六韬》也表现出法家色彩，《六韬》中所描述的君臣关系并不是儒家推崇的“君使臣以礼，臣事君以忠”那种融洽的伦理道德关系①，而是一种利益关系。认为臣事君为的是俸禄，即“钓有三权：禄等以权，死等以权，官等以权……人食其禄，乃服于君。故以饵取鱼，鱼可杀；以禄取人，人可竭”。这显然是法家所描述的君臣关系，此外《六韬》提出君主应当“无借人之国柄，借人国柄则失权”，“无借人利器，借人利器，则为人所害，而不终于世”，“无使人夺汝威”也显示出了其认为君臣异利应当相互防范的观点。因此，《六韬》反对儒家的亲亲原则，提出“所憎者，有功必赏；所爱者，有罪必罚”，唯有功过才是其唯一的标准。达到“赏一以劝百，罚一以惩众”的效果。《六韬》还反对无条件地讲仁义道德，提出“可怒而不怒，奸臣乃作；可杀而不杀，大贼乃发”，坚决维护君主和赏罚制度的威严。

4）特质 T_{324} 爱民。治国的根本在于得民心。收揽民心，使万民归心，其要在于爱民。爱民具体的要求就在于省刑罚，薄赋敛，轻徭役，宽民力，不违农时，不夺民力，发展生产，使老百姓丰衣足食。当周文王问姜太公“为国之大务”是什么时，太公的回答是“爱民而已”，“民不失务则利之，农不失时则成之，省刑罚则生之，薄赋敛则与之，俭宫室台榭则乐之，吏清不苛扰则喜之……故善为国者，驭民如父母之爱子，如兄之爱弟，见其饥寒则为之忧，见其劳苦则为之悲，赏罚如加于身，赋敛如取己物。此爱民之道也。”（《六韬·文韬·国务》）此外，“敬其众，和其亲。敬其众则合，合其亲则喜，是谓仁义之纪。”（《六韬·文韬·守土》）这是说，尊重民意，敬爱民众，聚合宗亲，行仁举义，就会受到民众的拥护爱戴。

（3）特质 T_{33} 治国基础。

1）特质 T_{331} 治国依据。《六韬》秉承中国传统的实用理性精神，从考察人性

① 对于《论语》中的这句话，南怀瑾在《论语别裁》中指出“这种君臣的上下关系是建立在道德上，不是建立在手段上”。

出发，建立了自己的理论体系。《六韬》认为人性好利，“凡人恶死而乐生，好德而归利”，故而提出“能生利者，道也。道之所在，天下归之”的观点作为治国的依据。因为人性好利，因此，“擅天下之利者”必定会使得天下人都反对他，“则失天下”，而“同天下之利者”，把利益拿出来让大家分享，天下人就会赞同他，“则得天下”。《六韬》认为“取天下者，若逐野兽，而天下皆有分肉之心”。如果要取得天下，就必须采取迂回的方式，“无取于民者，取民者也；无取于国者，取国者也；无取于天下者，取天下者也”，故而提出“大智不智，大谋不谋，大勇不勇，大利不利。利天下者，天下启之；害天下者，天下闭之”等治国原则。

《六韬》治国思想的基本思路是圣贤的君主通过使用贤能之人治国，并提出了一套足以和儒家内圣外王学说相媲美的治国战略思想，即“心以启智，智以启财，财以启众，众以启贤，贤之有启，以王天下”。即是说要通过修炼个人心性以获取智慧，通过个人智慧来获取财富，通过财富来获取众人拥戴与归附，从拥戴归附自己的众人中获取贤才，通过贤才来提高自己，这样就成为一个良性循环，遇到一定的时机，就可行动以获取天下。《六韬》强调以道以智治国，在竞争激烈的春秋战国时期，和儒家的以德治国思想相比更具有可行性。

2）特质 T_{332} 治国原则。《武韬·文启》中当文王问太公“圣人何守”时，太公道：“何忧何啬，万物皆得；何啬何忧，万物皆遒。政之所施，莫知其化，时之所在，莫知其移。圣人守此而万物化，何穷之有，终而复始。”“夫天地不自明，故能长生；圣人不自明，故能明彰。”圣贤遵循“无为而治”的原则，天下也因之潜移默化。《六韬》中君主治国应当“不以役作之故，害民耕织之时。削心约志，从事乎无为”。无为乃是君主治国所需遵守的基本原则。《文启》将国君能否掌握与推行无为政治视为其优劣的条件，“圣人务静之，贤人务正之，愚人不能正，故与人争；上劳则刑繁，刑繁则民忧，民忧则流亡，上下不安其生，累世不休，命之曰‘大失’。”意思是说最上等的圣人是会运用清静无为政治思想平治天下的人，那些欲有所作为的统治者只能造成天下的动荡。这充分说明了《六韬》对道家无为思想的推崇。

根据上述，可以得出《六韬》经国治军思想战略管理特质群 T_3 治国思想的KJ图（见图4－2）。

2. 特质群 T_4 治军思想

（1）特质 T_{41} 治军境界。可以用“一”来概括《六韬》的治军境界。《文韬·兵道》指出：“凡兵之道，莫过于一。一者，能独往独来。”《六韬》描述了理想的军队“故三军之众，闻鼓声则喜，闻金声则怒。高城深池，矢石繁下，士争先登。白刃始合，士争先赴”。

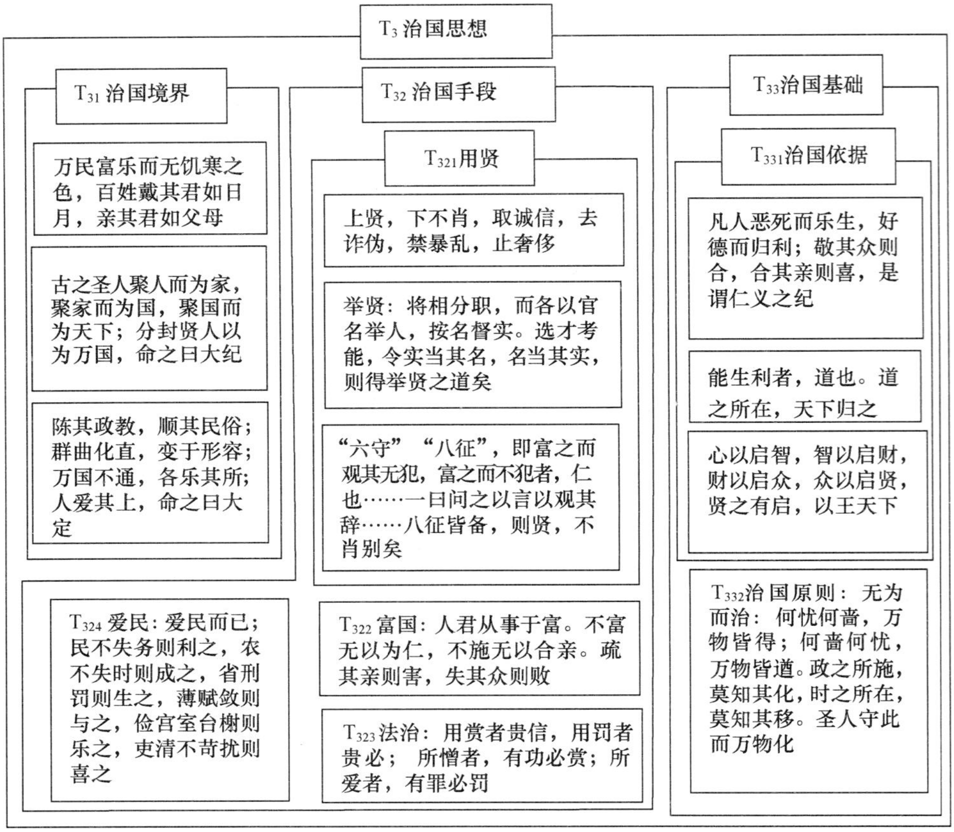

图 4－2　《六韬》特质群 T_3 的 KJ 图

（2）特质 T_{42} 治军手段。《六韬》治军之道和治国之道是完全相通的。把“爱民”的治国手段应用到军队中来就是要“爱卒”；把用贤的治国手段应用到军队中来就是要精选良将和精兵；把富国的治国手段应用到军队中来就是要利器，搞好武器装备等建设。不过除此之外，还有一些重要的治军手段。

1）特质 T_{421} 将做出表率。《龙韬·励军》中对此有详细的描述：“将冬不服裘，夏不操扇，雨不张盖，名曰礼将。将不身服礼，无以知士卒之寒暑。出隘塞，犯泥涂，将必先下步，名曰力将。将不身服力，无以知士卒之劳苦。军皆定次，将乃就舍，炊者皆熟，将乃就食，军不举火，将亦不举，名曰止欲将。将不身服止欲，无以知士卒之饥饱。将与士卒共寒暑、劳苦、饥饱”。

2）特质 T_{422} 信赏明罚。《六韬》提出“将以诛大为威，以赏小为明，以罚审为禁止而令行。故杀一人而三军震者，杀之；赏一人而万人说者，赏之。杀贵大，赏贵小。杀及当路贵重之臣，是刑上极也；赏及牛竖，马洗、厩养之徒，是赏下通也。刑上极，赏下通，是将威之所行也”。

3）特质T_{423}练士。《六韬》特别讲究“练士之道”，其方法是首先精选锐卒然后进行训练。“武王问太公曰：‘练士之道奈何?’太公曰：‘军中有大勇、敢死、乐伤者，聚为一卒，名曰冒刃之士……’”“使一人学战，教成，合之十人；十人学战，教成，合之百人；百人学战，教成，合之千人；千人学战，教成，合之万人；万人学战，教成，合之三军之众。大战之法，教成，合之百万之众。”

4）特质T_{424}器械为宝。《六韬》对于武器装备极为重视，提出了“器械为宝”之说，这是先秦兵家所少见的。先秦诸子除了墨家出身于工匠阶层，比较重视器械之外，儒家、道家、法家都不太重视武器装备。《孟子》甚至提出只要施行仁政，即使是用木棍也能够打败敌人的不切实际的说法。兵家中也少有谈及武器装备的。但是《六韬》却多次提出要重视武器装备，提出治军要准备好攻守的各种武器装备，“夫攻守之具，各有科品，此兵之大威也”，并且要让士卒学习使用它们。“凡三军有大事，莫不习用器械”。

5）特质T_{425}建立人才团队。《六韬》提出“命在通达，不守一术。因能授职，各取所长，随时变化，以为纲纪。故将有股肱羽翼七十二人，以应天道。备数如法，审知命理，殊能异技，万事毕矣。”也就是说军队要打胜仗光靠某一个人是不行的，因此将帅应当建立起人才团队，以应付各种情况变化。“腹心一人，主赞谋应卒，揆天消变，总揽计谋，保全民命；谋士五人，主图安危，虑未萌，论行能，明赏罚，授官位，决嫌疑，定可否；天文三人，主司星历，候风气，推时日，考符验，校灾异，知人心去就之机；地利三人，主三军行止形势，利害消息，远近险易，水涸山阻，不失地利；兵法九人，主讲论异同，行事成败，简练兵器，刺举非法；通粮四人，主度饮食，蓄积，通粮道，致五谷，令三军不困乏；奋威四人，主择才力，论兵革，风驰电掣，不知所由；伏旗鼓三人，主伏旗鼓，明耳目，诡符节，谬号令，闸忽往来，出入若神；股肱四人，主任重持难，修沟堑，治壁垒，以备守御；通材三人，主拾遗补过，应偶宾客，论议谈语，消患解结；权士三人，主行奇谲，设殊异，非人所识，行无穷之变；耳目七人，主往来听言视变，览四方之事、军中之情；爪牙五人，主扬威武，激励三军，使冒难攻锐，无所疑虑；羽翼四人，主扬名誉，震远方，摇动四境，以弱敌心；游士八人，主伺奸候变，开阖人情，观敌之意，以为间谍；术士二人，主为谲诈，依托鬼神，以惑众心；方士二人，主百药，以治金疮，以痊万病；法算二人，主计会三军；营壁、粮食、财用出入。”具体说来主要有以下几类人员：一是心腹之人，相当于领导的助手；二是谋士相当于军队中的负责内部事务的官员；三是懂得天文地理的人；四是懂得兵法的人；五是负责后勤的人；六是突击部队；七是迷惑敌人的机动部队；八是工程部队；九是思想工作人员；十是参谋人员；十一是情报人员；十二是内部和外部宣传人员；十三是间谍人员；十四是装神弄鬼的人员；十五是医疗人员；十六是财务人员；等等。可见，《六韬》作者对于治军是有极其丰富的经验的。

（3）特质 T_{43} 治军基础。《六韬》提出“凡帅师将众，虑不先设，器械不备，教不素信，士卒不习，若此，不可以为王者之兵也”。这实际上提出了治军的备战原则。

此外，《六韬》还力主将帅受命之后，要“能独专而不制”（《龙韬·军势》），“愿君亦垂一言之命于臣”，“军中之事，不闻君命，皆由将出”（《龙韬·立将》）。这实际上提出了治军的专制原则。根据上述，可以得到《六韬》经国治军思想战略管理特质群 T_4 治军思想的 KJ 图（见图 4-3）。

图 4-3 《六韬》特质群 T_4 的 KJ 图

据此，结合我们的分析框架，可以得出《六韬》经国治军思想战略管理特质分解如图 4 –4 所示。

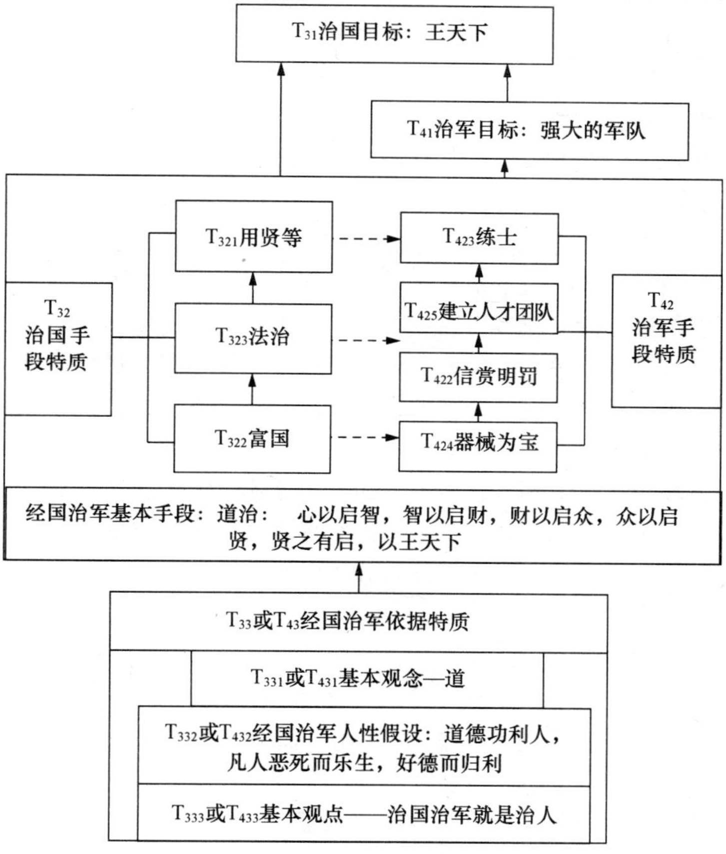

图 4 –4 《六韬》经国治军思想战略管理特质分解

（三）治敌思想战略管理特质

“兵者，诡道也”，先秦兵家都非常重视谋略的运用，但是多数关注的是军事谋略，而像《六韬》这样把政治谋略和军事谋略结合运用的著作不多。《六韬》追求全胜的最高战略境界，相比之下，虽然《孙子兵法》早就提出了“不战而屈人之兵，善之善者”的追求全胜光辉思想，但是《孙子》却没有展开论述，真正把“不战而屈人之兵，善之善者”思想完全展开的是《六韬》。“行其道，道可致也；从其门，门可入也；立其礼，礼可成也；争其强，强可胜也。全胜不斗，大兵无创，与鬼神通。微哉，微哉！与人同病相救，同情相成，同恶相助，同好相趋。故无甲兵而胜，无冲机而攻，无沟堑而守。”（《六韬·武韬·发启》）这是说，用兵行道，吊民伐罪，夺取天下的策略，要在政治上争取民心，在军事上不斗全胜。要想不战而胜，就要利用人的心理和感情，与民众共甘苦、同好恶，攻打害民之敌，实现“无甲兵而胜”。《六韬》还提出“善战者，不待张军；善除患者，理于未生；善胜敌者，胜于无形；上战，无与战。故争胜于白刃之前者，非良将也；设备于已失之后者，非上圣也；智与众同，非国师也；技与众同，非国工也。事莫大于必克，用莫大于玄默，动莫神于不意，谋莫善于不失”。也就是说善于打仗的人，在没有出动军队的时候就开始准备谋划了；善于消除灾祸的人，在灾祸还没有发生就开始处理了；善于战胜敌人的人，在没有打仗的时候就已经获得了胜利的条件；不能事先做好准备的人不是圣贤之人；智慧不能胜过常人的人不能当国君之师；技术不能超过一般工匠者不能当国工。做事情的最高境界是必定成功，最有用的行为是沉默思考，发动战争最重要的莫过于出其不意，最好的计谋在于必定成功。所以，为了达到不战而全胜的目的，《六韬》提出的文伐治敌思想。应该说文伐的思想先秦其他兵书也有，如《吴子》“善行间谍，轻兵往来，分散其众，使其君臣相怨，上下相咎，是谓事机”。其实就是《六韬》所谓的文伐，但是这些相关论述都不成系统，没有认识到它可以是一个独立的战略。

因此，我们分析《六韬》治敌思想的战略管理特质时，将从文伐治敌和武伐治敌两个方面进行分析。

1. 特质群 T_5 文伐

“文伐”可以说是对《孙子兵法》“全胜”思想的发扬光大。《孙子兵法》虽然提出了“不战而屈人之兵”的“全胜”命题，但对于如何实现这一理想目标，却仅仅原则性地提出了“伐谋”、“伐交”两种途径。《六韬》在如何不通过武力而获取胜利方面，作了许多具体而深入的阐述，《武韬·发启》提出“全胜不斗，大兵无创”，《龙韬·军势》提出“善胜敌者，胜于无形，上战无与战”，都是希望以最小的代价换取最大的胜利，甚至不经交战就达到目的，所谓“兵不接刃，而敌降服”。可以说，《六韬》建立了以“文伐”为核心的真正具有可操作性的“全胜”理论。

（1）特质 T_{51} 文伐的目标。所谓“文伐”，就是“以文事伐人，不用交兵接刃而伐之也”。不用战争手段讨伐、征服、战胜敌人，则为“文伐”。可见文伐的理想目标是实现不战而胜。不过很多情况下，文伐的理想目标并不能直接达到，因此，文伐的现实目标乃是以“文伐”手段削弱敌人的实力，为“武伐”开辟道路，使得胜利获取过程中破坏性变小，达到以最小的代价战胜敌人的目标。

（2）特质 T_{52} 文伐的手段。《六韬·武韬·文伐》提出了 12 种“文伐”的方法，其主旨是利用敌人的内部矛盾，收买、分化、瓦解、离间、麻痹、削弱敌人。据《史记·齐太公世家》、《淮南子·道应训》、《尚书大传》等历史典籍记载:《六韬》的“文伐”战略在灭商兴周的过程中,应当已经运用、实施过了。周文王被殷纣王拘里时,散宜生、闳夭、南宫适三人向姜太公请教、商议救文王之策,姜太公献计以美女、奇物、珍宝等献纣王,使之赦免文王,并纵纣王之欲,使其罪行暴露。纣王果然中计而赦免了文王。文王归国后,实行德政,收归民心,待纣之失,时机已到,兴师讨伐,“乃遂其谋”。文王之谋,乃太公之谋。这是以“文伐”为“武伐”作充分准备,开辟道路。文王得救的策略,与《六韬》的“文伐”、“十二节备,乃成武事”的策略大体相同。

(3)特质 T_{53} 文伐基础。

1)特质 T_{531} 文伐依据。不是所有的敌人都可以用文伐的。“所谓上察天,下察地,征已见,乃伐之。”必须在天时、地利、人和,各种条件都具备,实施文伐才能达到最大效果。

2)特质 T_{532} 文伐原则。文伐必须周密,不能让敌人知道。即“凡谋之道,周密为宝”(《六韬·武韬·三疑》),“勿使知谋,扶而纳之,莫觉其意,然后可成”。文伐行动不是靠武力而是靠谋略,具体执行则主要依靠间谍的活动,因此,必须保密,如果泄密,文伐就无法成功。

根据上述,可以得出《六韬》治敌思想战略管理特质群 T_5 文化思想的 KJ 图(见图 4-5)。

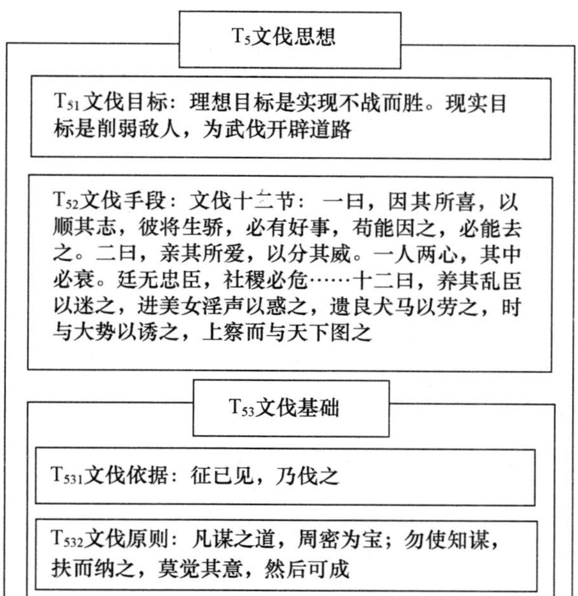

图 4-5 《六韬》特质群 T_5 的 KJ 图

2. 特质群 T_6 战略分析

（1）特质 T_{61} 分析内容。

1）《六韬》提出战略分析的内容主要有天、地、人三个方面，即“上知天道，下知地理，中知人事”。

2）《六韬》提出“胜负之征，精神先见”，认为胜败完全可以通过观察分析得知。“明将察之，其败在人。谨候敌人出入进退，察其动静，言语妖祥，士卒所告。凡三军说怿，士卒畏法，敬其将命，相喜以破敌，相陈以勇猛，相贤以威武，此强征也。三军数惊，士卒不齐，相恐以敌强，相语以不利，耳目相属，妖言不止，众口相惑，不畏法令，不重其将，此弱征也。”

（2）特质 T_{62} 信息的获取方法。

1）观察。《六韬》多处提到如何进行观察获取信息，如观察敌人的营地“登高下望，以观敌之变动。望其垒，即知其虚实；望其士卒，则知其去来”。并且《六韬》强调在观察的基础上进行分析思考，透过现象看本质，从“知、情、意”三个方面考察敌情。即“观察必见其阳，又见其阴，乃知其心；必见其外，又见其内，乃知其意；必见其疏，又见其亲，乃知其情”。《六韬》列举了需要观察的 14 种情况。即“夫欲击者，当审察敌人十四变，变见则击之，敌人必败。敌人新集可击，人马未食可击，天时不顺可击，地形未得可击，奔走可击，不戒可击，疲劳可击，将离士卒可击，涉长路可击，济水可击，不暇可击，阻难狭路可击，乱行可击，心怖可击”。

2）用间。《六韬》没有关于如何用间的论述，但是并没有忽视用间，“游士八人，主伺奸候变，开阖人情，观敌之意，以为间谍”，认为用间是获取敌情的必不可少的方法。

根据上述，可以得出《六韬》治敌思想战略管理特质群 T_6 战略分析的 KJ 图（见图 4－6）。

3. 特质群 T_7 战略决策与行动

（1）特质 T_{71} 权变原则。权变原则也是《六韬》治敌思想的核心原则。虽然《六韬》中没有提出像《孙子兵法》中奇正、形势等深刻的概念，但是《六韬》把握了权变原则最本质的内容，即“击其不意，攻其无备”（《虎韬·临境》）。《文韬·兵道》还提出“密察敌人之机而速乘其利，复疾击其不意”。短短一句话，把获取敌情，捕捉战机，速战速决，因利而动，避实击虚等治敌手段全部都概括了。

（2）特质 T_{72} 仁义原则。《六韬》提出“无燔人积聚，无坏人宫室，冢树社丛勿伐，降者勿杀，得而勿戮，示之以仁义，施之以厚德。令其士民曰：‘罪在一人。’如此，则天下和服。”（《虎韬·略地》）需要注意的是，《六韬》的仁义

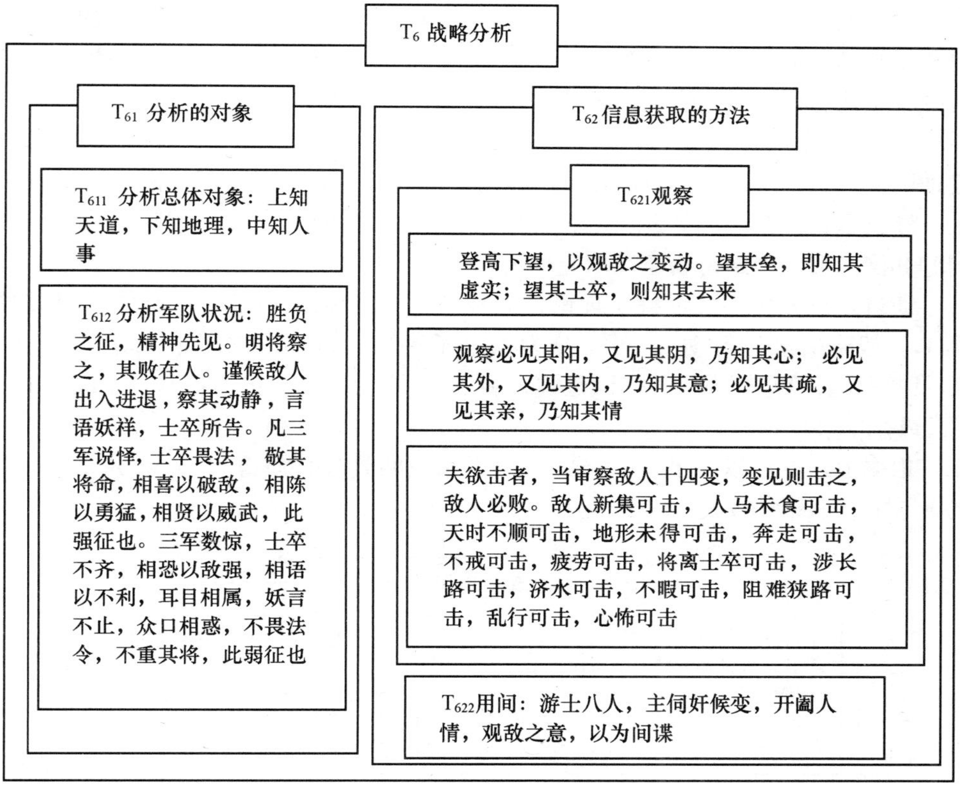

图 4－6　《六韬》特质群 T_6 的 KJ 图

原则仍然是功利性的，因为只有在战略行动中遵守仁义原则，才能使“天下和服”。这一点和《司马法》中的仁义原则有所不同。

（3）特质 T_{73} 果断原则。对于战略决策，《六韬》提出了一个和《吴子》类似的原则，即果断的原则。“用兵之害，犹豫最大；三军之灾，生于狐疑”，并且进一步提出“善战者，见利不失，遇时不移。失利后时，反受其殃”。果断原则要求战略行动过程中，见到机会坚决不能错过，如果错过机会，失去战机，那么就失去主动，导致失败。

（4）特质 T_{74} 先谋原则。《六韬》提出“善战者，不待张军；善除患者，理于未生；善胜敌者，胜于无形；上战，无与战。故争胜于白刃之前者，非良将也；设备于已失之后者，非上圣也；智与众同，非国师也；技与众同，非国工也。事莫大于必克，用莫大于玄默，动莫神于不意，谋莫善于不失。夫先胜者，先见弱于敌，而后战者也，故事半而功倍焉”。

（5）特质 T_{75}迅速原则。《六韬》认为战略行动迅速，能够造成强大的声势，有利于军队获取胜利，即“是以疾雷不及掩耳，迅电不及瞑目。赴之若惊，用之若狂，当之者破，近之者亡，孰能御之?”

（6）特质 T_{76}结盟原则。《六韬》提出“以弱击强者，必得大国而与，邻国之助”，并且提出了如何获取大国和邻国帮助的手段，“事大国之君，下邻国之士，厚其币，卑其辞，如此，则得大国之与邻国之助矣”，即通过积极主动与大国和邻国结交，多送财物来获取它们的帮助。

通过上述分析，结合特质理论，可以得到《六韬》治敌思想战略管理特质群 T_7。战略决策与行动 T_7 可以分为六个子特质：T_{71}权变原则；T_{72}仁义原则；T_{73}果断原则；T_{74}先谋原则；T_{75}迅速原则；T_{76}结盟原则。记为：T_7：｛T_{71}，T_{72}，T_{73}，T_{74}，T_{75}，T_{76}｝。

根据上述，可以得出《六韬》治敌思想战略管理特质群 T_7 战略决策与行动的 KJ 图（见图 4－7）。

T_7战略决策与行动

T_{71}权变原则：击其不意，攻其无备；密察敌人之机而速乘其利，复疾击其不意；外乱而内整，示饥而实饱，内精而外钝

T_{72}仁义原则：无燔人积聚，无坏人宫室，冢树社丛勿伐，降者勿杀，得而勿戮，示之以仁义，施之以厚德。令其士民曰：罪在一人

T_{73}果断原则：无恐惧，无犹豫。用兵之害，犹豫最大；三军之灾，莫过狐疑。善战者，见利不失，遇时不疑。失利后时，反受其殃。故智者从之而不失，巧者一决而不犹豫；临敌无二心

T_{74}先谋原则：善战者，不待张军；善除患者，理于未生……夫先胜者，先见弱于敌，而后战　者也，故事半而功倍焉

T_{75}迅速原则：是以疾雷不及掩耳，迅电不及瞑目。赴之若惊，用之若狂，当之者破，近之者亡，孰能御之

T_{76}结盟原则：以弱击强者，必得大国而与，邻国之助；事大国之君，下邻国之士，厚其币，卑其辞

图 4－7　《六韬》特质群 T_7 的 KJ 图

4. 特质 T_8 战略目标

《六韬》的战略目标是要得天下，而并非战役的胜利。《六韬》中多次谈到得天下应当如何，其战略目标特质比较简单故不画 KJ 图。

据此，结合我们的分析框架，可以得出《六韬》治敌思想战略管理特质分解如图 4－8 所示。

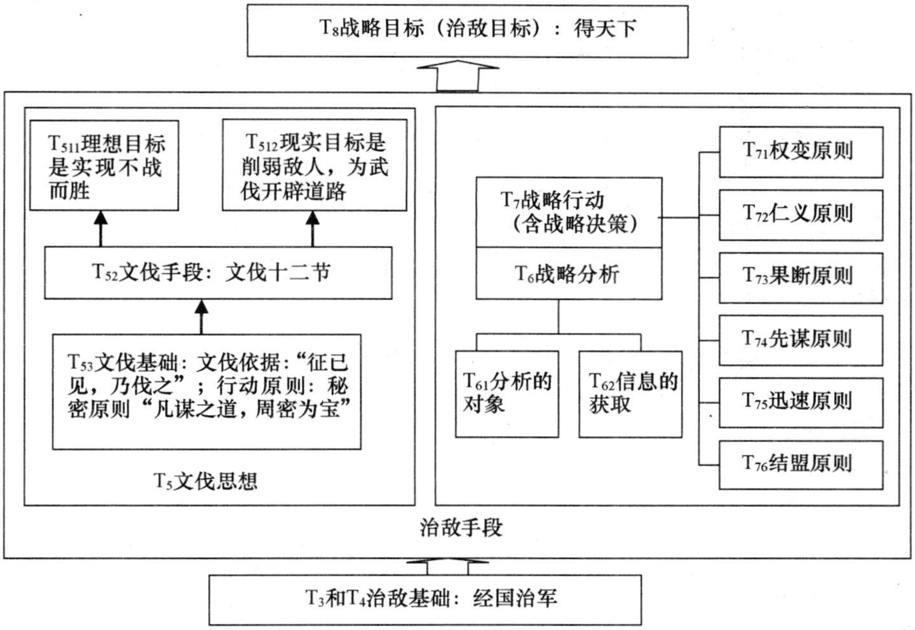

图 4－8 《六韬》治敌思想战略管理特质分解

二、《尉缭子》思想的战略管理特质

《尉缭子》一书大体上出现于战国末期，内容十分丰富，从战略、战术、军制及教范乃至于有关战争基本理论、政治、经济等领域均有所涉及；总体上关注经国治军，具有崇尚实力竞争而非谋略竞争的特点。《尉缭子》初见于《汉书·艺文志》，惟其分列于兵家（原 31 篇，今存重刑令等 10 篇）和杂家（29 篇）两处。隋书与新旧唐书列的经籍志有杂家《尉缭子》5 卷传世，兵家则未见著录。至宋神宗时将其纳入《武经七书》之一，自此不见于杂家。而自南宋陈振孙质疑《尉缭子》非先秦兵书后，该书的成书时间便成为一大争议，"见名不见书"、"文气不古"等伪书之说不断。直到 1972 年山东临沂银雀山西汉古墓《尉缭子》残简出土后，经比对有 6 篇与今本相合，且亦用秦汉之前的字体书写。故该书起自先秦之说，当无疑问。《尉缭子》的思想大体上接近法家，反对孔孟的亲亲原则，主张用严刑峻法治国和治军，某些思想显得非常残暴，全文处处可见"诛杀”这样的词汇，并且大力提倡保甲连坐制度。有意思的是尉缭却非常推崇儒家，甚至很可能以儒家自命，并且打着仁义的招牌，提出“兵者，凶器也。争者，逆德也。事必有本，故王者伐暴乱，本仁义焉”，告诫君主“杂学不为通儒”，言外之意，他的理论才是儒家中最有用的理论。需要说明的是在战国末期，实力成为决定一切的力量，仁义虽然作为传统的意识形态仍然为人们所标榜，但是实际上已经不可能靠仁义道德来维持国际秩序和统一天下了。因此，对仁义道德的表面推崇和对武力、严刑峻法的奉行，实际上表明尉缭对理想与现实之间巨大矛盾的无奈。

（一）治身思想战略管理特质

《尉缭子》对君主中的治身之道论述不多，关注的主要是为将之道。

1. 特质群 T_1 为君之道

（1）特质 T_{11} 治身境界。《尉缭子·治本》提出作为统治者，应当具备几个条件：一是超人的智慧；二是对民众广施恩惠；三是建立稳定的秩序；四是能够使国家强大无敌；五是分清什么是有用的治国学说，不要把驳杂无用的学说当成真才实学。即“所谓天子者四焉：一曰神明；二曰垂光；三曰洪叙；四曰无敌。此天子之事也。野物不为牺牲，杂学不为通儒。”

（2）特质 T_{12} 治身手段。《尉缭子》要君主克制私欲、禁止邪恶。“欲生于无度，邪生于无禁。太上神化，其次因物，其下在于无夺民时，无损民财。夫禁必以武而成，赏必以文而成。”克制私欲、禁止邪恶是君主应当做的事情，最优秀的君主靠精神力量感化；一般的君主善于因势利导；再次一些的君主，则能够做到不占用老百姓劳作的时间、不损耗民财。用暴力的强制手段禁止坏人做坏事，用奖励和教化的方法鼓励好人做好事。

通过上述分析，结合特质理论，可以得到《尉缭子》治身思想战略管理特质群 T_1 为君之道。T_1 可以分为两个子特质：T_{11} 治身境界和 T_{12} 治身手段。记为：T_1：$\{T_{11}, T_{12}\}$，其中治身手段 T_{12} 又可分为两个子特质：即有 T_{12}：$\{T_{121}, T_{122}\}$。其中，T_{121} 为克制私欲；T_{122} 为禁止邪恶；T_{11} 和 T_{12} 具有一种由抽象走向具体的关系，即：$T_{11} \rightarrow T_{12}$。

2. 特质群 T_2 为将之道

（1）特质 T_{21} 治身境界。《尉缭子》对为将之道提出以下几个方面的要求：“将者，上不制于天，下不制于地，中不制于人，宽不可激而怒，清不可事以财”（《武议》），“凡将，理官也，万物之主也，不私于一人。”（《将理》）即将应具有宽、清、无私等基本特征。

（2）特质 T_{22} 治身手段。尉缭在《十二陵》中集中描绘了良将应具有的德行素质以及治身手段。良将应当具有 12 种素质："威在于不变；惠在于因时；机在于应事；战在于治气；攻在于意表；守在于外饰；无过在于度数；无困在于豫备；谨在于畏小；智在于治大；除害在于果断；得众在于下人。"即：第一是威严，必须做到意志坚定、始终如一；第二是恩惠，关键在于选择恰当的时机，最好是雪中送炭；第三是随机应变，要学习适应各种情况；第四是作战，关键在于善于激励士气；第五是善于进攻，关键在于懂得出其不意；第六是善于防守，关键在于迷惑敌人；第七是不犯错，关键在于学会周密思考；第八是避免困境，关键在于事先做好准备；第九是严谨，关键在于警惕小事情，防微杜渐；第十是明智，关键在于能统筹全局；第十一是清除祸害，关键在于果断；第十二是得到众人拥护，关键在于礼贤下士。

良将治身应当去除一些不良特征。"悔在于任疑；孽在于屠戮；偏在于多私；不详在于恶闻己过；不度在于竭民财；不明在于受间；不实在于轻发；固陋在于离质；祸在于好利；害在于亲小人；亡在于无所守；危在于无号令。"即：第一是后悔，原因在于犹豫不决，犹豫不决就容易丧失战机，以至于后悔；第二是罪孽，原因在于杀戮太多，将领杀戮太多，就会激起很多人的怨恨，以至于敌人越来越多，弄得难以收拾；第三是偏袒，原因在于私心过重，将领如果不能做到公正，那么就会失去人心；第四是不祥，原因在于不肯听逆耳忠言，一个人的智慧总是有限的，所谓智者千虑必有一失，只有多听他人观点，才能尽量减少错误，将领如果听不见逆耳忠言，刚愎自用，在将来就一定会有出错的一天；第五是用度不足，原因在于耗尽民财；将领如果只懂得考虑前线的战斗问题，而不懂得军事与经济之间的关系，就会导致后劲不足；第六是不明，原因在于被人离间；第七是不实在，原因在于不认真思考就轻易发表命令，导致失去信用；第八固陋，原因在于看不清事物的本质；第九是灾祸，原因在于贪图利益；第十是受人谋害，原因在于亲近小人；第十一是灭亡，原因在于不知道戒备；将领要懂得居安思危，时时戒备；第十二是危险，原因在于没有纪律。

从《十二陵》看，《尉缭子》对为将之道确实非常精通。

通过上述分析，结合特质理论，可以得到《尉缭子》治身思想战略管理特质群 T_2 为将之道。T_2 可以分为两个子特质：T_{21} 治身目标和 T_{22} 治身手段。记为：T_2：$\{T_{21}，T_{22}\}$。

根据上述，可以得出《尉缭子》治身思想战略管理特质群 T_1 为君之道和 T_2 为将之道的 KJ 图（见图 4－9）。

（二）经国治军思想战略管理特质

前面我们谈到《吴子》中治国与治军的关系十分模糊，带有军国主义色彩，

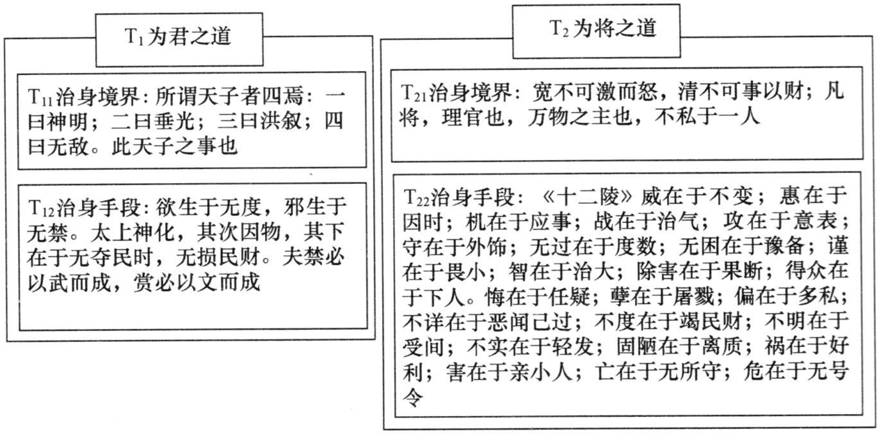

图4-9 《尉缭子》特质群 T_1 和 T_2 的 KJ 图

而在《尉缭子》中这种色彩就更加浓厚了，很多治国手段如严刑峻法、保甲连坐制度等，完全是为了军队打仗服务的。吴起活动于战国初期，而尉缭子活动于战国后期，随着时间的推移，战国时期的战争变得越来越激烈。《东周列国志》记载王翦和秦王论兵，说春秋时期齐桓公有3万军队就可以称霸天下，而且这3万人还轮番使用，一般不会一次全部出动；而后来战争越来越残酷，被征去打仗的人越来越多，各国都这样干，到了后期连老人和小孩都被拉去打仗，这是没有办法的事。因此，想要消灭楚国就必须把全国能够打仗的兵全部派出去。因此，可以想象，当时凡是想生存和发展的国家往往都不得不走向军国主义，《尉缭子》一书正好反映了这一时代特点。他对政治、经济、军事三者的密切关系亦作了充分阐述，精辟地论述了政治与军事的从属关系。在《尉缭子》一书中特别强调实力，强调自立自强“往世不可及，来世不可待，求己者也”（《治本》），认为政治、外交谋略意义不大，只有进行农战才能强大。《尉缭子》是明确提出农战思想的兵家代表，反映了《尉缭子》带有浓厚的法家特色，尽管《尉缭子》偶尔也谈仁义道德，但是都比较空洞，没有什么具体内容，而且必要时都得给法令让路。在《尉缭子》中经国治军的目的很简单，就是要获得雄厚的国家军事实力，建立一支精锐部队，以便在诸侯国军事竞争中获取胜利，实现兼并其他国家，继而统一天下的目标。

1. 特质群 T_3 治国思想

（1）特质 T_{31} 治国目标：“兵胜于朝廷”。尉缭是一个现实主义者，但是也提出了自己的治国最高理想，希望构建一个人们安居乐业，无战乱的太平盛世，“反本缘理，出乎一道，则欲心去，争夺止，囹圄空，野充粟多，安民怀远，外无天下之难，内无暴乱之事，治之至也。”“官无事治，上无庆赏，民无狱讼，国无商贾。”但是这个目标过于远大，治国的现实目标是“兵胜于朝廷”，“并兼广大，威加天下”，也即是内部安定团结，对外能够不断扩张，实现“夫土广而任则国富，民众而治则国治。富治者，民不发轫，车不暴出，而威至天下。故曰：‘兵胜于朝廷’”。（《兵谈第二》）不用打仗，就能够威至天下。

（2）特质 T_{32} 治国手段：“农战”。《尉缭子》治国手段可以概括为“农战”，即要使人民一心务农打仗，而没有且不可能有其他的想法和欲望。“夫谓治者，使民无私也……善政执其制，使民无私，则为下不敢私，则无为非者矣。反本缘理，出乎一道，则欲心去，争夺止。”（《尉缭子·治本第十一》）从这段话中我们可以体会到《尉缭子》的治国之道，表面上看《尉缭子》似乎和《六韬》一样提倡无欲，但是实际上差异很大，因为《六韬》主要是要求君主清心寡欲，勤勉治国，至于民众是否要这样则未必，治国的关键在于因势利导，顺应民心，此乃典型的黄老道家治国之道。而《尉缭子》的治国手段则是要用强制性的办法让民众清心寡欲，一心务农或者打仗，至于君主应当怎样却没有描述，只是要求大臣带头，此乃典型的法家治国之道。所以，《尉缭子》和《六韬》治国之道有根本的不同。有的研究者认为《尉缭子》治国的手段主要是“文种武植”和《吴子》的“内修文德，外治武备”非常相似。但仔细分析就会发现《尉缭子》中对“文”的论述非常少，而且比较空洞，仁义道德在《尉缭子》的理论体系中根本没有立足之地或者说仅仅是一个可有可无的辅助工具，而《吴子》则不然，吴子认为“凡治国治军，必教之以礼，励之以义，使有耻也。夫人有耻，在大足以战，在小足以守矣”。仁义道德，特别是“义”乃是比军法更为重要的力量。“武侯问曰：‘严刑明赏，足以胜乎？’起对曰：‘严明之事，臣不能悉。虽然，非所恃也。夫发号布令而人乐闻，兴师动众而人乐战，交兵接刃而人乐死。此三者，人主之所恃也。’武侯曰：‘致之奈何？’对曰：‘君举有功而进拘之，无功而励之。’”吴起和魏武侯的这段对话明确表明了在吴起的治军理论中激励比约束要重要得多。而尉缭则明确提出“卒畏将甚于敌者胜”，“战胜在乎立威，立威在乎戮力，戮力在乎正罚，正罚者所以明赏也”。约束比激励更为重要，虽然尉缭也提倡励士“励士之道，民之生不可不厚也。爵列之等，死丧之亲，民之所营不可不显也”，但不是从道义方面去励士，而是完全从功利的角度去励士。因此，尉缭治国思想应当概括为“农战”而不是“文种武植”。

具体而言，《尉缭子》提出了以下几个治国手段：

1）要富国。《尉缭子》提出“王国富民，伯国富士，谨存之国富大夫，亡国富食府，所谓上满下漏，患无所救”。意思是能够称王天下的国家国民富裕，能够称霸天下的国家有才能的人富裕，只能够勉强生存的国家当官的富裕，将要灭亡的国家只有国君的仓廪富裕。上层统治者过分富裕而下层老百姓过分贫穷，那么灾祸就无法避免了。尉缭的这个见解是非常深刻的，和《论语·颜渊》所谓“百姓足，君孰与不足？百姓不足，君孰与足?”有异曲同工之处。与《六韬》的富国思想相比，《六韬》中富国是为了君主广施恩惠作基础，即先使君主富裕，然后通过君主施惠让老百姓得到好处，因此其富国思想带有谋略色彩。而《尉缭子》则直接提出让老百姓富裕，反映了其不重视谋略，重视实力和法治的特点。按《尉缭子》的观念，内政清明与民生富足是军事行动胜利的根本条件。没有良好的政治基础，就不可能建立强大的军事力量。必先有充足的准备、培养高昂的民心士气，才能在战场上胜过敌人，或是不战而屈人之兵，即“兵胜于朝廷”。故想要保障国家安全，一切高明的政治、外交或军事谋略都比不上基本国力的充实来得有用。而充实国力的方法，就是以“农”强固基础，以“法”保障国治。

2）要提倡良好的社会道德风尚。《尉缭子》提出“故国必有礼、信、亲、爱之义，则可以饥易饱；国必有孝、慈、廉、耻之俗，则可以死易生。古者率民必先礼信而后爵禄，先廉耻而后刑罚，先亲爱而后律其身”。可见，尉缭对精神文明建设的重视，同时《尉缭子》还提出“任正去诈，存其慈顺，决无留刑”，即要通过严格执法，建立良好的社会风气。不过《尉缭子》虽然提倡“礼、信、亲、爱之义”，但远不是儒家那种亲亲尊尊的伦理道德，而是试图为建立一种秩序提供便利。

3）要尚贤。《尉缭子》提出“不能内有其贤，而欲有天下，必覆军杀将”。

（3）特质 T_{33} 治国基础。《尉缭子》从人性论的视角考察了人的心理，提出了不少精辟的治国思想，如“民非乐死而恶生也”，“委积不多则士不行；赏禄不厚则民不劝；武士不选则众不强；器用不便则力不壮；刑罚不中则众不畏”，后一句话可以作为尉缭经国治军思想的总纲领。《尉缭子》可能受到《六韬》或者当时其他黄老道家治国理论的影响，提出治国应当使人无欲，无欲则没有争夺，没有争斗就没有犯罪和战争，那么天下就太平了，即“反本缘理，出乎一道，则欲心去，争夺止，囹圄空”。

根据上述，可以得出《尉缭子》经国治军思想战略管理特质群 T_3 治国思想的 KJ 图（见图 4－10）。

2. 特质群 T_4 治军思想

吴起是尉缭的崇拜者，书中多次引用吴起的事例，在治军方面，他和吴起一样都以精兵主义为治军原则，希望能够建立一支有着不怕死、敢于拼命的精神的精锐之师。《尉缭子》提出“使三军之众为一死贼”和《吴子》提出“今臣以五万之众，而为一死贼”的治军思想完全一致。然而他们在具体治军手段方面却大

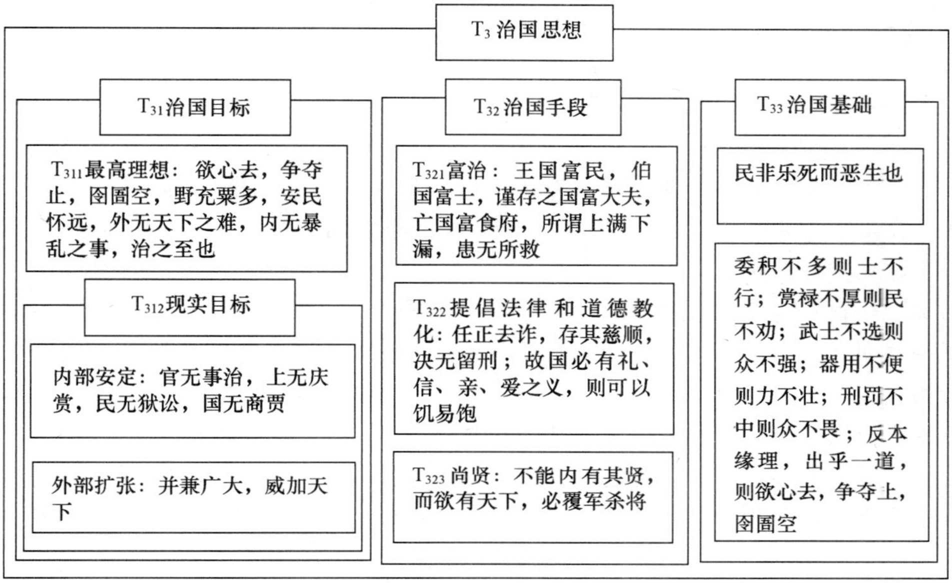

图 4－10　《尉缭子》特质群 T_3 的 KJ 图

不相同，吴起比较重视培养士兵荣辱意识，用物质和精神两种手段激励士兵拼死作战；而尉缭则比较重视要用严刑峻法和各种约束手段逼迫士兵卖命。之所以二者有这样大的差别，和当时的历史环境是分不开的，尉缭比吴起大致要晚出现 50～100 年。吴起所处的时代乃是战国初期，周朝提倡的礼仪廉耻观念对人们的影响还比较大，故此，可以用礼仪廉耻来激励士兵作战。而到了尉缭所处的时代已经是战国中后期了，战斗变得非常残酷，给人民带来了深重的灾难，人们厌战的情绪非常浓，正如《尉缭子》所言“征役分军而逃归，或临战自北，则逃伤甚焉”，在这种情况下，再想用礼仪廉耻等观念来激励人们作战已经变得不可能了。故此，尉缭提倡用严刑峻法来逼迫人们拼命打仗也不失为一种明智的做法，应当说尉缭还是比较赞赏仁义道德的，要不然他也不会反复提到要仁义道德，但是迫于形势，不得不使用和他理想所不一致的手段，这种矛盾使得《尉缭子》的经国治军思想表现出法家的实质，却喊着儒家的口号。

（1）特质 T_{41} 治军目标。《尉缭子》对治军境界做了这样的描述“使什伍如亲戚，卒伯如朋友。止如堵墙，动如风雨，车不结辙，士不旋踵，此本战之道也”，“无天于上，无地于下，无主于后，无敌于前。一人之兵，如狼如虎，如风如雨，如雷如霆，震震冥冥，天下皆惊”，“将能立威，卒能节制，号令明信，攻守皆得”。

（2）特质 T_{42} 治军手段。

1）特质 T_{421} 重刑主义。《尉缭子》对人性也进行了分析，提出要“使民内畏重刑，则外轻敌。故先王明制度于前，重威刑于后。刑重则内畏，内畏则外轻矣。”“夫民无两畏也，畏我侮敌，畏敌侮我。见侮者败，立威者胜”。（《攻权》）《尉缭子》认为人不会对敌我双方都畏惧，如果畏惧自己的将帅，就会蔑视敌人，畏惧敌人就会轻慢自己的将帅，被轻慢的将帅用兵就会失败，而能够在士卒心中建立权威，让他们畏惧的将帅就能取胜。

2）特质 T_{422} 保甲连坐制度。为了有效地推行法家农战政策，《尉缭子》提出了一系列详细的保甲连坐制度。“军中之制，五人为伍，伍相保也。十人为什，什相保也。五十为属，属相保也。百人为闾，闾相保也。伍有干令犯禁者，揭之免于罪，知而弗揭，全伍有诛。什有干令犯禁者，揭之免于罪，知而弗揭，全什有诛。属有干令犯禁者，揭之免于罪，知而弗揭，全属有诛。闾有干令犯禁者，揭之免于罪，知而弗揭，全闾有诛。吏自什长以上，至左右将，上下皆相保也。有干令犯禁者，揭之免于罪，知而弗揭之，皆与同罪。夫什伍相结，上下相连，无有不得之奸，无有不揭之罪，父不得以私其子，兄不得以私其弟，而况国人聚舍同食，乌能以干令相私者哉。”“夫将自千人以上，有战而北，守而降，离地逃众，命曰‘国贼’。身戮家残，去其籍，发其坟墓，暴其骨于市，男女公于官。自百人以上，有战而北，守而降，离地逃众，命曰‘军贼’。身死家残，男女公于官。”保甲连坐制度使得违反法令者和战场上逃亡、投降者等身败名裂，家破人亡，要求“父不得以私其子，兄不得以私其弟”完全打破了儒家亲亲原则，逼迫老百姓听从政府的命令，去为实现统治者的野心而卖命。这种做法对于现代社会管理是不足取的，“二战”时期，法西斯国家就因为实施这种做法而臭名昭著。

3）特质 T_{423} 简约。《尉缭子》提出“乞人之死不索尊，竭人之力不责礼，故古者甲胄之士不拜，示人无已烦也”，认为繁琐的礼节不利于提高军队的战斗力，此观点乃是对《吴子》治军思想的继承。

4）特质 T_{424} 训练。尉缭非常重视部队训练和管理，即“兵教”的问题。尉缭深知完善的管理与严格的训练对于提高士兵战斗力的重要性，在《兵教上》、《兵教下》两篇中，尉缭提出国家想要在战争中取得胜利，必须要有充分的准备，尉缭子对训练的方法、要求的标准都作了深入探讨。

（3）特质 T_{43} 治军基础。

1）特质 T_{431} 治军原则。尉缭非常推崇精兵主义思想，指出周武王“以二万二千五百人，击纣之亿万而灭商”（《天官》）；《制谈》中尉缭称颂齐桓公、吴起、孙武分别以 10 万、7 万、3 万众出击而“天下莫当”；《战威》中尉缭强调

“武士不选，则众不强”；《兵令下》所言“古之善用兵者能杀士卒之半，其次杀其十三……”值得说明的是，有的学者把“杀”字解释为杀戮，杀死自己一半的士卒反而有利于作战。本书认为这种解释不太合情理，如果这样做，军心很可能在战前就崩溃了，而且尉缭曾一再提及要爱民、要仁义，治军要得到士兵之爱，如果把“杀”解释为杀戮的话，就前后矛盾了。因此，“杀”应该是淘汰、精选的意思，正如《孙膑兵法》中“杀士”的意思一样，反映了尉缭追求建立一支精锐之师的思想，和前面称赞吴起、孙武用兵正好呼应。尉缭的这种思想和战国时期的战争特点是分不开的。战国时期动不动就使用人海战术相互攻打，使得各国无辜老百姓纷纷卷入无谓的战争，造成巨大的人员伤亡。尉缭对这种严重危害老百姓生存的军国主义做法是非常不赞同的。

2）特质 T_{432} 治军依据。《尉缭子》提出“善将者，爱与威而已”，“战胜在乎立威，立威在乎戮力，戮力在乎正罚，正罚者所以明赏也”。这段话为《尉缭子》严刑峻法治军思想提供了依据。即战胜敌人在于树立军威，树立军威在于将士同心协力，将士同心协力在于赏罚公正，刑罚公正，就可以彰明赏罚的作用了。

根据上述，可以得出《尉缭子》经国治军思想战略管理特质群 T_4 治军思想的 KJ 图（见图 4－11）。

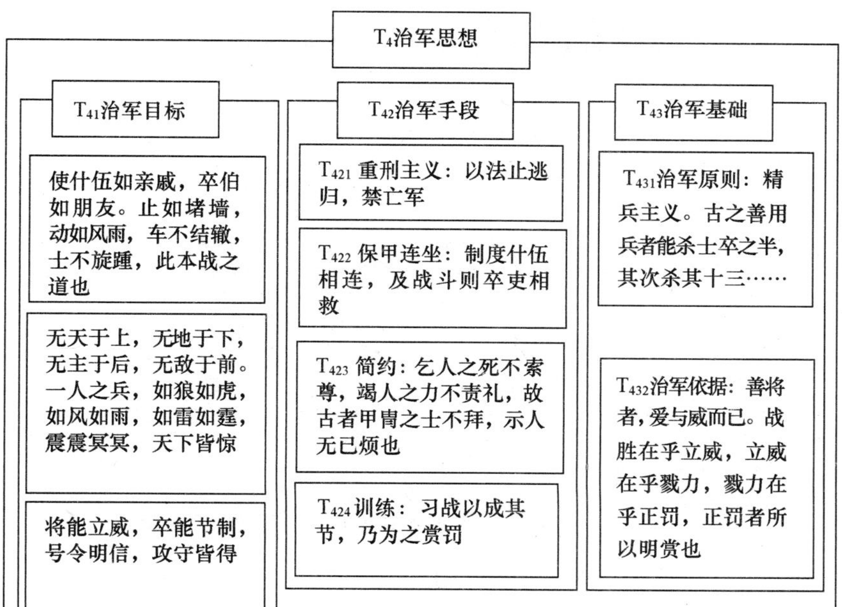

图 4－11　《尉缭子》特质群 T_4 的 KJ 图

据此，结合我们的分析框架可以得出《尉缭子》经国治军思想战略管理特质分解如图 4－12 所示。

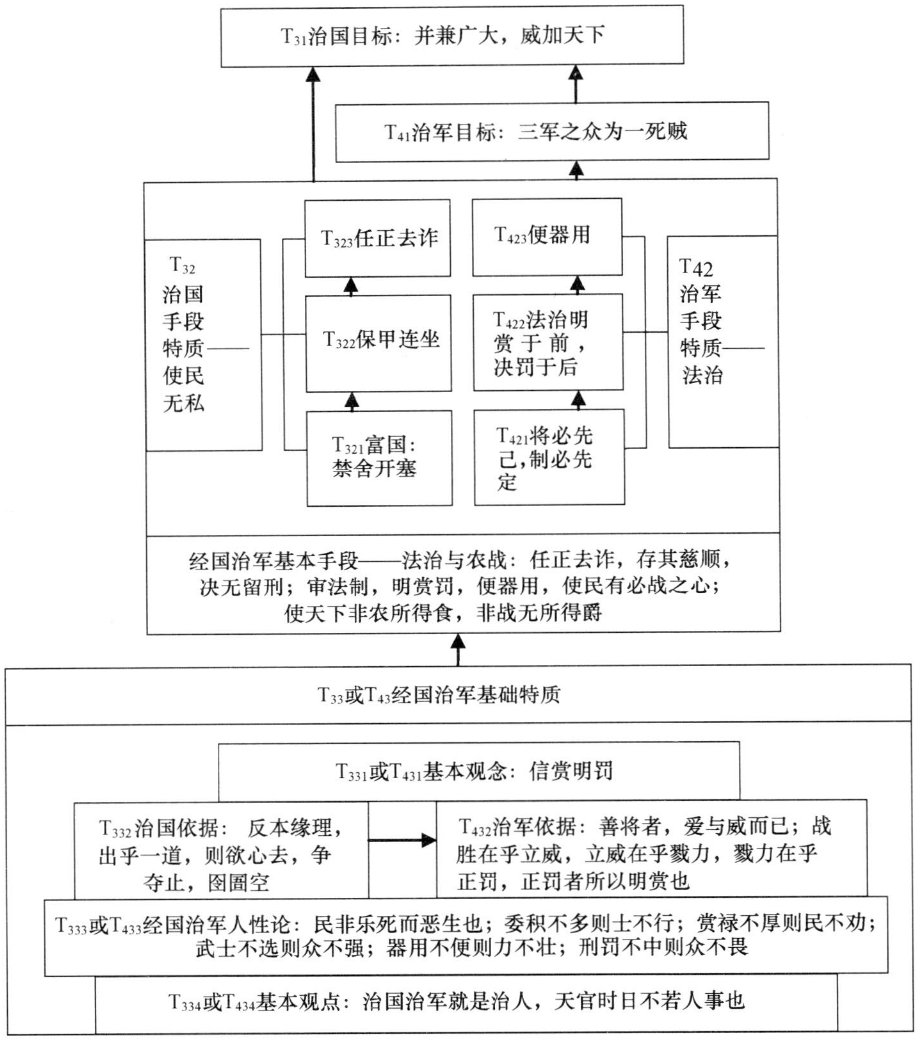

图 4－12 《尉缭子》经国治军思想战略管理特质分解

（三）治敌思想战略管理特质

《尉缭子》治敌思想是非常务实的，不相信单靠“权谋”就可以赢得战争，提出“胜备相用，犹合符节，无异故也”，即想要击败敌国获取胜利，靠的是军事力量准备。有了充分的准备，胜利就像符节相合一样，没有任何疑问。无疑做好充分的准备是获取胜利的前提，不过《尉缭子》过于强调准备的作用，也就降低了其竞争战略管理理论的深度。

1. 特质群 T_5 战略分析

尉缭对战略分析非常重视，主张在作战前，事先对天时、地利、人心、敌情进行分析。即《战权篇》中所言，战前“高之廊庙之论”，从而制订周密仔细的战争计划，“安其危，去其患，以智决之”，掌握战争的主动权，使自己立于不败之地。

（1）特质 T_{51} 分析内容。《尉缭子》提出了战略分析的五个方面“刑未加，兵未接，而所以夺敌者五：一曰庙胜之论；二曰受命之论；三曰踰垠之论；四曰深沟高垒之论；五曰举阵加刑之论”。

（2）特质 T_{52} 信息获取。《尉缭子》主要提出了两个方面：一是观察。《尉缭子》提出“凡兴师，必审内外之权，以计其去。兵有备阙，粮食有余不足，校所出入之路，然后兴师伐乱，必能入之”。“前噪者谓之虚，后噪者谓之实，不噪者谓之秘，虚实秘者，兵之体也。”二是试探。《尉缭子》提出“伐国必因其变，示之以财，以观其穷，示之以弊，以观其病，上乖下离，若此之类是伐之因也”。这和《六韬》的文伐思想有着异曲同工之处。

根据上述，可以得出《尉缭子》治敌思想战略管理特质群 T_5 战略分析的 KJ 图（见图 4－13）。

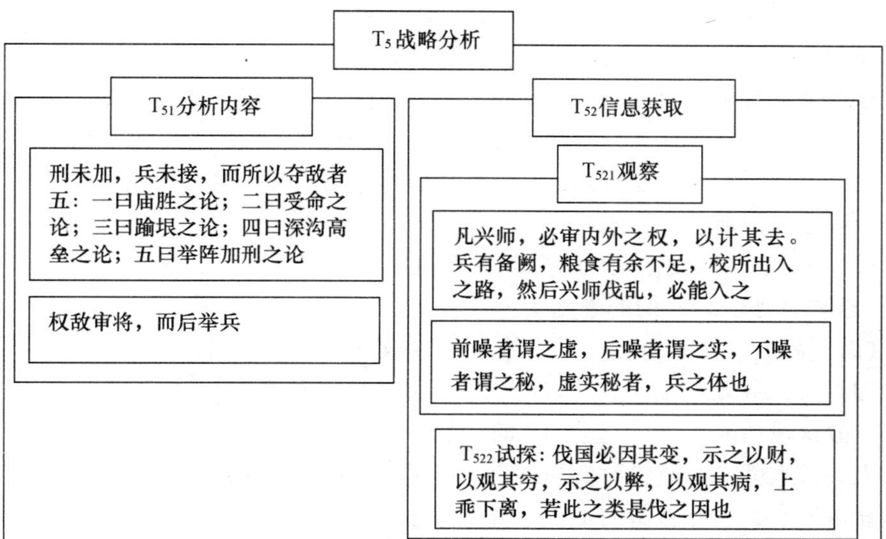

图 4－13　《尉缭子》特质群 T_5 的 KJ 图

2. 特质群 T_6 战略决策

（1）特质 T_{61} 科学原则。根据先秦史学的研究，战国时期阴阳学说开始流行，很多学说都受到阴阳学说影响，当时许多将领也受到了影响，把阴阳术数引进了用兵之道，试图借助阴阳术数获取胜利。《武议·第八》说："今世将考孤虚，占咸池，合龟兆，视吉凶，观星辰风云之变，欲以成胜立功，臣以为难。"尉缭对这种现象非常忧虑，因此，《尉缭子》开篇就明确提出了战略决策的科学性原则，"非所谓天官时日阴阳向背也"，"天官人事而已"。尉缭还用了两个例子来说明："按天官曰：'背水阵为绝地，向阪阵为废军。'武王伐纣，背济水向山阪而阵，以二万二千五百人，击纣之亿万而灭商，岂纣不得天官之阵哉！楚将公子心与齐人战，时有彗星出，柄在齐。柄所在胜，不可击。公子心曰：'彗星何知？以彗斗者固倒而胜焉。'明日与齐战，大破之。"尉缭可以说是一个不折不扣的唯物主义者，《战威·第四》提出："举贤任能，不时日而事利；明法审令，不卜筮而事吉；贵功养劳，不祷祠而得福。""'天时不如地利，地利不如人和。'圣人所贵，人事而已"，一切成就都是靠人的努力，和卜筮等活动无关。

（2）特质 T_{62} 见胜而兴原则。这个原则相当于《孙子兵法》中的庙算原则，《尉缭子》提出"兵起，非可以忿也，见胜则兴，不见胜则止"，要求领导者遇事先谋，小心谨慎，有成功的把握才采取行动。

《尉缭子》的治敌思想战略管理特质群 T_6 比较简单，故不画 KJ 图。

3. 特质群 T_7 战略行动

（1）特质 T_{71} 仁义原则。《尉缭子·武议第八》提出"凡兵不攻无过之城，不杀无罪之人。夫杀人之父兄，利人之财货，臣妾人之子女，此皆盗也。故兵者所以诛乱禁不义也。兵之所加者，农不离其田业，贾不离其肆宅，士大夫不离其官府，由其武议在于一人，故兵不血刃，而天下亲焉"。尽管尉缭本质上并不重视仁义，但他还是不断地提到仁义，毕竟施行仁义能够获取百姓的支持，同时也能够获得诸侯国君主的认同。

（2）特质 T_{72} 权变原则。"战权在乎道所极。有者无之，无者有之，安所信之。"这和《孙子》所谓的虚则实之、实则虚之的治敌手段是一致的。

（3）特质 T_{73} 主动原则。《尉缭子·战权》提出"权先加人者，敌不力交；武先加人者，敌无威接。故兵贵先，胜于此，则胜彼矣"。"权"在此指谋略的运用，故这段话的意思是先运用谋略治敌，敌人就没有力量交战；先利用威势慑服敌人，敌人就没有威势而抵挡。因此，用兵贵在获取主动，能够做到主动，就能够获取胜利，不能够做到主动，就不能获取胜利。

（4）特质 T_{74} 专一原则。《尉缭子》对于参战人数的多少不太关注，而是强调精兵主义，同时强调专一，提出"专一则胜，离散则败。陈以密则固，锋以疏则达"。

根据上述，可以得出《尉缭子》治敌思想战略管理特质群 T_7 战略行动思想的 KJ 图（见图 4－14）。

T_7战略行动特质

T_{71}仁义原则：凡兵不攻无过之城，不杀无罪之人。夫杀人之父兄，利人之财货，臣妾人之子女，此皆盗也。故兵者所以诛乱禁不义也。兵之所加者，农不离其田业，贾不离其肆宅，士大夫不离其官府，由其武议在于一人，故兵不血刃，而天下亲焉

T_{72}权变原则：战权在乎道所极。有者无之，无者有之，安所信之

T_{73}主动原则：权先加人者，敌不力交；武先加人者，敌无威接。故兵贵先，胜于此，则胜彼矣

T_{74}专一原则：专一则胜，离散则败。陈以密则固，锋以疏则达

图 4－14　《尉缭子》特质群 T_7 的 KJ 图

4. 特质群 T_8 战略目标

《尉缭子》对战略目标作了细致的说明，提出了各种“胜”的概念。在《攻权篇》中提出“兵有胜于朝廷，有胜于原野，有胜于市井”；在《战威篇》中提出“道胜”、“威胜”、“力胜”三种途径。认为三种胜中又以靠“道”取胜的“道胜”最为高明，道胜不仅是运用谋略取胜，而且也包括通过经国治军得到取胜的力量。此后又提出了“将胜”、“主胜”等概念。大体上可以把“将胜”和“力胜”归为一类，指通过使用武力获取胜利，相当于《六韬》中的武伐。而将“威胜”、“主胜”、“道胜”归为一类，指通过使用非武力手段获取胜利，相当于《六韬》中的文伐，不过《尉缭子》所说的“威胜”、“主胜”、“道胜”更多地体现为因实力强大而给敌人带来的巨大威慑力。这样，可以把《尉缭子》战略目标特质分解为两个子特质：

（1）特质 T_{81} 主胜。“不暴甲而胜者，主胜也”；“凡兵，有以道胜，有以威胜，有以力胜。讲武料敌，使敌之气失而师散，虽形全而不为之用，此道胜也”；“审法制，明赏罚，便器用，使民有必战之心，此威胜也”。

（2）特质 T_{82}将胜。“阵而胜者，将胜也”。“破军杀将，乘闉发机，溃众夺地，成功乃返，此力胜也”。

《尉缭子》的战略目标思想战略管理特质 T_8 的 KJ 图比较简单，故不画。

据此，结合我们的分析框架，可以得出《尉缭子》治敌思想战略管理特质分解如图 4－15 所示。

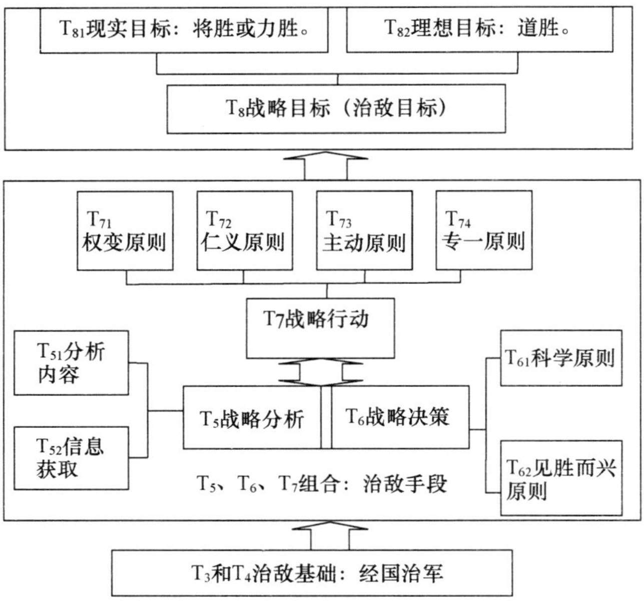

图 4－15　《尉缭子》治敌思想战略管理特质分解

三、《孙膑兵法》思想的战略管理特质

《孙膑兵法》又名《齐孙子》，以区别于孙武的《孙子兵法》。《孙膑兵法》在历史上曾经长期失传，故此没有列入《武经七书》，据《汉书·艺文志》记载《孙膑兵法》共有 89 篇，图 4 卷。1972 年 4 月，在山东临沂银雀山西汉古墓中，意外地发现了《孙膑兵法》残简，共 30 篇，1 万余字，后经文物出版社整理出版。仅从现存的 30 篇就可以看出，《孙膑兵法》继承和发展了孙武和吴起等著名兵法家的兵法思想，并且结合自己所处时代的特点以及自己的丰富经验和精心研究的成果，提出了不少有创见的观点。从战争的地位和作用等战争观，到用兵的战略战术思想，进而到兵阵战法、攻防战术、将领的选用及对其修养和素质要求，直至战略战术的思想基础及理论基础，都有深刻精辟的论述，实足以和《武经七书》相媲美。荣挺进研究了《孙膑兵法》思想，提出《孙膑兵法》思想更多地体现为一种社会政治理想。尽管孙膑提出了很多军事谋略，但是始终关心治理国家，推行道义。因而他把如尉缭极为关注的“赏罚”，孙子极为关注的“权势谋诈”等问题持一种“可以益胜，非所急也”的态度，把“富国”视为“强兵”的关键。尽管孙膑提出了很多军事竞争手段，但是他始终关心国家的治理和道义的推行。他把《尉缭子》极为关注的“赏罚”、《孙子兵法》极为关注的“权势谋诈”等问题视为“可以益胜，非所急也”，而真正关键的问题是“必攻不守，兵之所急也”，也就是说要形成一种主动进攻的态势，攻击敌人的薄弱环节。而要做到“必攻不守”先要把富国强兵放在基本的地位，而不是战争，孙膑指出“兵数困，不明于国胜兵胜者也”（《兵失》）；“恶战者，兵之王器也”（《篡卒》）。难怪《吕氏春秋·慎势》说“老聃贵柔，孔子贵仁，墨翟贵廉，子列子贵虚，阳生贵己，孙膑贵势”把它列入了论政之类。

不过其内容残缺过多，且缺乏前人的训诂注释，有很多文字段落的内涵意义只能靠研究者推断。下面我们分析《孙膑兵法》思想的战略管理特质：

（一）治身思想战略管理特质

总体上看，《孙膑兵法》更为关注为将之道，而对于为君之道论述不太多。整部书中，“君”字出现3次、“主”字出现16次，而“将”字全文共出现了89次，在主题词中出现频数仅次于“兵”和“胜”。

1. *特质群 T_1 为君之道*

（1）特质 T_{11} 治身目标。《孙膑兵法》多次提到明主、知道之将。可以说在孙膑心中理想的君主乃是明主，理想的将帅是知道之将。明主和知道之将最根本特征就是知道。所谓“知道”，即“先知胜与不胜之谓知道”，就是能够高瞻远瞩，深谋远虑，能够正确预测打胜仗的可能性。战国时期，君主也常常和将帅一样率兵打仗，此时君主也就是将帅，孙膑因此提出“王者之将”的说法。“知道者，上知天之道，下知地之理，内得其民之心，外知敌之情，阵则知八阵之经，见胜而战，弗见而诤，此王者之将也。”王者之将既懂得治国安邦，又懂得率兵打仗，知天时，地利，内得人和，外得敌情，懂得阵法，善于捕捉战机，而不靠勇气拼命，去获取胜利，这乃是孙膑心中最理想的君主和将帅。像唐朝开国皇帝唐太宗李世民就是典型的王者之将。

（2）特质 T_{12} 治身手段。

1）知人善任。孙膑明确提出“御将，不胜”，知道将有才能，就应放心大胆地让其在战争进行时自由行动，随机应变，发挥自己的才能，这一点和孙子观点完全相同。而且孙膑还进一步提出“得主专制胜”，“不得主弗将也”（《纂卒》），即将领如果得到了君主的完全信任和授权，就有获取胜利的基本条件。一个明智的将领，如果发现自己没有得到君主或者上级的完全信任就不要带兵打仗。孙膑的这个观点是非常深刻的，历史上很多有才能的将领的失败乃至丧命并非是因为对手有多么强大，而是因为自己的上级不信任、不配合。有的即使打了胜仗，也是劳而无功，反遭嫉妒和陷害。

2）居安思危。《孙膑兵法》中有这样一段对话，“威王曰：‘我强敌弱，我众敌寡，用之奈何？’孙子再拜曰：‘明王之问。夫众且强，犹问用之，则安国之道也。’”可见，孙膑希望君主有居安思危的思想，对战争保持谨慎小心的态度。孙膑还提出“战胜，则所以在亡国而继绝世也。战不胜，则所以削地面危社稷也。是故兵者不可不察。然夫乐兵者亡，而利胜者辱。兵非所乐也，而胜非所利也”（《见威王》）。这些话的根本目标都是要求君主小心谨慎地对待战争。

通过上述分析，结合特质理论，可以得到《孙膑兵法》治身思想战略管理特质群 T_1 为君之道。T_1 可以分为两个子特质：T_{11}治身目标和 T_{12}治身手段：记为：T_1：{T_{11}，T_{12}}。其中，治身手段 T_{12}又可分为两个子特质：即有 T_{12}：{T_{121}，T_{122}}。其中，T_{121}为知人善任；T_{122}为居安思危。

2. 特质群 T_2 为将之道

（1）特质 T_{21}治身目标。孙膑对“道”极端重视，认为将只有懂得什么是道，根据道而行事才能获取胜利，所以将的治身目标乃是成为“知道之将”。

（2）特质 T_{22}治身手段。《孙膑兵法》在《将失》、《将德》、《将败》、《将义》等诸篇中，分别从正反两方面说明为将之道。《将义》提出“将者不可以不义，不义则不严，不严则不威，不威则卒弗死。故义者，兵之首也。将者不可以不仁，不仁则军不克，军不克则军无功。故仁者，兵之腹也。将者不可以无德，无德则无力，无力则三军之利不得。故德者，兵之手也。将者不可以不信，不信则令不行，令不行则军不槫，军不槫则无名。故信者，兵之足也。将者不可以不智胜，不智胜……”大意是说，将领绝不能不公正，如果不公正就不能严格治军，治军不严就没有威信，将领没有威信，那士兵就不会拼死效命。所以说，公正是统兵的首要条件，就像人必须有头一样。军队的将领不能不仁爱，将领不仁爱，军队就不会有制胜的能力，军队没有制胜的能力就不能使用。所以说，仁爱是统兵的中心事项，就像人必须有腹心一样。军队的将领不能不施恩德，将领不施恩德就没有威力，没有威力的将领就无法发挥全军的威力。所以说，恩德是统兵的手段，就像人必须有手一样。军队的将领不能不讲信用，将领不讲信用，他的命令就无法贯彻执行，军令不能贯彻执行，军队就不能集中统一，军队就不会有成功。所以说，信用是统兵的支点，就如同人必须有足一样。此外，孙膑在

《篡卒》一篇中还补充了“将”应当具有的德行，即“信，忠，敢”，并解释道“安忠？忠王。安信？信赏。安敢？敢去不善。不忠于王，不敢用其兵。不信于赏，百姓弗德。不敢去不善，百姓弗畏”。这样一名合格将领应当具有“义、仁、德、信、智、忠、敢”诸德。

从反面看，孙膑在《将败》篇提出 20 条为将之道应当去除的缺陷：“一曰不能而自能。二曰骄。三曰贪于位。四曰贪于财。［五曰］□[①]。六曰轻。七曰迟。八曰寡勇。九曰勇而弱。十曰寡信。十一［曰］……十四曰寡决。十五曰缓。十六曰怠。十七曰□。十八曰贼。十九曰自私。廿曰自乱。多败者多失。”由于中间有很多阙文，没有二十条之多，大体上有：第一，不自力量，志大才疏；第二，骄傲自满；第三，贪图权位；第四，贪财；第五，轻率鲁莽；第六，反应迟钝；第七，胆小怯弱，缺乏勇气；第八，有勇气却缺乏足够的能力；第九，没有信用；第十，优柔寡断；第十一，做事慢悠悠；第十二，懈怠；第十三，性格暴戾；第十四，自私。比起孙武来，孙膑的论述可谓详细精辟。

根据上述可以得到《孙膑兵法》治身思想战略管理特质群 T_1 为君之道和 T_2 为将之道的 KJ 图（见图 4－16）。

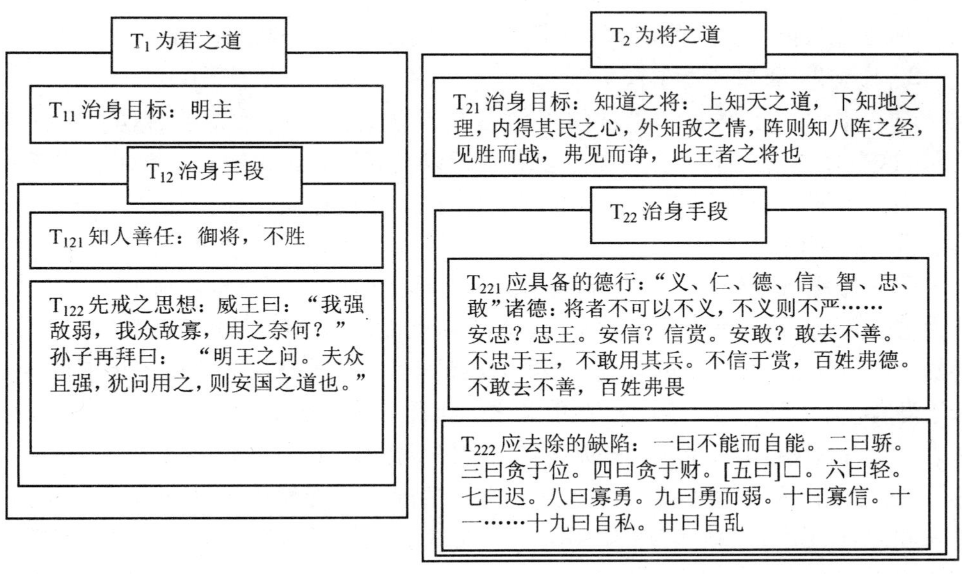

图 4－16　《孙膑兵法》特质群 T_1 和 T_2 的 KJ 图

① 原文文字缺失或无法辨认。下同。

（二）经国治军思想战略管理特质

孙膑特别重视道，这一点和《六韬》很相似，在《孙膑兵法》的治国、治军及治敌各个方面，孙膑都反复强调道的作用。孙膑不迷信赏罚的作用，认为必须“用民得其性”才能做到“则令行如流”。如果违背民性，而赏罚就会失去作用。孙膑说：“赏未行，罚未用，而民听令者，其令，民之所能行也。赏高罚下，而民不听其令者，其令，民之所不能行也。使民虽不利，进死而不旋踵，孟贲之所难也，而责之民，是使水逆流也。”比起特别迷信赏罚的作用的尉缭，孙膑见识要更深一层。孙膑认为顺应民性，就是合乎“道”，充分反映了《孙膑兵法》受到了黄老道家思想的影响。《孙膑兵法》在治国和治军方面很难分开，故此，我们将它们合二为一，用 T_3 来表示经国治军特质群。

1. 特质 T_{31} 经国治军目标

战国时期，诸侯国治国的理想普遍是统一天下，成为天子，至少是称霸天下。诸子学说中如果没有这样的内容就无法打动各诸侯国君主，《孙膑兵法》也是如此，其经国治军的长期目标是“战胜而强立，效天下服矣”，短期目标是富国。《孙膑兵法》中孙膑告诉齐威王“政教”、“散粮”、“静”等“皆非强兵之急者也”，要想强兵根本在于“富国”。“富国”才是威王、宣王战胜诸侯的根本原因。

2. 特质 T_{32} 经国治军手段

（1）素信。孙膑提出“吾闻素信者昌，立义……用兵无备者伤，穷兵者亡”。这正好和《孙子兵法》提出“令素行以教其民，则民服；令素不行以教其民，则民不服。令素行者，与众相得也”的思想相呼应，孙武说的“令素行”是表象，孙膑说的“素信”是实质。

（2）根据具体情况，适当地动用民力。孙膑提出“素佚而致利也”的观点，认为轻徭薄赋，保持民力充足对于国家和军队来说是非常有利的。孙膑提出“称乡县衡，虽其宜也。私公之财壹也。夫民有不足于寿而有余于货者，有不足于货而有余于寿者，唯明王、圣人知之，故能留之。死者不毒，夺者不愠。此无穷……民皆尽力，近者弗则远者无能。货多则辨，辨则民不德其上。货少则□，□则天下以为尊”。意思是说要充分考虑一个地方的实际情况，才能恰当地使用那里的民力。私人和公有的财物要统一安排使用。民众之中，有的人财物很多却贪生怕死，有的财物少却不怕死。只有明智的君王和贤明的人才能正确处理，适当动用民力，使牺牲生命的人不怨恨，被征用财物的人也不生气。百姓都会尽自己的力量。如果亲近的人不肯尽力，那就不可能让别人尽力了。如果征用财物过多，就会伤害民众，从而导致民众对君王不满。征用财物少，君主就会得到全国的拥护。

（3）精选人才参军。“用兵移民之道，权衡也。权衡，所以篡贤取良也。”

"兵之胜在选卒"。精选锐卒是《吴子》、《尉缭子》的主要特色之一。《孙膑兵法》把精锐部队称为剑之锋，认为"剑无锋，虽孟贲［之勇］不敢□□□。阵无锋，非孟贲之勇也敢将而进者，不知兵之至也。剑无首铤，虽巧士不能进□□。阵无后，非巧士敢将而进者，不知兵之情者。故有锋有后，相信不动，敌人必走……"在一支军队中没有精锐部队，就无法战胜敌人，对于组织来说，就是要有一支骨干队伍，骨干队伍不仅是完成各种重任的关键，而且骨干分子会对广大员工起到带动作用，使整个组织保持积极向上的气氛，因此，对于组织来说，培养一支骨干队伍比起扩大人员规模要有意义得多。

（4）敬爱士兵。"爱之若狡童，敬之若严师，用之若土芥。"孙膑不但提倡爱兵，而且提出"敬之若严师"，这一点是十分难能可贵的。"爱兵如子"，"爱民如子"，提倡这些信条的不乏其人，但提出把士兵当作严师一般尊敬的，在历史上却十分少见，在今天真正树立这一信条的也不多见。按当时普遍观点，将帅、士大夫之流才是聪明的上等人，而广大群众只不过是些愚昧的下等人，只配供上等人统治驱策，更谈不上提倡把这些愚昧的下等人看作严师，去向他们请教了。正是如此，孙膑能在那个时代提倡"敬之若严师"，确实超群出众。此外，如果统兵将领真正如孙膑提倡的那样，把自己部下的将士"爱之若狡童"，"敬之若严师"，这些将士又怎会不舍命为其战斗呢？同时，孙膑还要求将帅在战场时，对士兵"用之若土芥"，不能有妇人之仁，可见，孙膑比较尉缭仅仅提倡爱与威的观点要深刻得多。

（5）利器。《孙子兵法》不太重视武器的改良发展可以说是其一大缺陷，而且后世中国历代封建王朝大多数都不太重视武器装备的改良，这样给人一种印象，即中国传统兵家思想不重视武器装备的改良和发展。但是总览先秦兵家各部典籍，我们发现情况并非如此，《六韬》、《孙膑兵法》、《司马法》等都注意到了这个问题。《孙膑兵法》就非常关心武器装备问题，提出"器用不利，敌之备固，挫兵也"。即武器装备不如敌人先进，那么军队就会遭到挫败。

3. 特质 T_{33} 经国治军基础

孙膑非常重视"道"的作用，提出"以决胜败安危者，道也"。"知其道者，兵有功，主有名"，并把良将称为"知道之将"。既然道是决定胜败安危的根本，那么顺理成章，知道就必定能够获取胜利。反之如果违背道，那么即使有着再好的外在条件都不能获取胜利，即"行止道者，天地弗能兴也"。如果决策合乎道，那么"故民见□①人而未见死，蹈白刃而不旋踵"这种军队的力量无疑是十

① 《孙膑兵法》残缺地方颇多，此处根据上下文，应当作"利"解，即人们见到能够获取很大利益，但是却不一定会死，所以他们面对敌人，才能做到勇往直前。如果看不到利益却要人们面对敌人勇往直前恐怕就很难了。

分强大的。“天时、地利、人和，三者不得，虽胜有殃。是以必付与而□战，不得已而后战。”“故战势，胜者益之，败者代之，劳者息之。”“故行水得其理，漂石折舟；用民得其性，则令行如流。”可见“道”乃是经国治军思想以及治敌思想的根本依据。

根据上述分析，结合特质理论，可以得出《孙膑兵法》经国治军思想战略管理特质群 T_3。T_3 可以分为三个子特质：T_{31} 目标、T_{32} 手段和 T_{33} 基础。记为：T_3：{T_{31}，T_{32}，T_{33}}。

经国治军手段 T_{32} 又可分为五个子特质：即有 T_{32}：{T_{321}，T_{322}，T_{323}，T_{324}，T_{325}}。其中，T_{321} 为素信；T_{322} 为适当地动用民力；T_{323} 为选卒；T_{324} 为爱卒；T_{325} 为利器。

根据上述，可以得出《孙膑兵法》经国治军思想战略管理特质群 T_3 的 KJ 图（见图 4－17）。

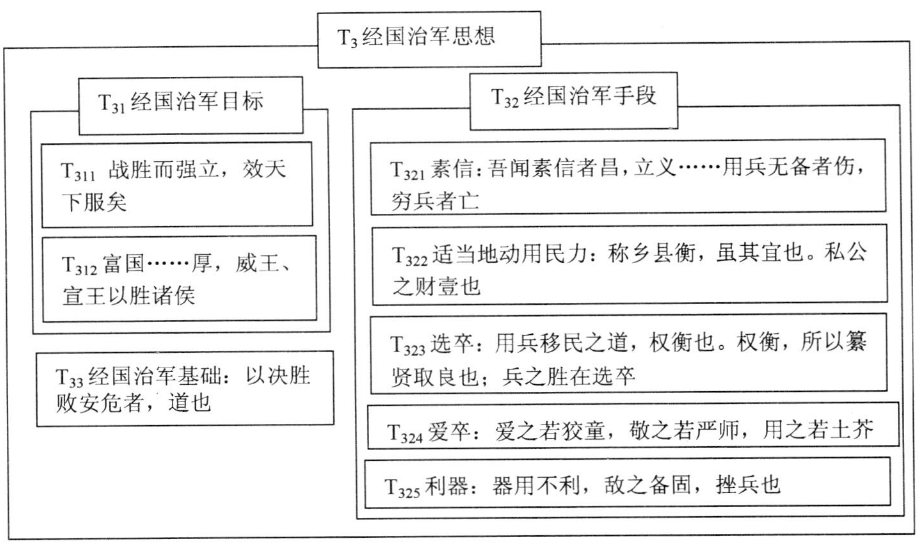

图 4－17 《孙膑兵法》特质群 T_3 的 KJ 图

（三）治敌思想战略管理特质

《孙膑兵法》的治敌思想和《尉缭子》的治敌思想恰好形成一个对比。尉缭是实力主义者，信奉实力，不太重视谋略；而孙膑继承了孙武的特色，认为实力并不是战胜敌人的根本条件，战胜敌人根本的因素在于是否合乎“道”。通过经国治军手段提高实力，虽然也是合乎“道”的行为，但这仅仅是一个方面，谋略的正确应用对于治敌也是非常关键的。无论治身、治国、治军还是治敌最关键的都是“道”。“众者胜乎？则投算而战耳。富者胜乎？则量粟而战耳。兵利甲坚者胜乎？则胜易知矣。故富未居安也，贫未居危也；众未居胜也，少未居败也。以决胜败安危者，道也。”孙膑认为人多不一定能打胜仗、钱多也不一定能打胜仗、武器装备好也不一定能打胜仗，能够保证胜利的是“道”。那么什么是战争或者说治敌之道呢？孙膑用了一个比喻“若欲知兵之情，弩矢其法也。矢，卒也。弩，将也。发者，主也。矢，金在前，羽在后，故犀而善走。前……今治卒则后重而前轻，阵之则辨，趣之敌则不听，人治卒不法矢也。弩者，将也。弩张柄不正，偏强偏弱而不和，其两洋之送矢也不壹，矢虽轻重得，前后适，犹不中［招也］……将之用心不和……得，犹不胜敌也。矢轻重得，前［后］适，而弩张正，其送矢壹，发者非也，犹不中招也。卒轻重得，前……兵……犹不胜敌也。故曰，弩之中彀合于四，兵有功……将也，卒也，□也。故曰，兵胜敌也，不异于弩之中招也。此兵之道也……所循以成道也。知其道者，兵有功，主有名”。这段话的意思是说：如果想要明白用兵之道，去体会弩弓发射的道理就行了。箭就好比士兵，弩弓就如将领，用弩弓射箭的人就是君王。箭的结构是金属箭头在前，羽毛箭翎在后，所以箭能锐利、迅速并且射得远，现今用兵却是后重而前轻，这样用兵布阵，只能造成混乱，而去攻打敌军则会调动不灵，问题就在用兵的人不懂得效法射箭的道理。弩弓就好比是将领。开弓射箭时，弓把没有摆正，用力过强或过弱不能及时察觉，弓两端发箭的力量就不一致，即使箭头和箭尾的轻重是合适的，前后顺序也没有颠倒，还是不能射中目标。用兵也是一样，尽管士兵配置得当，但将领不和，仍然不能战胜敌军。如果箭头和箭尾的轻重得宜，前后顺序也正确，同时开弓时也把得很正，整张弓的发射力量也协调一致，但是射箭的人不得要领，不能正确发射，也还是不能射中目标。这就好比用兵时，士兵配合得当，将领也协力同心，而君王却不能正确使用这支军队，那也照样不能战胜敌军。所以说，箭射中目标的条件是箭、弩弓、射箭人和目标四项全都符合要求，而军队要战胜敌军，也必须士兵配合得当，将领之间同心协力，君王能正确使用军队。由此可见，用兵战胜敌军和用箭射中目标没有任何不同，这正是用兵之道。如能从弩弓发射之中悟出道理，就会领会用兵的规律，按这个规律去用兵，就能建立功勋，君王也能威名远扬。

可见，孙膑认为治敌的关键在于君主、将和士兵的配合，形成一种“必攻不守”的态势，至于权谋赏罚等都不是关键。君主治理好国家，定下大的战略目标和政策，将善于治军和运用谋略，士兵能够凶猛拼杀，为国效命，取得胜利才有了根本的保证。

我们把孙膑的治敌思想战略管理特质分为以下几个方面：

1. 特质群 T_5 战略分析

孙膑非常关注战略分析，认为战略分析是胜利的根本保证。《奇正》提出“故善战者，见敌之所长，则知其所短；见敌之所不足，则知其所有余。见胜如见日月。其错胜也，如以水胜火”。

（1）特质 T_{51}分析内容。孙膑从正反两方面提出了分析战争胜负的五个方面因素。“恒胜有五：得主专制，胜。知道，胜。得众，胜。左右和，胜。量敌计险，胜。孙子曰：恒不胜有五：御将，不胜。不知道，不胜。乖将，不胜。不用间，不胜。不得众，不胜。”即要考虑以下五个方面：分析竞争对手是否具有绝对权力，是否精通韬略，是否已经得到了下属的爱戴，周围的人是否能够和他很好地合作，竞争对手其他相关情况如何，地形如何等。

（2）特质 T_{52}信息获取方法。《孙膑兵法》主要提出了试探的方法“以轻卒尝之，贱而勇者将之，期于北，毋期于得”，这同《吴子》如出一辙。孙膑也提到要用间来获取信息，但是像《孙子》那样具体展开的分析，却没有见到，可能自觉不能超越《孙子》而没有论述，也可能因汉简残缺而丢失。

《孙膑兵法》战略分析特质 T_5 的 KJ 图比较简单，故不画。

2. 特质群 T_6 战略决策

《孙膑兵法》对战略决策主要提出了两个原则，构成了《孙膑兵法》战略行动特质的两个子特质：

（1）特质 T_{61} “事备而后动”。孙膑重视战前准备，对战略决策提出了“事备而后动”的基本要求。孙膑认为，“用兵无备者伤”，“故城小而守固者，有委也；卒寡而兵强者，有义也。夫守而无委，战而无义，天下无能以固且强者。”战前准备的核心内容就是要有“委”有“义”，即包括物质准备和战争动员两个方面。

（2）特质 T_{62} “慎战”。孙膑提出“天时、地利、人和，三者不得，虽胜有殃。是以必付与而□战，不得已而后战”。可见，孙膑对于战争的重视，孙膑还提出“战胜，则所以在亡国而继绝世也。战不胜，则所以削地面危社稷也。是故兵者不可不察。然夫乐兵者亡，而利胜者辱。兵非所乐也，而胜非所利也”。由此可见，孙膑承袭了孙武的慎战思想。

《孙膑兵法》战略决策特质 T_6 的 KJ 图比较简单，故不画。

3. 特质群 T_7 战略行动

《孙膑兵法》对战略行动非常关注，孙膑对战略行动的基本要求就是要达到“攻其无备，出其不意”的效果。认为如果战略行动做到了“攻其无备，出其不意”就可以实现以少胜多。“‘以一击十，有道乎？’孙子曰：‘有。攻其无备，出其不意。’”为了达到这个效果，孙膑主要提出了三个原则，分别是主动原则、权变原则和气势原则，这三个原则构成了《孙膑兵法》战略行动特质的三个子特质。即有 T_7：$\{T_{71}, T_{72}, T_{73}\}$。其中，$T_{71}$ 为主动原则；T_{72} 为权变原则；T_{73} 为气势原则。

（1）特质 T_{71} 主动原则。和孙武一样，孙膑也把主动原则视为治敌的一个重要原则。并且孙膑对于这个原则还有自己的创新，认为这个原则比起赏、罚、权、势、谋、诈等都要重要，提出了“必攻不守”的惊人之说。钮先钟认为孙膑主要强调应当经常保持积极进取的攻势战略，而不可保持消极无为的守势战略，认为这不过是战略常识。本书认为孙膑这个观点可以从两个角度去诠释：一是军事战略行动的基本原则是必须进攻敌人的薄弱环节，即必攻敌之不守。这也是对《孙子兵法》“避实击虚”思想的继承。二是在战略态势上必须保持着主动的态势，不然的话就可能陷入被动挨打的地位而导致最终的失败。比较一下历史上，南宋和蒙古的对抗、汉朝与匈奴的对抗两个事例。汉朝在国力足够时一直保持着对匈奴进攻的态势，最后终于彻底解决了匈奴之患，而南宋国力其实一直都很强盛，但是对蒙古却始终保持着防守的态势，结果防守了四五十年却被灭亡。孙膑告诉我们在激烈的竞争环境下，消极防御是靠不住的，因此，只要国力许可，就应该对对手保持一种进攻的态势，只有这样才能生存和发展。如果是从这个意义上理解“必攻不守”，那它不仅是一个治敌战略行动的原则，而且是整个国家大战略的基本原则。

主动原则还要求致人而不致于人，运用各种谋略使敌人的优势变成劣势。孙膑提出“善者，敌人军□人众，能使分离而不相救也，受敌而不如知也。故沟深垒高不得以为固，车坚兵利不得以为威，士有勇力而不得以为强”。

主动原则要求抢先占领地势，成为“主军”。《客主人分》提出“兵有客之分，有主人之分。客之分众，主人之分少。客倍主人半，然可敌也”。孙膑认为用兵作战有客军和主军的分别，并把占有有利地势，处于主动地位的一方称为主军。客军则是在主军之后才进入战场的一方。处于进攻地位的客军兵力必须比对方多，而处于守势的主军兵力较少。主军兵力只有客军一半时就可以与客军交战。因为，主军已占据有利地形，严阵以待客军。而客军要攻破关隘，越过险阻，才能到达交战地点。进攻关隘，后退就等于自杀，前进抗拒主军，又很难，因为形势不利，地形不好。企业战略管理也是这样，先进入某个行业，已经在行业中占据了各种有利资源的企业，面对后来的企业的竞争往往更具有优势。

（2）特质 T_{72} 权变原则。《孙膑兵法》也非常重视权变原则。《见威王》中提出“夫兵者，非士恒势也。此先王之傅道也”。这和《孙子》提出“兵以诈立”，“兵者，诡道也”是一致的。《孙膑兵法》的权变原则思想也涉及形势之变、虚实之变和奇正之变，不过在《孙膑兵法》中这三者完全统一了起来。孙膑提出“形以应形，正也；无形而制形，奇也；奇正无穷，分也”。很明显是说，明攻为正，暗攻为奇；奇正的变化在于部队的分合变化。运用奇正就在于根据敌人的情况，部署自己军队的分合，以实现避实击虚的战略意图。“有所有余，有所不足，形势是也。故有形之徒，莫不可名。有名之徒，莫不可胜。故圣人以万物之胜胜万物，故其胜不屈。战者，以形相胜者也。形莫不可以胜。”“足以静为动奇，佚为劳奇，饱为饥奇，治为乱奇，众为寡奇。发而为正，其未发者奇也。奇发而不报，则胜矣。”这样孙膑就明确地把形势、虚实和奇正结合了起来，形成了孙子没有充分论述的权变原则。

（3）特质 T_{73} 气势原则。这个原则主要表现在《延气》篇中，主要分析人的情绪对于战争的影响，其分析之精辟，是先秦兵家其他典籍中不多见的。孙膑认为战争开始之前，聚集部队先要进行战争动员，激发士兵的战斗情绪。“合军聚众，务在激气。”行军时要注意保持士兵积极向上的情绪。“复徒合军，务在治兵利气。”孙膑提出“气不利则拙，拙则不及，不及则失利”。如果行军时不能保持士兵积极向上的情绪，那么行军速度就无法提高，就可能丢掉战机，导致失败。看到了敌人，马上就要投入战斗时要激发士兵的怒气。“临境近敌，务在厉气。”孙膑说“气不厉则慑”，如果没有怒气，那么士兵就可能出现害怕畏惧的情绪，就可能导致“弗救，身死家残”的失败的严重后果。

根据上述，可以得到《孙膑兵法》治敌思想战略管理特质 T_7 战略行动的 KJ 图（见图 4－18）。

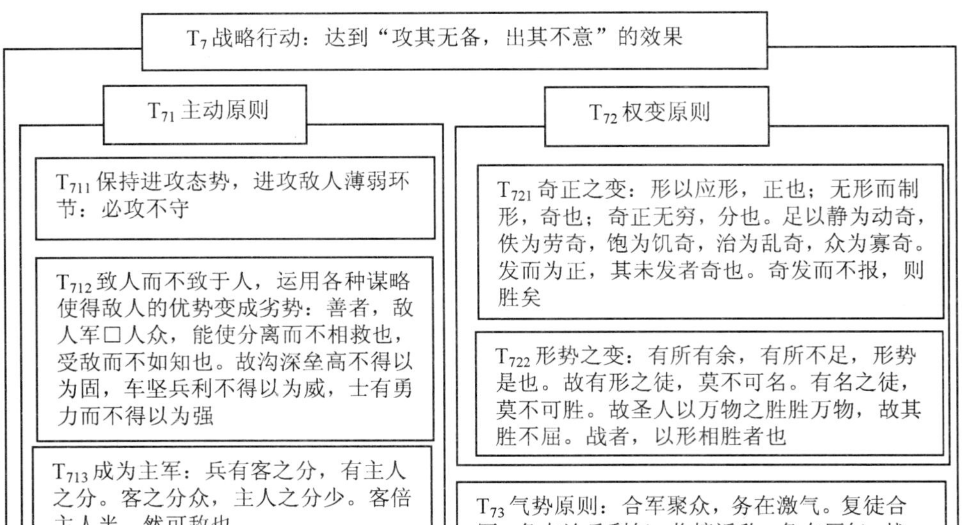

图 4－18 《孙膑兵法》特质群 T_7 的 KJ 图

4. 特质群 T_8 战略目标

孙膑战略目标比较简单，没有全胜之说，就是要获取胜利，称霸天下。

据此，结合我们的分析框架，可以得出《孙膑兵法》治敌思想战略管理特质分解如图 4－19 所示。

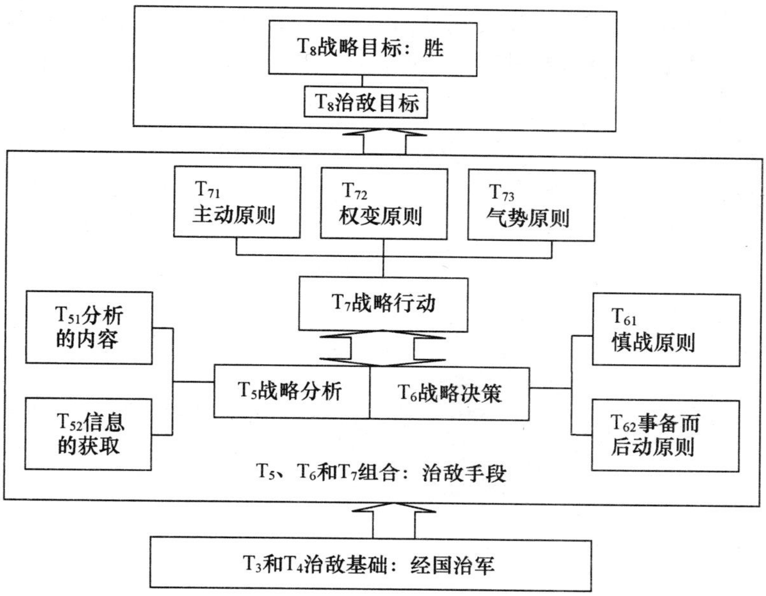

图 4－19　《孙膑兵法》治敌思想战略管理特质分解

四、本章小结

本章分析了《六韬》、《尉缭子》和《孙膑兵法》三部典籍思想的战略管理特质。总体上《六韬》内容广博，在各个方面都有比较精辟的理论分析，其思想和黄老道家一脉相承。《六韬》对人性有着深刻的认识，提出人具有“好德归利”的本性，并以此作为其经国治军思想的基本依据。《六韬》认为经国治军需要从“德”和“利”两个方面进行考虑，统治者一定要懂得道家无为而治的思想，要学会克制自己的私欲，顺应自然和社会的规律做事，少去扰民，这样国家就会自动朝着好的方面发展。此外，《六韬》的用人思想和文伐思想也是非常有特色的，而其治敌思想则对战争的一些细节问题关注较多，战争战略思想不如《孙子兵法》精深。《尉缭子》一书则继承《吴子》风格，强调实力和精兵主义原则，其经国治军思想带有浓厚的军国主义特色，特别是其保甲连坐、重刑约束等思想和商鞅的法家治国之道完全一致。而他想用各种高压的政策和道德说教，使得人民没有私欲，而一心一意去从事农战，应当说这些做法对于现代企业战略管理来说是不可取的。《孙膑兵法》承袭《孙子兵法》主动与权变的治敌思想，重视对治敌取胜之道的思辨，同时关注道义的力量，在先秦兵家典籍中也具有一定的特色。

第五章 先秦兵家思想战略管理特质群的结构分析与特征归纳

第三章和第四章我们已经把先秦兵家主要典籍的思想战略管理特质进行了研究。我们发现这些典籍各有特色，有些内容甚至有冲突，为了更加全面地了解先秦兵家思想总体特征和内在结构，需要从宏观整体的视角进行研究。正所谓“不识庐山真面目，只缘身在此山中”，只有跳出对某一本兵书的关注，从历史的、文化的视角去考察整个先秦时代的兵家思想，并借助科学量化的分析方法才能够对先秦兵家思想战略管理特质群的特征与结构有所了解。

一、先秦兵家思想战略管理特质群结构分析

（一）构建先秦兵家思想战略管理特质群结构的基础

要分析先秦兵家思想战略管理特质群的结构，仅仅依靠前面的战略管理特质分析还不够，因为，先秦兵家的每一部典籍都各有自己的特色，不仅思想倾向性、观点各不相同，而且语言表达上也有差异，为此，我们引入管理文化理论来帮助剖析先秦兵家思想的战略管理特质群。先秦兵家战略管理思想乃是中国传统管理文化的组成部分，必然蕴涵着有关中国传统管理文化的一些基本观念。通过管理文化视角，我们可以找到先秦兵家战略管理思想中一些处于核心和基础地位的特质。

1. 管理文化视角的先秦兵家思想战略管理特质群

中国传统文化对于世界的认识强调直觉体悟，“得意忘言”，语言是有限的，执著于外在的语言形式就难以得其真义，越是本质的东西往往越是只可意会不可言传。然而语言又是体验的工具，我们需要从语言入手理解先秦兵家管理思想的

真义。先秦兵家思想所用的语言和现代管理语言是不一样的。从现代管理理论的视角看，先秦兵家典籍中无疑充斥着大量似是而非的词汇，如“道”、“奇正”、“虚实”、“形势”、“仁义”，等等。对于这些词汇，先秦兵家典籍中没有概念的界定和严密的逻辑推理。因此，使用西方的科学研究方法来分析先秦兵家战略管理思想，往往会得出一些支离破碎的片断，而无法真正理解先秦兵家思想的真义。要解读先秦兵家的战略管理思想，就必须先了解中国传统管理文化的基本内容“天人合一”。

“天人合一”是中国人对世界的基本体验，管理只是这种体验的一种表象，战略也是如此。“天人”并不是现代常说的人与自然的概念，尽管人与自然的关系是“天人”关系的重要组成部分。在中国上古时期，由于缺乏文字记录，也难以研究，商代文字成熟，根据甲骨文和《尚书》的记录，殷人非常迷信，崇拜上帝和祖先，任何重大的事情都要向祖宗卜问。从而建立了神权政治。到了周朝，出了一位伟大的思想家周公，周公把殷商的迷信思想改造成为天命思想，为周朝的政权提供了合法性基础。中国的哲学思想史一般都把周公视为可以追溯的最早的一位代表人物。周公认为天的权威是不可动摇的，但是君主不是天的化身，只有延续先王的德行，才能不失去“天命”，天和人的连接在于德，有德者，受天命就可以得到天下，无德者，失天命，也就失去天下。天命通过民心来表现。“天”的含义在春秋战国时期以后进行不断的融合和转化，诸子争鸣，于是出现了“道”的思想，葛兆光认为“所谓天人合一，其实就是说‘天’（宇宙）与‘人’（人间）的所有合理性在根本上建立在同一个基本的依据上，它实际上是古代中国知识与思想的决定性的支持背景”。

“天人合一”对管理的影响表现在以下五个方面：第一，“天人合一”影响并决定了人们的管理认识，传统中国的管理并不是建立在一个管理主体与客体完全分离的认知基础上的。管理者和被管理者形态上的分离是管理的条件，但管理活动却受人们对管理认识的影响，古代中国人的管理世界中，主体与客体若即若离，无法将被管理的对象物化、客体化，人们通过自身体验直观地感受宇宙秩序在人世间的存在，形成管理之道。第二，由于认识论上的独特性使得社会管理的基本思维方式崇尚直观体验和整体变易。人们往往是整体直观地把握，即通过具体的应用过程把握管理之道。第三，“天人合一”不仅形成了直观的管理认知方法，也形成了管理的核心内容——对人管理。“人道”在传统文化中是指人的道理，人的生存发展的道理，人并非个人而是群体中的人，人道与天道相呼应，对人管理的合理性在于对“天”的体验。第四，“天人合一”所体现出来的整体和谐与包容力量使先秦管理思想在历史的发展中不断融合成为一个巨大、复杂和动态的思想体系，在这个思想体系中不仅有儒家的德治之道，更有法家的权治之道，更有兵家的智治之道，以至于还融合了佛教、阴阳五行等思想来调节社会秩序与人们的行动。第五，“天人合一”到“王天下”的管理具体化过程，在小农经济条件下形成和强化了管理集权，管理的责任落到了一个人身上。

天人合一集中体现在“道”的思想上，葛荣晋认为道的本意是人行之路，具有一定方向性的路，称为“道”，引申天和人所必须遵循的轨道或规律。也就是说道不仅是真理和规律，更重要的是不能离开天人关系，“天命谓之性，率性谓之道，修道谓之教。道也者，不可须臾离也，可离者非道也”（《中庸》）。按照今人的理解，天道应指世界的存在及其存在的形式；人道则是指人、人的价值、伦理道德、人的认识以及历史的观点，包括客体、主体以及主体对客体的认知。蔡一曾经把顺“道”作为中国管理哲学三大基本问题之首；潘承烈、虞祖尧则认为“道”是中国古代管理思想最重要、最基本的范畴；周三多更把“道”作为中国传统管理思想九大要点之首，可见“道”与管理关系之密切。先秦诸子几乎都把“道”作为自己的思想体系中的核心范畴之一，先秦兵家也不例外，先秦兵家非常关心“道”，几乎所有的典籍都涉及了“道”，无论治身、治国、治军还是治敌都与“道”有关，都离不开“道”。《六韬》认为“凡人恶死而乐生，好德而归利”，故而提出“能生利者，道也”。《吴子》提出“夫道者，所以反本复始”把“道”作为根本的规律。《司马法》中的“道”，主要是仁义“凡治乱之道，一曰仁，二曰信，三曰直，四曰一，五曰义，六曰变，七曰专”。《孙膑兵法》提出“以决胜败安危者，道也”。《孙子兵法》中提出“道者，令民于上同意”。《尉缭子》提出“反本缘理，出乎一道”。从这些论述中可以看到，先秦兵家认为各种有效的治身、治国、治军以及治敌手段都由“道”而生，各种导致失败的缺陷都是由于背离了“道”。“道”贯穿了整个先秦兵家思想战略管理特质，治身思想的精髓乃是治身之道；治国思想的精髓乃是治国之道；治军思想的精髓乃是治军之道；治敌思想的精髓乃是治敌之道。故此，“道”可以作为建构先秦兵家思想战略管理特质群结构的基础。

2. 先秦兵家思想核心战略管理特质的寻找

“天人合一”和“道”的观念衍生出天道与人道的观念，中国古人非常关注人道，认为天道要通过人道体现，离开人道谈天道意义不大，正所谓“天道远，人道迩”（《左传》），先秦诸子关注的焦点都是人道问题。从先秦兵家治身、经国治军和治敌等几部分的内容看，治身显然是对人的治理，治理国家、军队和战胜敌人说到底也是对人的治理，而对人的治理关键运用顺应天道的人道。因此，必须依靠人——作为管理者的君主和将帅，运用人道来治理人——民众和士卒。

崇尚先知和权变的《孙子兵法》提出“九地之变，屈伸之力，人情之理，不可不察也”，“先知者，不可取于鬼神，不可象于事，不可验于度，必取于人”。崇尚实力的《尉缭子》借助黄帝的话提出“‘先神先鬼，先稽我智。’谓之天官人事而已”（《天官》）；《六韬》提出“圣人之在天地间也，其宝故大矣”，“圣人之德，诱乎独见”。圣人乃是掌握了天道和人道的人，同时《六韬》还强调顺应人心，“天下非一人之天下，乃天下之天下也。同天下之利者，则得天下；擅天下之利者，则失天下。天有时，地有财，能与人共之者，仁也。仁之所在，天下归之。免人之死，解人之难，救人之患，济人之急者，德也。德之所在，天下归之。与人同忧、同乐、同好、同恶者，义也；义之所在，天下赴之。凡人恶死而乐生，好德而归利，能生利者，道也。道之所在，天下归之。”《孙膑兵法》则提出“间于天地之间，莫贵于人”（《月战》）。

人是列出的所有关键词中出现最多的。可见，先秦兵家充分重视人的作用，人是先秦兵家治理之“道”的出发和依据，完全可以说先秦兵家思想具有“以人为本、以人治人”的特点。人治传统使得管理者的治身活动处于各种管理活动核心的地位，一切治国、治军乃至治敌行为都离不开管理者的治身行为，掌握了管理者的治身之道，才能进一步掌握治国、治军以及治敌之道。故此，要建构先秦兵家思想战略管理特质群的结构，首先需要找到治身思想的核心战略管理特质，然后就可以根据以人治人的治道逻辑，利用这些核心战略管理特质去寻找治国、治军的核心战略管理特质，再运用核心特质之间的关系构建先秦兵家思想战略管理特质群的结构。

综合各部先秦兵家典籍战略管理特质分析的结果，我们发现治身思想中论述最多的是将所具有的各种德行，可以说先秦兵家治身思想的核心内容就是关于将应具有的德行的描述，把握了这些德行，就能够把握先秦兵家的治身思想。如《孙子兵法》归纳为“智、信、仁、勇、严”五德；《吴子》归纳为四德“威、德、仁、勇”和五慎“理、备、果、戒、约”；《司马法》归纳为“仁、义、智、勇、信”；《六韬》归纳为“勇、智、仁、信、忠、明、精微、常戒、强力”诸德；《尉缭子》虽没有清晰的归纳，但大体上可以总结为“宽、清、威、惠、机、谨、智、得众”等；《孙膑兵法》体现为“义、仁、德、信、智、忠、敢、慎、勇、不骄、不贪、不怠”等。那么在诸多德行中是否存在着处于核心地位的德行呢？这些德行是否能够形成一种结构呢？显然这两个问题是相互关联的，只有找到最重要的处于核心位置的德行，我们才能依据它们构建治身思想战略管理特质群的结构。

仔细考察这些德行，我们发现这些论述当中某些德行，并非基本的德行，而是可以通过其他类似的德行推导出来，如《孙膑兵法》中的所谓“敢去不善”其实和其他兵法中的“勇”、“清”之德行基本差不多，表示将应当具有一种大公无私、正义凛然的德行。借助中国传统哲学中的体和用的范畴，如果我们把“勇”和“清”看作将的德行之体，那么“敢去不善”就是将的“勇”、“清”德行之用。也就是说可以从“勇”、“清”的德行中推导出“敢去不善”的德行，一位勇敢且清廉的将领，遇到“不善”之人或“不善”之事必定会坚决处理。同样，“仁”、“惠”、“得众”也是描述差不多的德行，一般有仁心就会有惠行，有惠行往往就能够得到众人的拥护，因此，“惠”和“得众”可以从仁这个德行中推导出来。“智”、“明”、“精微”也具有相近的意思，如果有智慧，那么看问题就能明，智慧特别高，经验又丰富，就能给人一种精微的感觉。“勇”和“强力”也大体上具有相近的意思，勇者一般都表现出强力。看来应当存在一些处于核心位置的德行，那么到底哪些德行才是处于核心位置的德行呢？

《论语》似乎可以给我们一个启发。我们知道先秦兵家并不以治身为自己关注的焦点，缺乏各种德行的相关论述，真正深入探讨各种治身德行和治身之道的是孔子，并且孔子的论述不仅影响了那个时代而且影响了后来几千年，因此，分析各种德行之间的关系，我们可以借助《论语》中关于德行的论述，来帮助把握这些德行中最核心的德行。孔子在《论语·宪问》中提出了一个非常重要的命题：“子曰：‘君子道三，我无能焉；仁者不忧，知者不惑，勇者不惧’。子贡曰：‘夫子自道也。’”君子往往被解释为是有德行的人，其实在古代君子主要是指做官的人，只不过自孔子之后中国传统思想文化都提倡有德行的人做官，所以君子才被视为有德行的人。在《论语》中这两个层面的含义都有，做官其实就是从事公共管理活动，那么君子之道完全可以解释为管理之道了。所以孔子这句话意思可以理解为管理者应当具备的三种素质，即“仁、知、勇”，孔夫子认为这三种素质乃是管理者最重要、最核心的德行。在《论语·子罕》中还提到了这句话，“子曰：‘知者不惑，仁者不忧，勇者不惧’。”仅仅是“知”和“仁”顺序换了一下。关于这三种德行很多学者做过研究，朱熹认为“明足以烛理，故不惑；理足以胜私，故不忧；气足以配道义，故不惧”。（《集释》、《申鉴杂容下》）“君子乐天知命，故不忧；审物明辨，故不惑；定心致公，故不惧”。南怀瑾认为“知”在东方文化中并不是知识，也不是聪明，而是一种大智慧，他从佛教的观点提出这种大智慧是超越一般的知识和聪明的，类似于般若。钱穆在《论语要略》中说“知当知识，仁当情感，勇当意志。而知情意三者之间，实以情为主。情感者，心理活动之中枢也。真情畅遂，一片天机”。李泽厚认为“仁”乃是某种精神愉悦的胸怀心境，并进一步提出“为”（道）—“情”—“境”（人生境界）的体验和寻求，乃是中国哲学重心所在，而不在性理、心、气等范畴的干枯讨论。从儒家经典《论语》、《孟子》、《荀子》等看“仁”的本质，“仁”含括了三方面，即忠恕、克己复礼和力行。忠恕是由内心以推己及人；克己复礼则是以社会之行为规范约束自己；而忠恕与克己复礼皆以力行为基本。“仁”是最高层次的品德，在“仁”的统领下，孔子构建了一系列做人的道德规范，它包括忠、恕、孝、悌、温、良、恭、俭、让以及义、直、信、敬、宽、敏、惠、笃等。

根据钱穆的论述，结合心理学的研究（即西方心理学一般都将个体品质分为“知、情、意”三个方面）“知（智）、仁、勇”确确实实应当为管理者应具备的最核心最基本的德行。再回过头来看，先秦兵家思想对“知（智）、仁、勇”的论述，我们可以看到《孙子兵法》、《司马法》和《六韬》中在论述良将应具有的德行时都直接提到了这三种德行。而《吴子》的四德中虽然不包括“智”但是他在论述为将五慎“理、备、果、戒、约”以及治国之道时提出了“道、义、谋、要”、“道、义、礼、仁”中的“理、谋”等都是智的表现。《孙膑兵法》从正面提到将应当“智、仁”，然后又从反面提出将不能“寡、勇”的德行，都谈到了这三种德行。《尉缭子》直接提到了“智”，同时它所谓的“清”、“威”离不开“勇”的德行。“得众”则离不开“仁”的德行。由此可见，六部兵书都非常重视“知（智）、仁、勇”三大德。三大德可以衍生出其他德行，故此，我们把三大德作为将进行自我管理的核心战略管理特质。

结合人们对“道”的理解，就可以很好地理解“知（智）、仁、勇”三大德的内涵，“知”乃是对“道”的体悟和把握所产生的智慧。“仁”则是对人实践道过程中产生的一种情感体验和人生境界，即所谓“乐天知命”的情感体验和境界，这种情感体验扩展开来，从个体走向群体就形成了“义”，所以孟子提出“居仁由义”的学说。而“礼”则是仁义在社会组织层面上的外化形式。故此形成了儒家以“仁—义—礼”为核心治国之道的逻辑进路。“勇”则是实践“道”的意志。可见，“知（智）、仁、勇”是属于个体品质的德行，如果我们承认中国传统管理思想包括先秦兵家思想管理之道乃是从个体走向群体组织，那么“知（智）、仁、勇”就是先秦兵家管理思想的逻辑点，它们都统一于“道”，都在实践“道”的过程中展开。当然对于“道”各部兵家典籍有不同观点，但是无论如何离不开天道和人道，大体上具有黄老道家色彩的《六韬》、《孙子兵法》和《孙膑兵法》更关注根据“天道”进行管理，重视自然规律和社会规律的作用，不太注重伦理道德的作用。而具有儒家色彩的《吴子》、《司马法》关注根据“人道”进行管理，则比较重视伦理道德的作用。具有法家色彩的《尉缭子》也关注根据“人道”进行管理，但强调对人的控制。然而天道与人道又是不可分离的，重视根据“天道”进行管理，最终还是要结合人道才能实行，因此仍然重视对人的分析。从个体管理出发，“知”为管理主体提供了行动的依据，“勇”为管理主体提供了行动的动力，而“仁”则为管理主体的行动指明了方向。

结合上一节的分析，我们发现治身之道主要在于修三大德，治国之道主要在于发扬三大德中的仁之德，实行仁治；治军之道在于发扬三大德中的勇之德，实行法（权）治；治敌之道主要在于发扬三大德中的知之德，实行智治。三大德统一于治身，发扬拓展之后的三大德都统一于“治道”。可见，三大德乃是先秦兵家思想战略管理特质群的核心特质。

杨波等人曾经专门研究了先秦及秦汉时期中国人的人格，其研究结果表明当时的人格维度可以概括有4个，“仁、智、勇、隐”，这个和我们对先秦兵家治身之道分析的结果大体吻合，先秦兵家入世精神是非常突出的，“隐”这种人格特质一般是很少出现的。

从词频分析的情况看，三大德出现的频率也远高于其他德行的频率，“智”出现46次，“知”出现230次，“仁”出现40次，“勇”出现76次。这也证明了我们的分析是合理的。

3. 核心战略管理特质的扩展：由治身走向治国、治军

我们已经认定“知（智）、仁、勇”三大德乃是治身思想的核心特质，通过它们的扩展，君主和将帅实现了治国、治军、治敌的任务。但是这个过程是如何实现的我们还不清楚，但是可以确定的是这个扩展过程必定还涉及其他一些非常重要的战略管理特质。

《司马法·仁本》中有一段论述“故仁见亲，义见说，智见恃，勇见方，信见信”。即是说，行事合乎仁义可以获得人们的亲近，行事合乎道义可以说服别人跟随（或者解释为让人感到喜悦），行事显示出智慧可以让人感觉可以依赖，行事表现得勇敢可以让人感到意志不可动摇，行事坚守信用可以让人感觉到可以相信。可见“知（智）、仁、勇”三大德实践过程就是管理主体获取被管理者的信赖，建立威信的过程。“知（智）、仁、勇”三大德向群体及组织扩展的过程中还需要发展“信”、“义”二种重要的德行，通过词频分析“信”出现76次，“义”出现54次，超过“智”和“仁”，可见其地位之重要。

“信”一般认为是信任，信任是组织产生的基本前提，《司马法》认为光有“仁”还不足以管理群体，即“有仁无信，反厥其身”，可见，“信”乃是群体管理过程中管理主体必备的素质。没有这种素质，人们就无法建立合作关系，行为也难以预期，也就不可能实现由治身而走向治国、治军。《吴子》则把“信”作为获取胜利的关键因素之一，提出“武侯问曰：‘进兵之道何先?’起对曰：‘先明四轻、二重、一信。’曰：‘何谓也?’对曰：‘使地轻马，马轻车，车轻人，

人轻战。明知阴阳，则地轻马；刍秣以时，则马轻车；膏锏有余，则车轻人；锋锐甲坚，则人轻战；进有重赏，退有重刑，行之以信，令制远，此胜之主也’”。“信”在西方社会学和管理学中，也越来越受到重视，人们普遍认为信任能够给组织管理和雇用关系等方面带来多种积极影响。如在领导理论构建研究中，变革型领导和魅力型领导区别于传统领导行为的重要方面在于他们能够让下属建立信任；研究者认为组织内信任能够有效地降低监督成本，促进组织成员之间的协作行为，支持组织成员的创新，为组织带来不可模仿的竞争力，使组织受益；信任还是领导成员交换理论的核心概念，在建立信任后的上下级之间容易建立起高质量的人际关系。难怪《孙膑兵法》中当齐威王问“令民素听，奈何?”孙膑很明确回答说“素信”，并在后文进一步提出“吾闻素信者昌”，可见，先秦兵家早就发现了“信”的重要性。

“义”现代的解释一般指道义，激励。但在古代，还有其他更深层面的内涵，《管子·心术上》说“义者，谓各处其宜也”，“义出乎理，理因乎宜者也”。此处“理”即道的意思，也就是说义乃是由道理衍生的，它使人们处于合适的位置。《吴子》提出“义者，所以行事立功”，没有“义”人们就失去进取的动力。《六韬》提出“战必以义者，所以励众胜敌也”。《司马法》提出“以义治之之谓正”。《孙膑兵法》提出“卒寡而兵强者，有义也”，“战而无义，天下无能以固且强者”。可见，义是能激励和影响人们行为的基本力量，应当指出的是各部典籍对义的作用认识相同，但是对义的本质认识有差异。具有儒家色彩的《司马法》所谓的义主要是仁义之义，“争义不争利，是以明其义也”，不同人具有不同的义，最高的义是天子之义，最基本的义是士庶之义，要使两种义统一起来，需要对老百姓进行教育。《司马法》提出“天子之义必纯取法天地而观于先圣。士庶之义，必奉于父母而正于君长。故虽有明君，士不先教，不可用也”。而具有黄老道家色彩的《六韬》则主张“义、利”统一，提出“与人同忧、同乐、同好、同恶者，义也”，“大义发而万物皆利”，即顺应民心，就是义。

综上所述，“义”乃是产生合作行为的重要动力，“信”则是产生合作行为的前提基础，这样通过“信”和“义”两个重要的战略管理特质，管理主体就能够把个人德行推广到群体，实现从自我管理走向组织管理。

然而，先秦兵家面对一个竞争性的管理环境，为了完成管理好组织，还需要另一种重要的个体品质，即“戒”。《吴子》提出“夫安国家之道，先戒为宝。今君已戒，祸其远矣”，“戒者，虽克如始战”把“戒”作为明主和良将的重要品质。“戒”可以视为具有“知（智）、仁、勇”的管理主体在面临竞争性的环境时衍生出来的一种重要的德行或行为。因此管理主体“知”，知道竞争性环境中的危险才能“戒”，而要保持“戒”且做到“常戒”那么就需要“勇”的德行了。《司马法》在论述了诸德之后，把它们总结为“爱”与“威”，提出“内得爱焉，所以守也；外得威焉，所以战也”。这和《尉缭子·攻权》“故善将者，爱与威而已”的观点完全相同。将对于“爱”的作用，《孙子》做了详细的论述：“视卒如婴儿，故可以与之赴深溪；视卒如爱子，故可与之俱死”，对于“威”的作用，《孙子》认为“厚而不能使，爱而不能令，乱而不能治，譬若骄子，不可用也”。“卒未亲而罚之，则不服，不服则难用。卒已亲附而罚不行，则不可用。”从他们的论述，我们得到了一个启发，即治身目标是为了在组织中获取爱与威，二者缺一不可，获取了这两项，那么就有了“人和”，就有了胜利的基本保证。所谓天时不如地利，地利不如人和，这样我们就有一个具有内部结构的核心特质群了，即“道”——“知、仁、勇、戒”——“信、义”——“和”。

（二）先秦兵家治身、经国治军思想战略管理特质群结构

通过上述，我们可以试着构建先秦兵家治身思想战略管理特质群的结构。先秦兵家思想中有两类结构：第一是A产生B的结构；第二是A与B互为对偶的结构。

1. A产生B的结构，这是西方管理思想中最常见的结构

皮亚杰指出结构有三个要素：整体性、具有转换规律或法则、自身调整性，所以结构就是由具有整体性的若干转换规律组成的一个有自身调整性质的图式体系。结构存在的模式要在各个研究领域里才能精确说明。根据“治身、治国、治军、治敌”的逻辑，“道”乃是整体性转换规律的总和，在先秦兵家思想中，“道”之体包括天道与人道，其用为治道，治道又可以分解为治身之道、治国之道、治军之道、治敌之道。这四种治道形成了三种转换规律，即从治身之道转换为治国之道，从治身之道转换为治军之道，从治身、治国、治军总体之道转换为治敌之道。这样形成一个先秦兵家认识发生的结构，根据皮亚杰的定义，显然这是一个皮亚杰结构。

2. A与B互为对偶的结构

A与B相对相反，相伴相生，乃是中国传统管理思想中独特的结构。郝大维、安乐哲在《孔子哲学思微》中提出中国传统的世界观乃是一种两极性的世界观，与西方“二元论”把组成世界的要素视为分离、独立的看法完全不同。他们根据对孔子思想的研究，指出这种世界观认为“世界上一切事物都是相互依赖的”，因而在构成世界这个有机体中，“不存在任何一个可以超越其他因素或方面的因素或方面，世界上的每一个因素都是相互关联的，一切因素都‘相互依存’”。作为认识世界的解释原则，“所谓两极性是指两个事件之间的一种关系，每一个事件都把另一个事件作为自身存在的必要条件。”因此，两极性需要相互

关联的术语组成“两极”，用来解释相关联的事件。“两极性”的显著特点是每一极都只有通过另一极才能得到解释。如“上”依赖于“下”、“有”依赖于“无”、“经”依赖于“权”等。“两极性”在人们思想中的表现就是“概念的两极性”。“概念两极性”在“要求有意义的互相联系的概念之间的对称相关性，即一个概念的阐明有赖于另一个概念的阐明”之外，同时还要求概念的共通内在性，即处于对称相关、互相阐明的概念之间的互相转变，“它们的存在都在一个只有程度差异，而没有类别差异的连续统一体之中，所以它们之间的区别就是性质上的差别”。概念的两极性深深根植于先秦诸子的思想中，先秦兵家处处存在着这种两极性概念，如“形”与“势”、“轻”与“重”、“奇”与“正”、“虚”与“实”、“德治”与“法治”、“文”与“武”、“攻”与“守”、“爱”与“威”，等等。这些概念都有“各自”的含义，但是如果把它们分开单独解释则会丢失很多重要的东西，以至于无法理解先秦兵家思想的真实内涵，只有在共同存在、相互阐明与相互转变中才能真正揭示出概念所反映事物的深刻本质。

根据前面的论述，我们可以把两种结构融合在一起，形成先秦兵家治身与经国治军思想战略管理特质群的结构图（见图5-1、图5-2）。

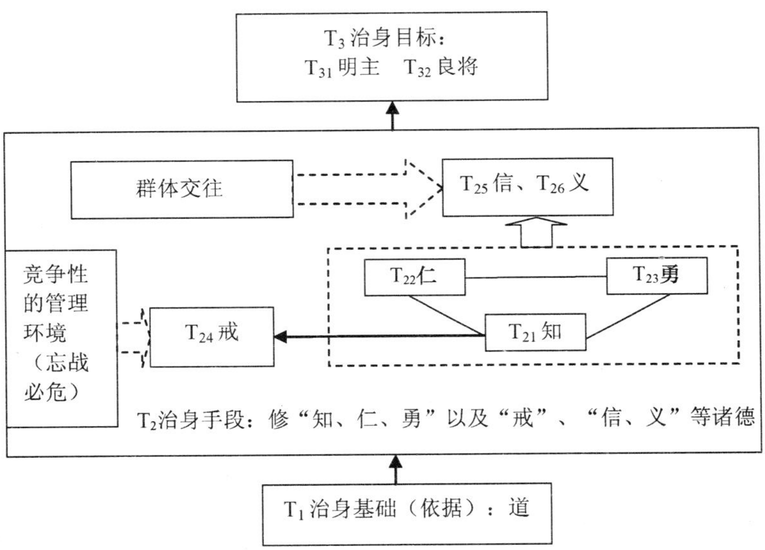

图5-1　治身思想战略管理特质群的结构

（三）先秦兵家治敌思想战略管理特质群结构

治身、治国和治军为治敌提供了必要的实力基础，而治敌就是运用这种实力去战胜敌人的过程。先秦兵家关于治敌目标的论述虽然有胜、全胜、力胜、道胜、

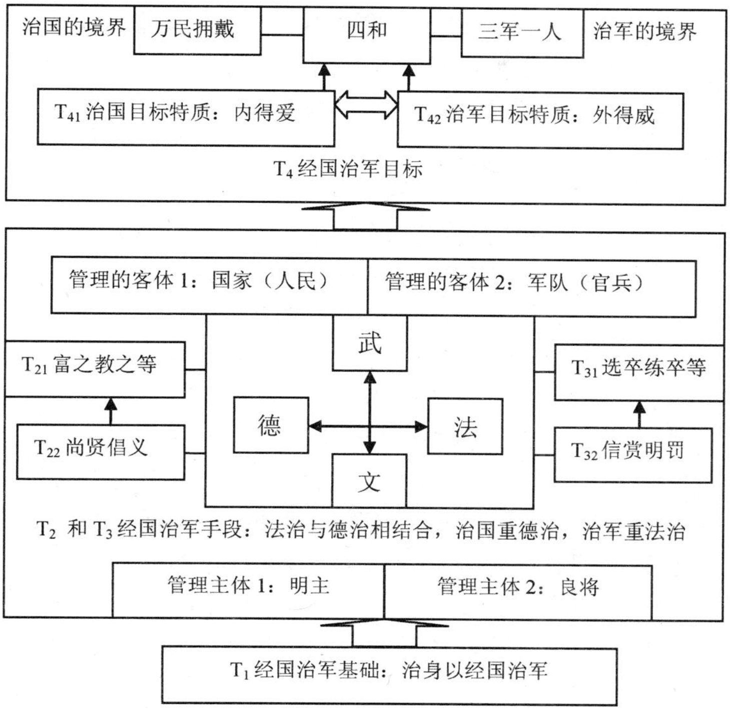

图 5－2　经国治军思想战略管理特质群的结构

主胜、将胜等多种说法，但是仔细分析其实就是两个：一个是不使用或不直接使用武力获取胜利；另一个是使用武力手段获取胜利。我们可把前者概括为全胜，把后者概括为力胜，二者存在一种关联的关系，全胜是追求最高目标，力胜是现实目标。全胜以获得力胜的巨大可能性为基础，力胜用追求全胜的谋略开辟道路。

治敌手段，几乎所有的先秦兵家典籍都提出了一大堆治敌手段，如力气、轻重、伐谋、伐交、形势、虚实、奇正等，这里是否存在某种核心的手段呢？无疑只有找到了治敌的核心手段，我们才能进一步依据核心手段，找出其对应的治敌思想的核心战略管理特质，从而建构治敌思想战略管理特质群的结构。从整个先秦兵家思想看，关于治敌手段的论述最精深的莫过于《孙子兵法》，其他几部兵书除了《六韬》的文伐思想，没有超出《孙子兵法》的。故此，我们可以从讨论《孙子兵法》的治敌思想入手，来分析先秦兵家治敌思想的战略管理特质群的结构。陈学凯在分析《孙子兵法》战争制胜基本规律时说，“避实击虚是一切具体制胜技巧的必然归宿，而一切战争制胜的具体技巧和手段，说到底都是对避实击虚一般原则的灵活变化和应用，背离了避实击虚的一般规律和原则，将不会获得战争的胜利，同时也不会出现一个完全不同于或者与避实击虚截然相反的制胜原则，因为那都违背对抗过程中的力学原则”。所谓力学原则其实就是在面对面的竞争或对抗过程中，力量大的总是会战胜力量小的一方。先秦兵家提出的各种治敌手段，包括形势、奇正、分合、攻守、致敌、气势、轻重等都是为了造成一个敌虚我实的态势，使得一旦某个战斗正式打响时己方的力量能够超过敌方力量，从而战胜敌人。可见，虚实乃是先秦兵家治敌思想中最为关键的概念，它构成了治敌手段的客观基础，而避实击虚则是先秦兵家治敌行为最一般的规则。有关各种战争行为以及各种战争力量的运动变化和相互对抗的各种概念与范畴，都与虚实概念以及其制胜的普遍规律避实击虚密切相关。先秦兵家治敌思想虽然博大精深、千变万化，但是其基本手段其实只有一个，即“避实击虚”。

治敌思想关注的核心就是如何在形势的动态变化中，造成己方的“实”和敌方的“虚”，然后方可“以实击虚”，己方的“实”主要在于战前准备，包括治国治军和临战气势等，此乃“实”之体，此外，还包括在战争变化中形成己方的“实”，此乃“实”之用。敌方的“虚”可以通过在战前使用文伐手段去实现（当然不一定能够保证成功，必须要对方有机可乘，所谓“征可见，乃伐之”），也可以在战争开始之后，去努力寻找对方的“虚”即弱点，如果对方的弱点不明显，则通过不断调整态势，使用“示形”、“造势”、“致人而不致于人”等谋略手段，使得敌方“虚”。避实击虚可以分解为两类手段：“避敌之实，击敌之虚”和“削敌之实，待敌之虚，造我之实，防我之虚”。这两类手段乃是“避实击虚”这一基本手段在不同时序的两种表现。

“削敌之实，待敌之虚，造我之实，防我之虚”是战役尚未开始时，即战前准备和战争态势调整过程中所采用的手段，文伐，力气、轻重、伐谋、伐交等都是，如使用文伐、伐谋、伐交等手段主要是“削敌之实”；使用力气手段激发士气，保持军队力气主要是为了“造我之实”；而追求轻重得宜主要是为了“防我之虚”；对形势观察主要是为了等待敌人出现弱点，即“待敌之虚”。此外，这些手段是相互关联的，战役进行之前，进行“削敌之实”的战略行动时，必须同时注意“防我之虚”，不然就很容易失败；“造我之实”的同时，也要重视“待敌之虚”和“削敌之实”，只有使得合战之时，我方力量超过敌方胜利才有保障，如果不能做到这一点，“造我之实”再成功都不可能取得胜利。

“避敌之实，击敌之虚”乃是合战（即战役进行过程）的手段；主要表现为战役进行过程中，使用奇兵和正兵，以正兵合敌方之实使得奇兵能够避敌之实，击敌之虚。此外，“避敌之实”必须同时追求“击敌之虚”，不然就成了被动挨打，就不可能战胜敌人。在前面分析各部兵家典籍时，经常出现的战略决策与行动的主动原则和权变原则都是“虚实”治敌手段的体现，主动和权变原则要求主动获取己方的实，在权变过程中找到或造成对方的虚，从而战胜对方。可见，虚实乃是总括各种治敌手段的最基本手段。

从战略管理的主体的角度来说，战役尚未开始的态势调整过程中，“避实击虚”的关键是“立不败，待可胜”，即根据形势变化，调整自己的战略态势；合战过程中“避实击虚”的关键是“以正合，以奇胜”。“立不败，待可胜”和主动原则存在着密切联系，只有保持主动才能立于不败之地，才能捕捉到战胜敌人的机会。“以正合，以奇胜”和权变原则密切，然而无论是态势调整过程还是合战过程，虚实、主动、权变等几个重要管理特质都是贯彻其中的，态势调整中虽然重视主动但是也离不开权变，合战过程虽然重视权变但也离不开主动，从思维方式上说，把战略行动划分为态势调整和合战两个阶段其实是一种西方式的割裂的思维方式，在先秦兵家思想中这种两个阶段的划分是不存在的。总体上看，虚实比起权变、主动、奇正、形势等治敌手段更具有简洁性和代表性，虚实能够衍生出其他各种治敌手段，因此，我们把“虚实”作为先秦兵家治敌手段思想的核心特质。虚实与权变、主动、奇正、形势等的关系如图 5－3 所示。

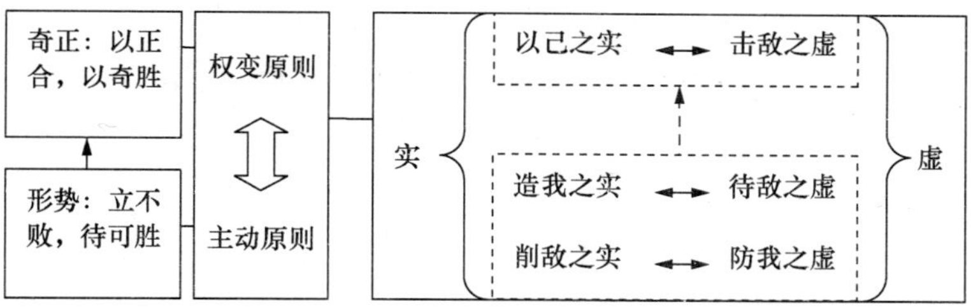

图 5－3　治敌思想中几个重要战略管理特质的关系

虚实作为治敌手段体现的是战略管理中的战略决策与行动环节，然而战略行动的合理性依赖于战略分析，因此，治敌手段除了反映战略决策与行动的核心特质“虚实”之外，还应当反映战略分析的核心特质。从词频分析的结果看，先秦兵家总体上具有尚“知”的特征，“知”有的时候通“智”表示一种德行——智慧，有的时候表示对信息情报的掌握与思考，即战略分析。如果把“知”理解为“智”，那么它就是三大德之一，乃是为将之道的核心战略管理特质；如果把“知”理解为战略分析，它就构成了治敌行动的根本依据，避实击虚的关键在于“知”，只有知道敌人的虚和实，才能避实击虚，避实击虚这一基本手段所衍生出来的各种治敌手段都离不开“知”。没有知，治敌将变得不可能，胜利也无法实现，所以孙子说“知己知彼，百战不殆；不知彼而知己，一胜一负；不知彼不知己，每战必败”。可见，知也是治敌手段的核心特质。

治敌需要雄厚的国力、军力作为保障，因此，经国治军是治敌的基础。不过经国治军本身是一个复杂的结构，我们希望寻找一个核心特质来代表作为治敌基础的经国治军思想，由于治敌基础主要关注经国治军的结果而不是过程，因此，我们可以把经国治军思想的目标作为治敌基础，经过比较思考，我们认为可以把经国治军的一个重要目标“四和”作为先秦治敌基础思想的核心战略管理特质，因为它不仅概括了富国强兵的目标而且体现了先秦兵家追求内部和谐的特征，“四和”是《吴子》所提出的经国治军目标，《吴子》认为“和”是治敌的前提“有道之主，将用其民，先和而造大事”。“四和”关系到“出军”、“出陈”、“进战”、“决胜”，可见“和”对于治敌的重要性。《孙子兵法》说“上下同欲者胜”，也是要追求一种内部的和谐。

这样，先秦兵家治敌思想的战略管理特质群的结构就可以用“和”、“知”、“虚实”、“胜”四个核心特质表示。形成“治敌基础——‘和’；治敌手段——‘知’、‘虚实’；治敌目标——‘胜’”这样一个结构框架。其中“和”分为四，即和于国、和于军、和于阵、和于战。“虚实”分为避敌之实，击敌之虚；削敌之实，防我之虚。造我之实，待敌之虚。它们之间存在着一种相互关联的关系。“胜”分为“全胜”和“力胜”。

我们就可以给出先秦兵家治敌思想战略管理特质群的结构（见图5－4）。

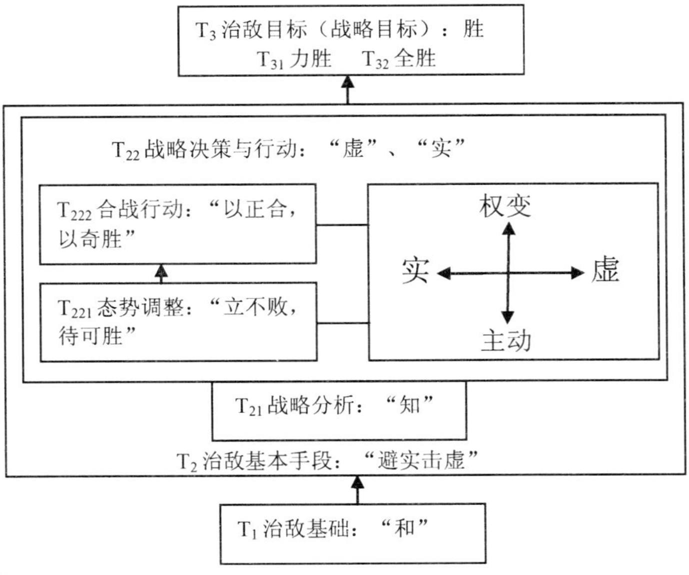

图5－4　治敌思想战略管理特质群的结构

二、先秦兵家思想战略管理特质群特征的归纳

关于先秦兵家思想特征的观点，学术界有各种说法，如“内儒外兵”、“实用理性”、“柔性权变”，等等。这些观点基本上都是思辨分析的结果，本书关注的是先秦兵家思想战略管理特质群的特征，因此，这些观点对我们来说只是一种参考。本书将根据前面对先秦兵家思想战略管理特质及其结构分析的结果，尝试用定量分析和思辨分析相结合的方式来归纳先秦兵家思想战略管理特质群的结构特征和总体特征。

（一）先秦兵家思想战略管理特质群的结构特征

根据前文对先秦兵家思想战略管理特质群的结构分析，我们很容易归纳出以下几个结构特征。

1. “道”为贯穿整个先秦兵家思想战略管理特质群的主线

“道”可以说是中国传统文化中最高的一个哲学范畴。“道”构成了先秦兵家思想战略管理特质群结构存在的基础。孔子认为“吾道一以贯之”；庄子也说“道通为一”；《易传·系辞》称“一阴一阳之谓道”，“形而上者谓之道”；韩非说“道无双，故曰一”；老子更有“道生一”的名言。总体上看，诸子百家都视道为形而上之体，用现代语言来说，古人所谓的道，虽然可以简单化为客观规律、真理，但又不完全如此，古代思想家似乎更愿赋予道以终极真理或规律总和的意义，所谓“道可道，非常道”，可见，道乃是一种揭示事物之间必然联系的本质的东西，是一种无形的、永恒的真理。

先秦兵家极端重视“道”的作用，道贯穿了整个先秦兵家治身、治国、治军和治敌各个层面。各种有效的治身、治国、治军以及治敌手段都由“道”而生，各种导致失败的缺陷都是由于背离了“道”。可见，道贯穿了整个先秦兵家思想战略管理特质群，是形成特质群结构的基础。

2. 由于以人治人的基本观念和道的贯穿作用，治身思想特质群、经国治军思想特质群、治敌思想特质群之间形成了一种递进转换的结构特征

在先秦兵家思想战略管理特质群中，治身思想特质群乃是经国治军思想特质群和治敌思想特质群的基础，而治身之道和经国治军之道又构成了治敌之道的基础，它们之间形成一种递进转换的结构特征。治身之道可以在以人治人的管理活动过程中转换为经国治军之道，而经国治军之道和治身之道相结合，又可以在竞

争活动的过程中转换为治敌之道，治敌之道在一定情况下则可以转换为胜利的最终目标，这种逻辑转换关系正好符合皮亚杰结构的特征（见图5-5）。

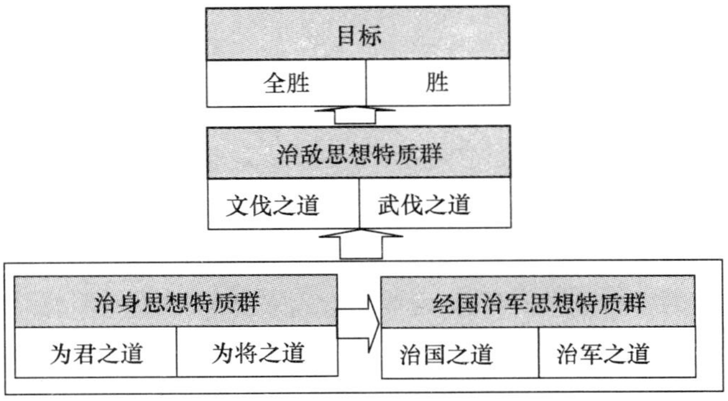

图5-5　先秦兵家思想战略管理特质群之间的转换性

3. 治身思想战略管理特质群的结构影响着经国治军和治敌思想战略管理特质群的结构，它们之间形成一个相互依存的关系

先秦兵家思想战略管理特质群的结构除了呈现出一种相互转换的特征之外，还表现出相互依赖的特征。从“道”这个概念出发，我们发现，先秦兵家战略管理思想具有从治身之道开始进而把握治国之道、治军之道、治敌之道这样一个逻辑进路，这个过程是个人把握天道，并在人道中实践天道的过程，可见治身之道乃是治国、治军、治敌的基础，贯穿于其他三个过程，治身之道也就是实践“道”的过程，因此，治身之道主要特点可以概括为道治。同时根据前面的特质分析的情况，先秦兵家治国思想大都崇尚仁义道德，可以把治国之道的主要特点称为德治；而治军不同于治国的最重要的一点就在于强调权威性和统一性，施行严格的法治。治国和治军其实都要用到法治和德治，只不过强调的重点不同。先秦兵家的治敌思想崇尚谋略和智慧，实行智治。德治、法治、智治都统一于“道”，可以称为“治道”。治身之道主要在于修“智”、“仁”、“勇”三大德，德治乃是治身之道“仁”的扩展，法治乃是治身之道“勇”的扩展，智治乃是治身之道“智”的扩展，因此，先秦兵家战略管理特质群之间实际上存在着这样一种相互依赖特点（见图5-6）。

4. 先秦兵家思想战略管理特质群的结构总体上呈现出一种递进转换结构特征的基础上，同时存在大量的两极对偶结构，即表现出一种对偶的特征

先秦兵家思想战略管理特质中有大量的对偶词汇，如“形”与“势”、“轻”与“重”、“奇”与“正”、“虚”与“实”、“德治”与“法治”、“文”与“武”、“攻”与“守”、“爱”与“威”，等等。这些概念都有“各自”的含义，

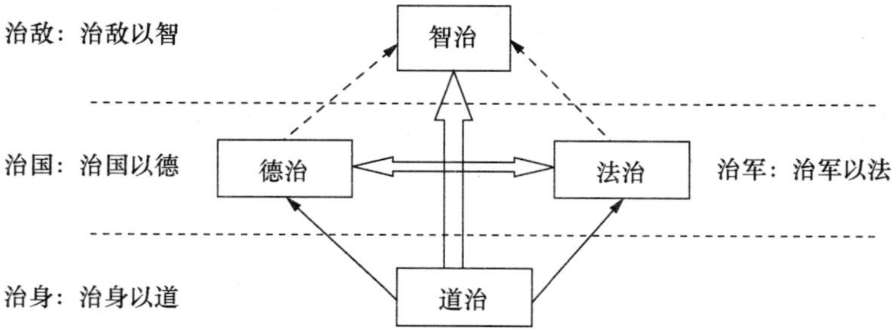

图 5－6　先秦兵家思想战略管理特质群的相互依存性

但是如果把它们分开单独解释则会丢失很多重要的东西，以至于无法理解先秦兵家思想的真实内涵，只有在共同存在、相互阐明与相互转变中才能真正揭示出概念所反映事物的深刻本质。这种对偶的结构特征反映了中国传统的非二元对立的思维方式，作为中国传统文化哲学基础的《易经》就认为万物都是以两极一体作为其存在的形式，易经思维具有辩证思想的特质，然而却是一种和谐辩证法。从本体论上说，这种二元非对立的思维方式来自于传统文化中“天人合一”的主导观念，“天人合一”经历长期历史发展已成为中国文化的灵魂，正如同西方的主客相分的历史合理性一样，其中的合理基础也只能从漫长的历史过程中寻找了。在“天人合一”的主导观念下，中国人预设了天人相通，人心相通等前提，使得中国人的思维方式尽管承认二元结构，却是以二元相通来对待世界的。

（二）先秦兵家思想战略管理特质群的总体特征

根据文献和词频统计的结果，结合我们对先秦兵家思想战略管理特质的分析，很容易归纳出以下几个总体特征：

1. 先秦兵家思想战略管理特质群表现出较强的法家特征

张连成等不少学者都认为先秦兵家思想具有“内儒外兵”的特征，也就是说，大部分先秦兵家典籍虽然都在谈论兵法但都具有较强的儒家色彩。从表面上看似乎是有道理的，因为先秦兵家所有的典籍中都提到过儒家思想的核心概念“仁义”。但是根据前面的特质分析，我们发现《司马法》是有明显的儒家倾向的，但是其他几部兵书的儒家倾向不明显，反而显示出法家（如《尉缭子》）和道家倾向（如《六韬》），那么总体上先秦兵家倾向哪一派呢？从总体上看“内儒外兵”的观点是否能够成立呢？为了解决这个问题，我们设计了两组词汇。因此，本书运用内容分析方法把对反映儒家思想的“德、仁、义、礼、爱、和”作为一组分析的样本，把具有明显的非儒家色彩的“法、刑、罚、诛、杀、威”

等词汇作为对照组进行词频分析，如果后者出现的频率不如前者高，则说明内儒外兵的说法成立，反之，该观点不能成立，兵家总体上应当倾向法家。同时，我们可以通过对比各部兵书这两组词汇出现的频率情况，证实各部兵书的思想倾向（见表5－1）。

表5－1　先秦兵家思想中的儒家思想与法家思想

儒家色彩的关键字	频数总计	频数排名	法家色彩的关键字	频数总计	频数排名
义	54	45	法	119	21
德	52	46	威	90	22
和	42	55	杀	59	31
爱	41	56	罚	48	43
仁	40	57	诛	44	49
礼	26	64	刑	35	61
总计	255		总计	395	

结果很明显，儒家所推崇的思想观念出现的频率，远远低于法家所推崇的观念。“仁、义、德、礼”出现的次数的总和共计172次，还不如“利”一个字出现的频率高。可见先秦兵家重视功利，崇尚实力，虽然也谈“仁义”（所有的著作中都提到过“仁义”），其实是因为“仁义”某些时候有利于获取利益。如果“仁义”妨碍了利益的获取，将被抛弃。《孙子兵法》曾三次提到“仁”，但仔细分析其实“仁”不过是一块招牌，因为《孙子》不仅没有提到过与“仁”密切相关的“礼”和“德”，而且还明确提出了“爱民可烦”的观点。可见，“内儒外兵”的说法不能成立，先秦兵家思想战略管理特质群总体上更倾向于法家思想特征。

2. 先秦兵家思想战略管理特质群的功利主义特征

兵家有强烈的功利主义特征，几乎每一部典籍都非常重视利害得失，“利”字出现181次，不仅远远超过“义”出现的次数，而且超过“仁”、“义”、“德”出现次数的总和（“仁”出现40次，“义”出现52次，“德”出现54次）。从各部典籍的情况看，通过对比“义”和“利”出现频数，我们发现，《孙子兵法》的功利主义色彩最强，《吴子》和《司马法》能够较好地把义利关系统一起来（见表5－2和图5－7）。

表 5－2　先秦兵家对义和利的关注情况　　单位：%

关键字	孙子	吴子	司马法	六韬	尉缭子	孙膑兵法
利	0.69	0.17	0.47	0.26	0.13	0.26
义	0.01	0.15	0.49	0.05	0.04	0.07

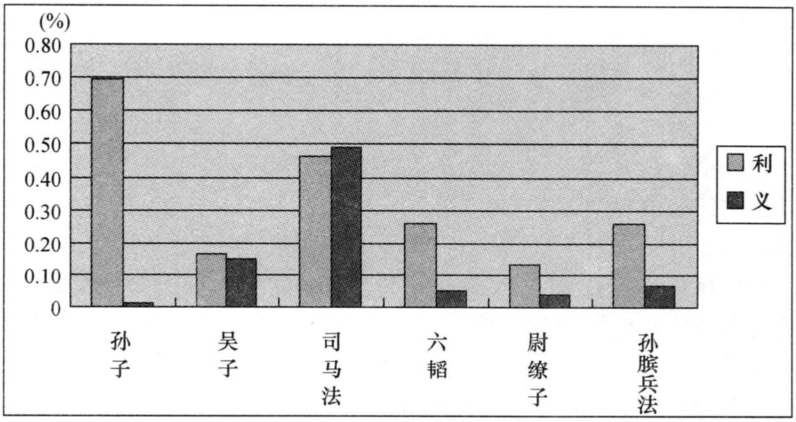

图 5－7　先秦兵家对义和利的关注情况

3. 先秦兵家思想战略管理特质群关注人、以人治人的特征

李宗桂指出春秋战国时期中国文化已经“表现出较为鲜明的人文意识”。张岱年则在《中国哲学大纲》中说“人生论是中国哲学之中心部分，其发生也早”。梁启超在为《先秦政治思想史》一书所作的序言中指出：“中国学术，以研究人类现世生活之理法为中心，古今思想家皆集中精力于此方面之各种问题。以今语道之，即人生哲学及政治哲学所包含之诸问题也。盖无论何时代何宗派之著述，未尝不归结于此点。”中国传统文化表现出人文意识和中国哲学以人生论、政治哲学为重点等特性，何似龙把中国传统管理思想的基本特征归纳为“以人治人”，既然先秦兵家经国治军思想也是中国传统管理思想的一部分，应当也存在着“以人治人”的基本观念。

从词频分析的结果看，“人”字在本书列出的所有主题词中出现的频率最高，并且与人相关的主题词如“将”、“君”、“主”、“敌”、“民”等出现的频率都非常高，总体上有两类人：第一类是作为管理主体的人主要是“将”、“君”、“主”；第二类是作为管理客体的人“敌”、“兵”、“民”。这七个主题词占了总字数的 3.67%，应当说是支持这个观点的。

如果对统计结果进行详细的分析，我们还可以得到更多关于先秦兵家思想战略管理特质群的总体特征的信息，但是限于篇幅和精力，本书仅仅提出先秦兵家思想战略管理特质群具有的三个总体特征。

三、本章小结

本章建构了先秦兵家思想战略管理特质群的结构，并归纳了先秦兵家思想战略管理特质群的结构特征。本书从管理文化视角考察先秦兵家的治身、经国治军和治敌思想的逻辑理路，从而找到了贯穿始终的核心战略管理特质“道”，治身之道的核心战略管理特质“知（智）”、“仁”、“勇”、“戒”、“信”、“义”；经国治军之道的核心战略管理特质“德”、“法”；治敌之道的核心战略管理特质“和”、“知”、“虚”、“实”、“胜”。然后用这些核心特质去联结其他战略管理特质，形成一个具有内在逻辑结构的战略管理特质群，在这个特质群中有两类结构，即皮亚杰结构和两极对偶结构。本书运用内容分析方法对构成先秦兵家思想战略管理特质群结构的核心特质进行统计分析，提出先秦兵家思想战略管理特质群结构具有重“道”、逻辑转换性、相互依赖性和对偶关系四个特征，先秦兵家思想战略管理特质群总体上具有较明显的法家思想特征，并有强烈的功利主义色彩，以人治人等特征。

第六章　讨论与启示

先秦兵家思想战略管理特质是一个庞大的管理思想库，它对战略管理理论的启示是非常广泛的。如果要详细讨论所有的启示在一篇文章中是不可能完成的。而且仅仅关注某一个或几个特质对战略管理理论的启示将会把先秦兵家战略管理特质群的内在逻辑与结构打散，失去其真正的精华成分，使得先秦兵家思想沦为注解西方战略管理理论的工具，这样的分析正是目前从管理学视角研究先秦兵家思想的重大弊端。因此，本书并不关心具体某个战略管理特质或某几个战略管理特质对现代战略管理理论的启示，而重点讨论先秦兵家思想蕴涵的逻辑理路和战略管理特质群的结构对现代战略管理理论的启示。本章主要关注三个问题：一是先秦兵家战略管理思想与企业战略管理理论的比较；二是先秦兵家思想战略管理特质群的逻辑结构对战略管理过程模式理论的启示；三是先秦兵家思想非二元对立的思维方式对企业能力理论的启示。

一、关于先秦兵家战略管理思想与企业战略管理理论的比较

先秦兵家战略管理思想和企业战略管理理论既有众多相似之处也有许多差异，对比两种思想体系，把握二者之间差异的实质和要点，对于创建本土化战略管理理论是十分必要的。先秦兵家战略管理思想和企业战略管理理论之间差异产生的根本原因在于中西思维方式上的不同。由于文明发展的历程不同，中西战略思维方式上的差异是非常明显的。就军事领域而言，古希腊、古罗马时代记述战争的著作，如《伯罗奔尼撒战争史》、《高卢战记》、《内战记》等，对于战争场面、战争进程、技术战术、兵力伤亡等具体的方面都做了详尽的描述和记载，而对于交战双方的战争谋划、决策过程、外交斗争等则很少提及。与此相反，同一

时期的中国战争史著作，如《左传》、《战国策》等则满篇都是战略上的决策谋划、外交上的纵横捭阖，对于作战则往往用“克之”、“大破之”之类的文字一笔带过，至于双方的参战兵力、技术战术、伤亡数字甚至行军路线、战场环境等更是很少提及。如牧野之战是周灭商的战略决战，史书上对于其战略谋划、决策过程的记载可谓详之又详，但战斗到底如何激烈，双方伤亡情况如何呢？却找不到任何记载。这一思维方式的差异，对于兵学乃至整个中国传统文化都有着十分重要的影响。从先秦兵家6部典籍的内容看，明显具有这种思维特点，几乎所有典籍讨论的都是宏观层次上的战略与管理问题，很少有对微观细节问题上的分析。这也正是我们认为先秦兵家思想更多地体现为战略管理思想而不仅是管理思想的原因。本书认为这种思维方式对于研究战略管理是非常有意义的，因为战略管理本身是超越各种具体的职能管理之上的宏观层面的管理，需要有一种宏观的、联系的思维方式，才能把握企业整体层面上的问题；战略管理不仅是一门单独的学问，更是一门如何把人力资源管理、财务管理、营销管理、组织理论、文化理论等相关学科融会贯通的学问；只有把企业各方面的相关理论用一个完整的逻辑结构全部联系起来，战略管理才能具有最雄厚的根基。而西方战略管理学界仍然采取割裂的方式进行战略管理研究，把自己局限于组织理论中，甚至连组织理论的成果都没充分借鉴，这无疑会造成其研究的局限性。具体而言，先秦兵家战略管理思想和西方战略管理理论的差异主要有以下几点：

（一）管理观念层面

西方企业战略管理理论秉承西方传统技术经济理性，关注管理客体；而先秦兵家战略管理思想秉承中国传统的实用理性，关注管理主体。

从西方管理理论和实践发展过程看，大体上可以分为科学管理、行为科学、现代管理等不同的发展阶段。在这些管理阶段的演变过程中，其理论和实践基本归纳为两方面：一是强调“技术经济理性管理”；二是强调“人性管理”。关于技术经济理性管理和人性管理的划分已经基本形成统一范式，即认为技术经济理性管理的实质是强调用科学的方法和手段去管理每一项生产活动。技术经济理性管理侧重管理制度、管理方法和管理行为的规范化。技术经济理性管理观念和人性管理观念都遵循二元对立思维方式，关注管理客体。早期技术经济理性管理将管理对象视为“经济人”，“经济人”的假设还认为人生来就是厌恶劳动、追求享受的，如果管理者不通过各种严格和科学的制度和手段去约束工人的行为，工人们将可能采取消极的甚至是对抗的行为。因此，必须用强硬的管理办法严格监督和控制工人。然而随着时间的推移，人们逐渐意识到了这个假设的局限性，从而开始重视人性，反思“经济人”假设。此后，麦格雷戈从人性管理的角度提出了和X理论完全不同的Y理论，大量借鉴日本企业管理的成果，提出了Z理论。而西蒙从技术经济理性管理的角度，提出了“有限理性”假说，指出经济活动当事人在决策时不仅面临复杂环境的约束，而且还面临自身认知能力的约束，即使一个当事人能够精确地计算每一次选择的成本收益，也很难精确地做出选择，因为当事人可能无法准确了解自己的偏好序。心理学家卡尼曼和特维斯基通过吸收实验心理学和认知心理学等领域的最新进展，以效用函数的构造为核心，把心理学和经济管理学有机地结合起来，提出了一种更为精确的人性论。可见，理性管理和人性管理这两种管理观念在表述上虽然有较多差异，但实际上在西方管理理论中它们是相互融合的，归根结底技术经济理性推动着对“人性”认识的不断深化，从而使人们能够提出更为接近现实情况的管理理论。几乎所有的西方管理理论都注意到理性与人性的问题，即使是被人们视为强调技术经济理性的泰罗，也提出“科学管理的实质是在一切企业或机构中的工人们的一次完全的思想革命——也就是这些工人，在对待他们的工作责任，对待他们的同事，对待他们的雇主的一次完全的思想革命。同时也是管理方面的工长、厂长、雇主、董事会，在对待他们的同事、他们的工人和所有的日常工作问题责任上的一次完全革命”。即科学管理是要消除阶级对立，达到管理者和被管理者之间的和谐，从而提高效率。而行为科学在研究过程中则关注运用理性精神去审视人的行为，从而设计符合人性的管理制度和方法。可见，人性管理其实是技术经济理性作用于作为管理客体的“人”的一种表现形式，而一般我们所说的科学管理、管理工程是技术经济理性作用于作为管理客体的“物”上的一种表现形式，它们二者都统一于西方二元对立的理性思维方式。技术经济理性通过对作为管理客体的“人”和“物”认识的不断深化，而提升了管理理论的解释能力和指导作用。然而问题是西方管理理论关注的只是作为管理客体的人，而几乎没有作为管理主体的“人”的地位，即使是领导理论也是把领导者或者说管理者作为客体进行研究。这样就使得知与行始终处于分离状态，知识总是在不断的发展过程中逼近现实，然而又不断地为新的现实所否定。

而先秦兵家战略管理思想则以中国传统的实用理性为指导，重视对管理主体的作用。李泽厚在他的《中国古代思想史论》和《中国现代思想史论》中曾提出：“实用理性”是中国传统文化的基本精神，中国的辩证法是“行动的”而非思辨的。他进一步把“实用理性”概念简化为就是关注现实社会生活，不作纯粹抽象的思辨，也不让非理性的情欲横行，事事强调“实用”、“实际”和“实行”，满足解决问题的经验论的思维水平，主张以理节情的行为模式，对人生世事采取一种既进取又清醒冷静的生活态度。它由来久远，而以理论形态去呈现在先秦诸子的理论中。李泽厚还提出实用理性具有三个基本特征：其一，它不崇拜任何抽象的理念、信仰和思辨，但仍能保持一种冷静的、以理节情的生活态度；其二，它本质上是一种讲究实用、实际和实行的经验论的思维方式；其三，它在中国文化传统中古已有之。可见，中国传统文化中的实用理性首先指的是一种理性精神或理性态度，这种理性具有极端重视现实实用的特点，认为不必要去进行纯思辨的抽象，而更注重在现实生活中如何妥善地处理问题。从先秦兵家思想战略管理特质分析的结果看，先秦兵家思想具有明显实用理性特征，先秦兵家明确提出“天官不如人事”、“先知者，不可取于鬼神，不可象于事，不可验于度，必取于人，知敌之情者也”等观点，表明他们不崇拜任何理念、信仰，只关注实际的经验。《孙子兵法·火攻》提出“非利不动，非得不用，非危不战。主不可以怒而兴师，将不可以愠而攻战。合于利而动，不合于利而上。怒可以复喜，愠可以复说，亡国不可以复存，死者不可以复生。故明主慎之，良将警之。此安国全军之道也”。要求君主和将领用理性控制情绪，根据利害关系而展开行动，这正反映出实用理性的要求以理节情，讲究实用的基本特征。基于实用理性的管理，关注人的作用，把人作为管理的出发点和归宿点，认为管理是一个从人为到为人的过程，任何管理手段或战略都紧紧围绕着人而展开。

这种思维方式对于现代企业战略管理是非常具有启发行动的。以西方企业战略管理过程模式看，技术经济理性使得西方的企业战略管理过程中，对人缺乏关注，尤其是缺乏管理主体的位置。现代西方较为流行的战略管理理论是将战略管理分为三个步骤：战略分析、战略选择和战略实施。每一步都提供了理性地完成这一步的各种技术和方法。这些步骤和方法使管理者有章可循，有利于战略管理的科学性，但却时常受到现代环境瞬息万变及管理者与组织行为复杂性的挑战。而以《孙子兵法》为代表的先秦兵家思想没有指明战略管理的任何步骤，更没有相应步骤的操作方法，但是却能对各种复杂性的环境应付自如。《孙子兵法》不同于科学理论，不是由概念、推理判断和命题组成，它没有对客观世界进行科学抽象的分析，而是充分发挥直观体悟的作用。《孙子》中随处可见“形”、“势”二字，然而却找不到关于“形”、“势”的定义，只能找到一些解释性的句子，这和中国传统意象型的思维方式是密切相关的，这种思维方式强调的是物质的属性或意蕴。所谓得意忘象，而非具体的物质，强调对事物整体的直觉把握。整体直觉思维把握客体的方式使《孙子》的理论避免了现代管理学面临的两难问题：要么用抽象静态的分析工具试图对动态的具体管理过程进行描述，从而难以对综合的、复杂的、艺术性强的管理活动作有力指导；要么否定理论，陷入经验主义。

（二）从管理要素层面看

西方战略管理理论和先秦兵家战略管理思想在目标、组织、环境等方面存在较大差异。战略管理理论产生于西方企业管理实践，其目标是为了实现企业使命，获取长期利润和各个利益相关者的认同，乃是出于一种竞争行动市场环境，实现企业竞争优势。波士顿咨询公司的奠基人亨德森认为战略的本质是企业独特的竞争优势，并且在其1980年所著的《战略与自然竞争》一书中，从生存条件与竞争者力量对比、冲突频率、竞争变量与竞争者数量关系、环境与生存能力要求以及市场进入这五个方面提出战略的假设以论证其战略本质的观点。而先秦兵家关注的是国家或军队组织在激烈的政治军事竞争环境中的竞争优势或者胜利的获取，其目标是消灭敌人或使敌人屈服，最终实现称霸或者统一天下的理想。二者在追求的目标和所面临的竞争性环境等方面有相似之处，但是组织差异非常显著。

（三）管理活动层面

西方企业战略管理理论和先秦兵家思想具有较多的相通性。企业战略管理一般可以分为公司战略和业务战略两个层面：公司战略关注的是企业组织发展的问题，而业务战略关注的是企业竞争的问题。对于先秦兵家战略管理思想来说，也存在大致相对应的两个层面：治身、治国、治军乃是发展战略层面的问题；治敌乃是竞争战略层面的问题。就竞争战略层面而言，企业战略管理更多地体现为一种合作竞争，需遵守商业伦理和行业规则，不择手段的竞争行为不仅会遭到人们的一致谴责，而且可能违反法律，遭到法律的制裁。因此，企业战略管理主要依靠科学规范化的运营管理开发企业资源获取企业能力，同时运用各种科学工具和理论制定、执行和调整战略以适应环境变化，把握市场机会，最终战胜竞争对手，获取竞争优势。而先秦兵家思想更多地体现为一种对抗性的竞争，强调根据利害关系、运用法令强制手段和伦理道德感化等手段使得内部团结一致，运用谋略和武力，在环境、自身和对手三者之间动态变化过程中，把握机会，战胜对手。对于军事竞争过程中的伦理道德问题，先秦兵家分裂成两派：一派以《孙子兵法》为代表，主张不考虑伦理道德，为了胜利往往可以不择手段，提出了抢夺敌人的粮食，利用敌将的爱民之心攻击敌人。这种观点是不适合现代企业竞争的，正如我国在市场经济体制尚不完善的情况下，有少数企业为了自己利益而使用一些不正当的竞争手段，打击竞争对手和欺骗消费者，虽然短期能够为其带来利益，但是随着我国市场经济体制的逐步完善，这种行为将越来越失去其生存空间。另一派以《司马法》为代表，《司马法》有着强烈的儒家色彩重视战争伦理，反对为了胜利而不择手段，追求竞争过程中的合作与妥协，和现代企业战略管理具有更多的相通性，值得特别的重视。如《司马法》中对天子与诸侯的关系的描述，“王霸之所以治诸侯者六：以土地形诸侯，以政令平诸侯，以礼信亲诸侯，以礼力说诸侯，以谋人维诸侯，以兵革服诸侯。同患同利以台诸侯，比小事大以和诸侯”，这和寡头竞争市场寡头之间关系与行为非常相似，行业老大的任务不是吞并其他企业，搞完全垄断，而是要保持一种伦理秩序，使得自己能够始终处于领导地位。这段话对于现代企业建立战略联盟也非常具有启发性，一个稳定的战略联盟往往表现出“同患同利”，联盟中的企业能够做到“比小事大”。但是《司马法》的战略伦理思想长期以来没有受到研究先秦兵家思想的学者的重视，甚至被一些实用主义学者讥笑为迂腐、过时。

先秦兵家战略管理思想与企业战略管理理论的主要差异可以归纳如下（见表6－1）：

表6－1　先秦兵家战略管理思想与企业战略管理理论的比较

		西方企业战略管理	先秦兵家战略管理思想
管理观念层面上的比较	理性形式	西方管理文化——技术经济理性	东方管理文化——实用理性
	管理认知	对企业的管理，重视管理客体，遵循组织理论的研究范式	对人的管理，重视管理主体，遵循修己以治人的逻辑
	思维性质	是一种以逻辑实证为基础的认知型思维	以利害关系推导为基本原则和逻辑的价值推导性思维
	思维形态	主流战略管理理论具有明晰性和理论性，重视分析和思辨，可以形成客观知识形态	具有灵活性和经验性，重视体悟、直觉的形态特征
管理要素层面上的比较	目标	实现企业使命、获得利润和各利益相关者的认同，获取竞争优势	消灭敌人或使敌人屈服，实现称霸或统一的目标
	组织	企业组织	军事组织
	环境	市场环境	政治军事环境
管理活动层面上的比较	特点	竞争与合作共存，非对抗性，遵守商业伦理和市场规则	对抗性竞争，破坏性极大，为了胜利可以不择手段
	层次	公司管理层面（发展战略）业务管理层面（竞争战略）	自我管理层面、国家和军队管理层面（发展战略）和军事竞争层面（竞争战略）
	手段	主要依靠科学规范化的运营管理开发企业资源获取企业能力，同时运用各种科学工具和理论制定、执行和调整战略以适应环境变化	依靠利害关系、伦理道德等手段使内部团结一致，运用谋略和武力等手段，在环境、自身和对手动态行动变化中，把握机会，战胜对手

二、先秦兵家战略管理思想对现代战略管理理论的启示

（一）对企业战略管理模式的启示

1. 西方战略管理理论中几种典型的战略管理模式分析

安索夫（1979）在《战略管理》一书中提出了战略管理模式的概念，他认为战略行为是一个组织对其环境的交互过程以及由此而引起的组织内部结构变化的过程。明茨伯格用5P模型来解释战略的内涵，他认为战略是由计划、模式、计谋、定位和观念等组合而成的。模式是指战略最终要体现企业一系列具体行动和现实结果，而不仅仅是行动前的计划或手段。很明显明茨伯格把战略行为或战略管理也纳入了战略的内涵，并且认为战略行为或战略管理应该形成一种模式。在实践中，战略计划往往可能在最后没有实施，模式却可能事先并没有计划，但最后却形成了。王方华认为企业战略必须与企业管理模式相适应。企业战略不应脱离现实可行的管理模式基础，管理模式也必须调整以适应企业战略的要求。安德鲁斯认为企业总体战略是一种决策模式，即要通过一种模式，把企业的目的、方针、政策和经营活动有机地结合起来，使企业形成自己独特的战略属性和竞争优势，将不确定的环境具体化以便较容易地解决问题。

战略作为一种观念，乃是一种主观的认识，离不开文化传统和人们认识的发展水平，战略观念则影响着战略管理过程。因此，在不同的文化传统下和战略管理理论发展的不同时期，存在着不同的战略管理模式。在西方战略管理研究中至少存在三种不同的战略管理模式。

（1）哈佛模式。这是一种将思考与行动完全分开的模式。战略的制定被认为是首席执行官的责任，他必须有意识地对整个战略制定过程深思熟虑。假定他所推行的战略有着明确的目标，战略方案一旦形成就能够有效地推行，这种战略管理模式反映了早期战略规划学派的基本观念。该模式可用图6-1表示。

哈佛模式经历几十年的实践检验，被证明在如下假定条件下能够充分展现其科学合理性。首先，原则上一个人的大脑就能处理与战略有关的所有信息；其次，大脑可以拥有所研究情况的完全、详细、直接的经验；再次，在新制定的战略实施前，必须明确相关背景知识，也就是说，形势应当保持相对稳定或者至少是可以预测的；最后，讨论中的组织必须要做好准备对付中心明确的战略，即组

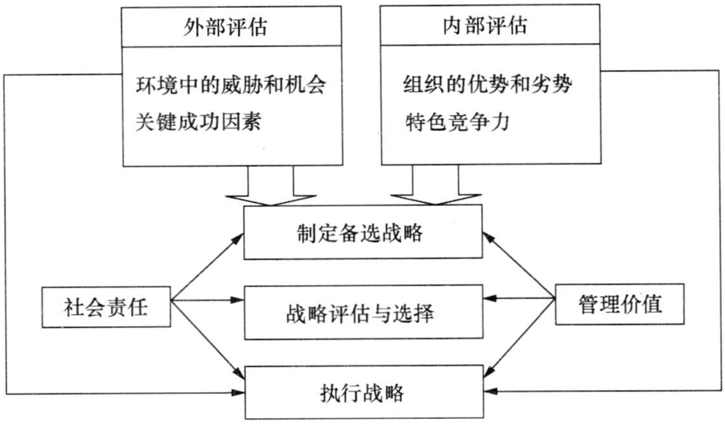

图 6－1　哈佛模式

织内的其他人必须愿意服从核心战略家的安排，他们也必须有时间、精力和能力去贯彻中心明确的战略。但是在现实过程中这些假设基本上是不存在的，因此战略计划往往不得不经常修正。而且在这个模式中也找不到管理者的位置。尽管这个模式被应用了几十年，西方战略管理学术界也出现了越来越多反对声音。安索夫就提出对于战略规划的过程必须用专注于战略问题的更加动态的理解取代。

（2）格莱斯特模式。英国科茨大学教授格莱斯特指出，战略管理是关于决定一个组织未来的发展方向及执行达成该组织既定目标的有关决策的过程。根据这样一种理解他提出了一个战略管理模式，不仅注重战略的制定，也注重战略的实施，如何通过改变诸如文化、结构、领导、报酬体系等组织要素及职能政策，使制定出来的战略方案得以有效实施是这一模式在考虑战略制定之外的另一关注点，此外，它还关注战略实施的评估与控制，并将评估结果反馈到战略实施及战略制定阶段，从而形成战略管理过程的不断循环。该模式可用图 6－2 表示。

格莱斯特模式引入了反馈环节，在一定程度上消除了直线式的战略管理模式的缺陷，体现了环境适应学派的基本观点。其后的产业组织学派和资源基础学派都遵循着这种模式，使得这种模式成为最常见的战略管理模式。但是这种模式仍然缺乏战略管理主体的位置，战略分析与战略实施仍处于分离状态。对于快速变化的竞争环境，战略规划变得缺乏意义，战略形成只能是一种连续学习的过程，在这种情况下，战略管理者的角色应当从规划者和战略创造者转变为战略发现者、知识生产者和变化推动者，战略规划必须用战略思维取代（Mintzberg，1994）。明茨伯格的观点和先秦兵家思想体现出来的战略管理观念非常吻合，面对复杂的竞争环境，兵家表现出来的最大特点就是权变性，从来不会遵循既定的计划方案，而是根据环境而展开自己的行动，但是他们的行动却又不是无原则、

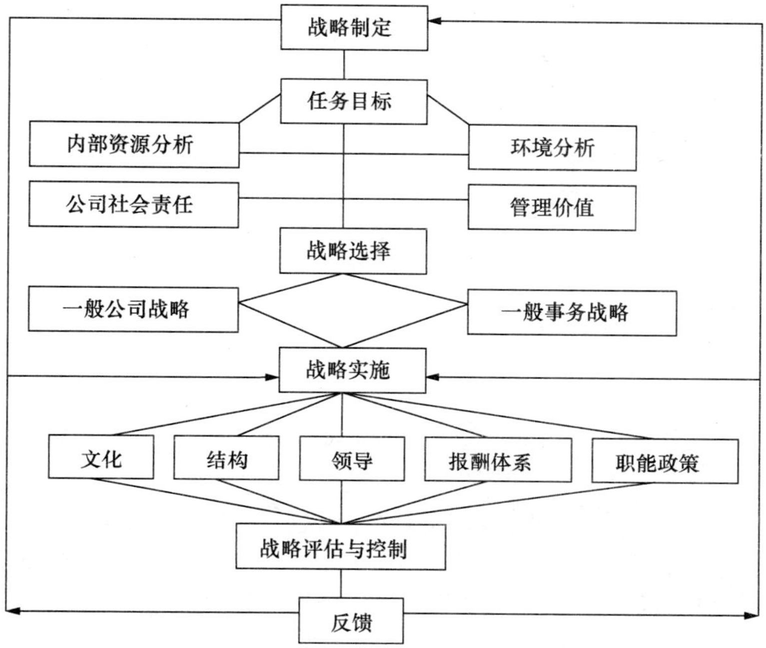

图 6－2　格莱斯特模式

无规律的；相反，他们的行动总是强调遵循规律，有着一整套战略决策与行动的原则，这些原则不能为实现战略目标指出明确的路线，这种路线或者说战略方案需要靠领导者根据具体情况去把握，但是这些原则对于一个有经验领导者来说却非常有效。

（3）纳特—巴可夫模式。该模式主要运用于公共部门战略管理，由美国学者保罗·纳特和罗伯特·巴可夫提出（见图 6－3）。

纳特—巴可夫模式有两大特点：第一，战略管理过程不是从明确的目标和任务开始的，而是由组织战略过程开始，其核心是形成战略管理小组（SMG）。由于公共部门存在着众多利益相关者，因此，SMG 由代表组织内外利益和权力中心的人组成，他们不但是组织创造变革理念的源泉，也是组织创造关于如何进行变革的理念的主要源泉。第二，战略制定和实施过程的第一阶段是确定理想和方向，而不是明确目标和任务，理想与方向离不开组织的历史背景，因为战略管理总是试图将传统与创新结合在一起。纳特—巴可夫模式关注的是利益主体之间的平衡而不是竞争优势的获取，与先秦兵家思想缺乏比较的基础。

2. 基于先秦兵家思想的战略管理模式

上述几种战略管理过程模式其实都是战略管理主体围绕着企业战略展开行动

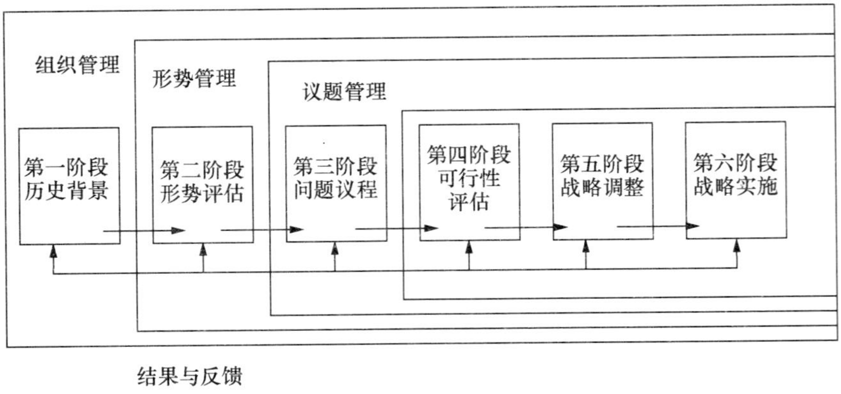

图 6－3　纳特—巴可夫模式

过程的一种描述，只不过哈佛模式对这个行动过程的描述比较简单，仅仅描述了一个理想的线性化模式，而格莱斯特模式则注意到了在实际过程中战略管理行动不是线性的而更可能是一种螺旋上升的。两种战略管理模式关注的核心都是战略管理的客体，没有为战略管理主体留下任何位置。纳特—巴可夫模式在一定程度上注意了战略管理主体，讨论了战略管理主体之间的利益关系以及利益、理念与工作之间的平衡。

与西方三种典型的战略管理模式相比，基于先秦兵家思想的战略管理模式显得更为复杂。基于先秦兵家思想的战略管理模式特别强调战略管理的主体性和系统性，认为战略管理作为一个管理过程，应当是三种管理行为的统一体，即领导者的自我战略管理行为、组织的发展战略管理行为和组织的竞争战略管理的行为的统一。领导者的自我战略管理行为是组织的发展战略管理行为的基础，组织的发展战略管理行为是组织竞争战略管理行为的基础。三种战略管理行为都有自己的目标，形成一个目标体系，相互支撑，如果冲突的话，必然会导致战略管理的失败。三种战略管理行为过程都有自己的特点，领导者自我战略管理行为是一种认知、学习活动，不仅不是像哈佛模式那样数学线性的，也不是像格莱斯特模式那样是理性反馈的。尽管在领导者自我战略管理中反馈也存在，但是还存在着直觉体悟等超理性行为。也就是说，领导者的自我战略管理过程可以是一种理性反馈的过程，但也可能表现为一种跳跃式领悟，直接达到战略管理目标，即某种个人境界，如优秀领导者的境界等的过程，并且文化、情感等因素都将对领导者自我战略管理起着重要作用。先秦兵家的组织发展战略管理行为、组织竞争战略管理都和领导者战略管理行为融合在一起，表现出一种知行合一的特色，缺乏明确的步骤，三种战略管理行为之间不断地互动，使组织发展战略管理模式更多地体现为一种螺旋上升的过程模式，组织竞争战略管理模式更多地体现为不确定的权变的过程模式。

因此，我们可以建立一个基于先秦兵家思想的企业战略管理过程模型。该模型由两个主体、两个客体和三个阶段构成。两个战略管理主体分别是组织领导者和组织管理团队成员；两个战略管理客体分别是企业核心能力和竞争环境、对手；三个阶段分别是战略管理主体能力培育阶段、组织战略执行能力培育阶段以及组织战略管理主客体互动阶段。基于先秦兵家思想的企业战略管理模式如图 6－4 所示。

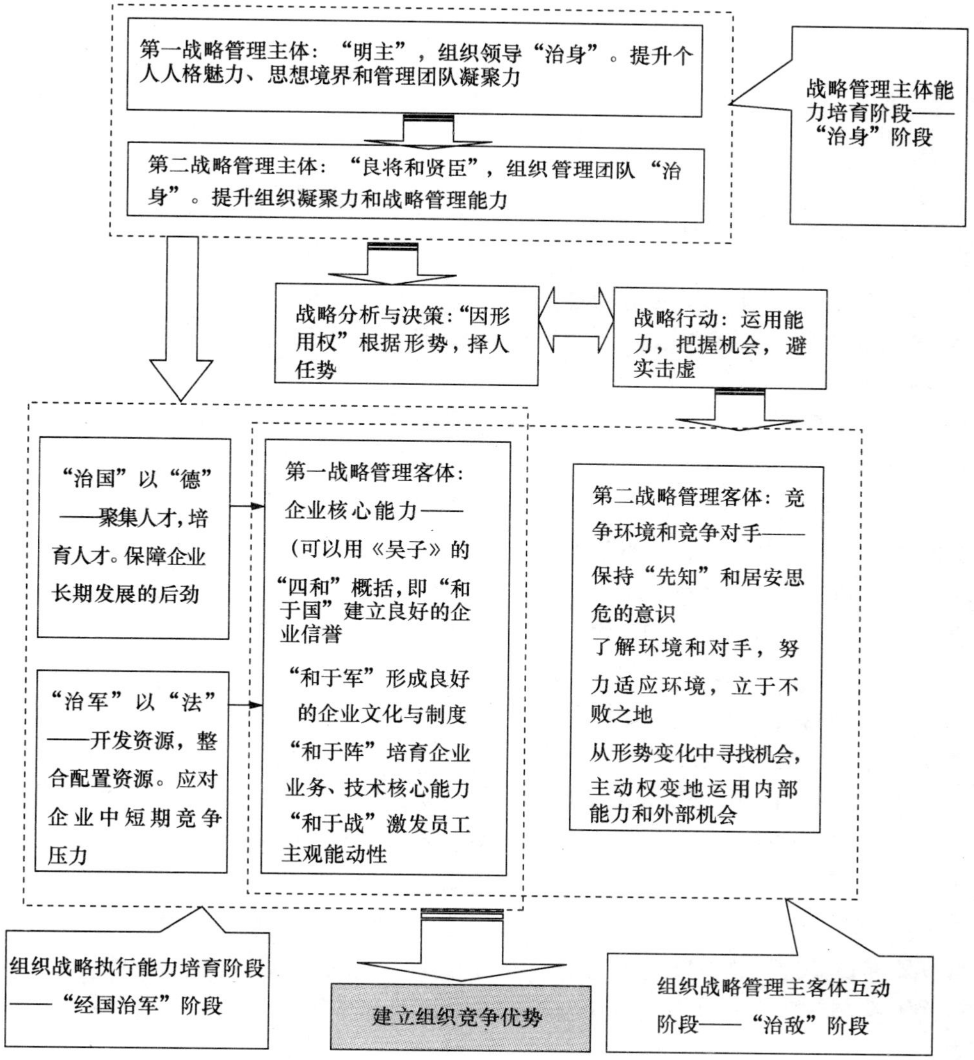

图 6－4　基于先秦兵家思想的企业战略管理模式

（1）治身阶段——战略管理主体能力培育阶段。在组织中，能够充当战略管理主体的只有领导者及其管理团队。组织战略管理的各个阶段都要靠组织领导者及其管理团队的推动才能顺利进行。因此，组织领导及其管理团队的战略管理能力是整个企业战略管理成败的关键。为了提升战略管理主体的战略管理能力，就必须进行“治身”活动，作为组织领导者要努力提高自己的个人人格魅力和思想境界，并努力加强管理团队的凝聚力。而管理团队的成员则应该提升自己的战略分析与决策能力，提升推动战略执行的能力，并努力加强整个组织的凝聚力。战略管理主体能力的培养不仅是组织战略管理的第一步，也是组织战略管理中最重要的一步。同时战略管理主体能力的培育非一朝一夕之功，必须经过长期的努力才有效果，而且人的能力提高永远没有尽头。所以，这个阶段其实是贯穿整个战略管理过程的一个独特的阶段。组织战略管理主体能力的培养主要由以下几个步骤组成：

1）要求组织领导者运用自身能力找到合适的组织宗旨和理念，并以此作为建立组织文化的基石，建设一支精诚团结的组织管理团队。

2）要求组织领导者及其管理团队要保持有居安思危的意识，并努力做到“先知”，即想方设法随时掌握组织内部和外部的各种情况，为自己做战略分析和决策提供充分的依据。

3）要求组织领导者及其管理团队不断地学习，不断提高自己的战略管理能力。

（2）“经国治军”阶段——组织战略执行能力培育阶段。领导者和管理团队在战略管理过程中，主要负责战略的分析与决策工作，以及战略执行的组织与监督工作，而具体的战略执行工作还得靠其他的员工。因此，当组织拥有了能干的领导者和一个精诚团结的管理团队之后，最关键的问题就是组织的战略执行能力问题了。基于先秦兵家思想的战略管理模式的第二阶段就是组织战略执行能力培育阶段。这个阶段关注组织整体上的发展，目标是获取与配置组织各项资源，形成组织的核心能力，为组织战胜竞争对手做好准备。这个阶段主要的工作用《吴子》的话来说，就是“内修文德，外治武备”。归纳起来共有以下几项工作需要做：

1）确定能够激励整个组织员工的发展战略目标，并进行相关战略规划。战略有两个层次，分别是公司战略和竞争战略，公司战略关注组织整体上的发展，获取组织可持续发展的能力，从而建立可持续竞争优势。而竞争战略则更加关注组织外部，其目标是战胜竞争对手获取行业竞争优势地位。竞争战略目标是从属于总体战略目标的，组织战胜竞争对手不是目的，目的在于如何利用对外竞争来建立组织的竞争优势。

2）搞好组织战略人力资源管理，强化组织人才培养和人才团队建设工作。

战略不仅要考虑“做什么，如何做”的问题，还要考虑“由谁做”这个问题。本阶段要解决的核心问题，就是要形成支撑组织核心能力的人才团队。作为战略管理主体的领导者要想方设法吸引人才、留住人才、培育人才并用好人才。保障企业长期发展的后劲。

3）开发组织内外各种资源，并做好资源的整合与配置工作。战略管理主体要在对组织内外环境分析的基础上，进行组织战略执行能力的培育。要抓住环境中的机会，避开威胁，不断地发展自己。

4）在必要的时候进行战略调整。形势发生了变化，组织的战略就可能需要进行调整。一方面，企业处于不同发展阶段的战略时期，必须有不同的组织结构与之适应；另一方面，企业环境的不断变化，也要求企业不断调整自身战略和组织结构。如果不注意战略的调整，企业必然会陷入困境。

（3）“治敌”阶段——组织战略管理主客体互动阶段。当组织拥有了较强大的实力之后，就可以积极去面对外部竞争对手的挑战了，在这个阶段组织需要进行的工作有以下几项：

1）战略管理主体要在充分了解竞争环境和竞争对手的基础上，做出合理的战略分析和正确的战略决策。

2）战略管理主体要做到“因形用权”，即根据形势，择人任势。要尽量抢占先机，争取主动，然后根据竞争对手的弱点，等待时机，运用各种战略、战术手段战胜对手，建立行业竞争优势。

3）在必要的时候进行战略调整。战略调整也是这个阶段需要做的重要工作。一方面，对外竞争战略如果失败，企业必须调整战略；另一方面，如果企业在对外竞争中取得成功后，获得竞争优势，从而企业发展进入了一个新阶段，此时也需要进行战略调整。此外，战略调整还是“先知”、居安思危原则的必然要求，如果因为企业一时的成功就盲目乐观，把企业以前的成功战略视为可以永久不变的法宝，那么企业就可能陷入衰退。可见战略调整是一个过渡时期，不仅是战略管理的一个阶段性的终点，还是战略管理另一个阶段的起点，这个阶段是否能够顺利度过直接关系着企业的前途和命运。影响这种过渡的最重要的因素则是企业领导者的战略管理能力和他们是否能保持“先知”和居安思危的意识，这样我们又回到这个战略管理模式的第一阶段。

这三个阶段无严格的先后之分，反映了先秦兵家战略管理思想知行合一的特征。组织领导战略管理能力培育阶段是整个战略管理过程的第一个阶段，但同时也是贯穿于整个战略管理过程的一个阶段。而组织能力培育阶段也可能和组织对外竞争阶段同时进行。尽管我们希望组织积蓄了足够的实力，拥有了强大的能力再去参与激烈的市场竞争，但是很多时候由于形势所迫不得不在组织没有足够实力时就去和强大的竞争对手竞争。

3. 基于先秦兵家思想的战略管理模式与西方战略管理模式的比较

Feurer 和 Chaharbaghi（1995）、刘益（2005）等人提出了适用于高度不确定性和变化环境的战略管理一体化模式（或称动态战略管理模式），认为传统的战略形成、实施、评价相分离的方法越来越难以适应竞争环境的快速变化，从而制约了战略管理发挥应有的作用。因此必须把战略形成、实施与评价有效地整合起来。战略管理一体化模式的基本理念有两种：第一，战略是一种动态的过程。它承袭了明茨伯格的观点，战略家的角色必须从规划者和战略创造者转变为战略发现者、知识产生者和变化推动者，战略规划必须用战略思维取代。第二，战略的形成和实施是整个组织中所有成员的责任而非组织的核心职能。只有这样才能保持战略的柔性和应急性以及实施的有效性。它要求对组织特征及其及时可选的竞争环境进行快速的、同步的和经常性的评价。确定尽可能多的适当的战略选择方案，而不是从一个可获取的和事先确定好的选择权集合中选择的能力。它关注以机会为导向的战略选择方案的形成，而不是指向某一个特定的产业；具有测定已形成战略选择方案的实施速度的能力；具有在任何时点上修正形成战略基础的基本假设的柔性；具有从一种战略方向转换到另一种战略方向、重新确定实施过程的能力。应当说动态战略管理模式反映了西方战略管理理论对其自身反思的成果。

把动态战略管理模式、传统的战略管理模式和基于先秦兵家思想的管理模式进行对比，我们发现基于先秦兵家的管理模式大体上是介于两者之间的，一方面过程阶段具有模糊性，另一方面却不强调广泛参与；表面上似乎没有战略管理一体化模式那么周详（因为不强调广泛参与，不提倡质疑的参与方式），但是却使其比较容易操作，战略决策的效率和速度应当会比战略管理一体化模式更高，这对于中小企业是非常具有实用价值的。实际上，根据相关学者对中国中小型民营企业的研究看，他们的企业战略管理模式具有明显的先秦兵家思想特征。

这三种战略管理模式特征如表 6 - 2 所示。

表 6 - 2　三种战略管理模式的比较

区别	传统战略管理模式	战略管理一体化模式	基于先秦兵家思想的战略管理模式
战略形成与实施	顺序进行，分离	并行进行，整合	并行进行，整合
评价与控制方式	事后评价和控制	事前、事中、事后进行评价与控制，并贯穿战略管理过程的始终	事前、事中、事后进行评价与控制，并贯穿战略管理过程的始终
领导的角色	战略思维者决策产生者	转变过程的推动者整合者	战略思维者决策产生者转变过程的推动者整合者

续表

区别	传统战略管理模式	战略管理一体化模式	基于先秦兵家思想的战略管理模式
实现目标的手段	协调与控制计划的制定	战略转换开发战略思维	战略转换开发战略思维
参与的范围	主要局限于高级及部门管理人员	广泛包括个层次的不同人员	主要局限于高级及部门管理人员
参与的性质	通过书面传达，直接向上，拥护方式	基于对话拥护与质疑方式	通过书面传达，直接向上，拥护方式
推动的方式	日程驱动	问题驱动	问题驱动
时间的选择	周期性的	非周期性的	非周期性的
过程的阶段界限	分明	模糊	模糊

（二）对企业能力理论的启示

企业能力理论是建立在企业内在成长理论基础之上的，其源头可以追溯到古典经济学家斯密的劳动分工理论（Smith，1776），其后，马歇尔（Marshall，1920）、彭罗斯（Penrose，1959）以及理查德森（Richardson，1960）等人则进一步发展了企业能力理论。20 世纪 80 年代的实证研究表明，当时处于主流地位的定位学派的产业分析模式无法解释产业中长期利润的分散程度比产业间利润的分散程度要大得多这样一个事实（Rumelt，1982），同时该学派的产业分析方法对稳定环境的依赖遭到了明茨伯格等战略学者的批判。这样，人们对企业持久竞争优势研究的重点从产业转向企业内部。企业能力理论则取代定位学派成为主流战略管理思想。但是直到现在理论界对于企业能力的实质，仍然是众说纷纭，没有统一意见。而且企业能力理论还因为缺乏足够的操作性而为企业界所诟病。

企业能力理论在发展过程中先后出现了核心能力、动态能力、吸收能力和转化能力等重要概念。核心能力的概念是普拉哈拉德和哈默最先提出的，他们认为核心能力是组织中的积累性学识，特别是关于协调不同的生产技能和有机结合多种技术流派的学识。蒂斯、皮萨诺罗则将核心能力定义为提供企业在特定经营中的竞争能力和优势基础的一组相异的技能、互补性资产和规则。埃里克森和米克尔森认为，核心能力是组织资本和社会资本的有机结合，组织资本反映了协调和组织生产的技术方面，而社会资本显示了社会环境的重要性。动态能力的概念是蒂斯在 1997 年提出的，他认为企业核心能力是企业在长期发展过程中以特定的方式、沿特定的路径逐步积累起来的，具有一定的惯性和稳定性。当外界环境发生变化时，这种稳定性很容易表现为某种抗拒变化的惰性，这种惰性就是所谓的

"核心刚性"。因此，核心能力带来的竞争优势是不能持久的。企业需要一种新的能力，即动态能力。动态能力是企业对内部和外部的竞争能力进行整合、构建或者重置以适应快速变化的外部环境的能力，它反映了企业在既定路径和市场位置约束下，获取新竞争优势的一种综合能力。至于吸收能力和转化能力主要是作为动态能力的补充而提出的，以说明组织如何通过能力来获取可持续竞争优势，其根本目标是为了使能力理论能够接近企业实际，具有可操作性。如 Cohen、Levinthal、Zahra 等人认为吸收能力由获取能力、消化能力、转换能力和利用能力四个部分组成，提升吸收能力可以从这四个角度进行，同时又把吸收能力分解为潜在吸收能力和现实吸收能力两个层面。潜在吸收能力是指公司获取和吸收外部知识的能力，而现实吸收能力是指公司转化和利用知识的能力，一个持续竞争优势企业必须同时具有高潜在吸收能力和高现实吸收能力。

直到目前为止，西方学者对企业能力的研究仍然方兴未艾，各种各样的新观点、新名词不断涌现，表面上成果显著，但是却使企业能力理论变得越来越抽象，离企业管理实践越来越远，企业到底有哪些能力，这些能力之间有着什么样的关系，人们众说纷纭，一团疑云，甚至让人怀疑学术界是否在玩弄文字游戏。

要理解企业能力的本质，需要反思一个关系到西方组织理论的根本性的问题，即组织是真实的吗？如果认为组织内的行为是基于组织的，实际上就假定了组织就是真实的，组织能力是一种事实。反之，如果认为组织内的行为是基于个人或人际互动的，就预设了组织不是真实的，所谓组织能力不过是个人能力的一种表象。实际上，前一种观点在西方占据了主流地位，整个组织理论正是建立在组织是真实的这样一个预设之上的。但是两种观点的争论至今仍然没有结果，每种观点都有其合理性和不足。如西蒙（Simon）就反对将组织的概念具体化，反对将它作为互动的个人组成的系统之上的某种东西进行研究。布劳（Blau）在他关于交换理论的重要论述中指出，组织内的个人行为以个人之间直接或间接的交换为基础，即使这种交换是不对称的。本森（Benson）强调个人的作用，认为真实性就是组织行动者头脑中的社会建构。

支持组织是真实的观点的学者，如 Clegg 和 Dunkerley（1980）等人往往认为如果组织对个人拥有权力，它就是真实的。卡恩（Kahn）提出组织成员对组织内设置的某个职位的角色期待——与某一特定职位相关的规定和限制——在相当大的程度上取决于更广阔的组织环境。组织结构、职能专业化、专业分工以及正规的奖励体系构成给定职位的主要内容。组织成员希望就职者做些什么、同谁一起做、为谁做，取决于组织自身的各种特性。尽管有人在提出希望、进行奖励，但组织的结构特征足够稳定，所以可以认为对设定职位的就职者的希望和奖励与特定的个人无关。卡恩无疑希望提出关于组织是真实这一命题的具有说服力的证据，但是他的论述也同样可以作为反对组织是真实命题的证据，因为卡恩的论述隐含着这样一个意思，即只要组织结构特征足够稳定，那么组织就是一种真实存在，当组织处于变革中时，则可能不是一种真实的存在。即当规则是可以信任，并有足够权威时，组织是真实的。而当规则不是完全可以信任的或者缺乏足够的权威时，组织可能不是一种真实的存在。

从卡恩的论述我们可以推断，只有当契约或规则信任能够有效地规范和驱动组织行为的情况下，组织才可以抽象为凌驾于个人之上的东西。此时组织是真实的。人与人之间的契约或规则信任关系可以让组织日常行政管理正常进行，但是对于战略管理的帮助则极为有限。战略管理者必须以改变组织结构和推动组织变革为己任，组织不能有凌驾于其之上的权力，为了战略的推行，契约可以变更，规则要重建，否则就无法进行有效的工作。在战略管理中更值得关注的是另一种信任，即关系信任，企业员工对战略决策者才能、远见和价值观的信任。只有如此，组织的主动变革与转型才能成为可能，像企业这样处于不断变化的竞争性的环境中的组织才能实现可持续发展。因此，从战略管理视角来研究企业问题，企业组织是真实的预设将成为一个悖论。这也就是西方战略管理学者对企业能力的研究变得越来越抽象，离现实越来越远，缺乏操作性的根本原因所在。

而产生悖论的背后是西方的组织与个人的二元对立的思维方式。西方文化传统长于抽象思维，喜欢从具体中抽象出具有的共性进行研究。其实从能力概念的本意说，它原本属于心理学的范畴，是人对客观事物的作用，是人作用于外部世界时所取得的功效，是一种内化了的个体品质。能力归根结底是属于人的，只有人才拥有能力，能力也只能通过人的活动表现出来。因此，企业能力并不是一种实体概念而是一种表象。能力是在活动中形成的，也只能通过具体的活动表现出来。能力和能力的载体以及表现形式不可分割。因此，企业能力可以被认为是企业内部个体所拥有的知识和技能被企业的制度和文化整合过程中产生的一种表象。

从这个视角看，西方学者提出的所谓核心能力、动态能力、吸收能力和转化能力等概念都必须落实到制度和文化整合个体知识和技能的过程中来，否则就是无本之木，无源之水。就企业能力而谈企业能力其实是缘木求鱼之举，该是改变战略管理理论仅在组织层面上研究企业能力的研究范式的时候了。考察先秦兵家思想的战略管理特质结构，我们可以看到，先秦兵家对于如何进行战略管理给出了一个从自我管理、群体管理到组织管理的逻辑进路，这样一个逻辑进路在组织行为学中被割裂成三个领域进行研究，而在实际过程中这三种管理活动是相互融合统一于企业经营活动中的。应该说先秦兵家直接地把握了管理的真实状况。然而在现代企业战略管理理论中的企业能力理论却忽视了这种真实情况，希望仅从组织管理层面解决竞争优势问题，必然造成理论上的缺失。结合先秦兵家思想的逻辑进路，我们可以建构一个具有很强操作性的企业能力结构操作框架。下面，我们从非二元独立思维方式出发，结合心理学和组织行为学的知识，从个体行为角度来考察企业能力的表象是如何形成的。

个体出于某种需求而产生与他人合作或者加入某个群体的动机或动力，而他人或者某个群体根据个体某方面的品质或才能而接纳个体。群体依靠共同目标以及契约信任或关系信任形成合作关系而得以存在。企业就是一种以契约信任为主要特征的互相合作的群体与资源的集合体。企业在适应环境的过程中实现生存和发展，并在这个过程中表现出能力表象。可见，企业能力表象的形成需要三个因素，即个体的动机和才能、个体间的信任与合作以及企业对环境的适应能力。此外，个体能力要表现出来，需要通过个体工作过程表现。企业能力表象需要通过企业运作和发展过程才能出现。而资源是个体工作和企业运作和发展的基础。这样就可以形成一个企业能力的操作框架模型，见图6－5。

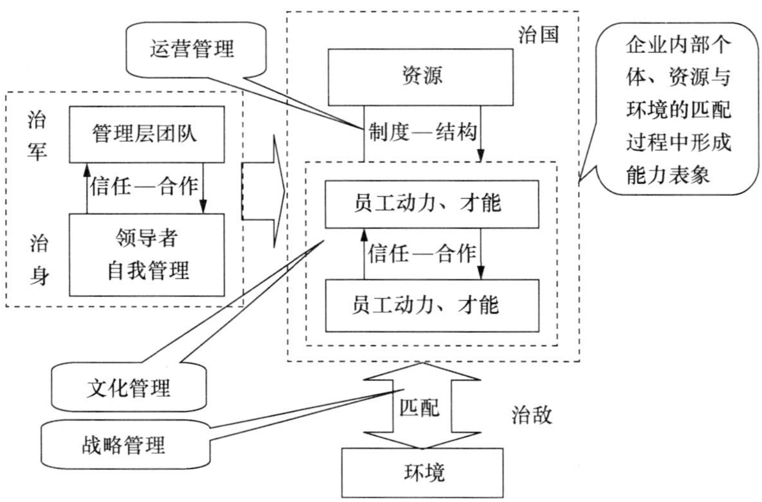

图6－5　企业能力的结构与操作框架模型

该模型中要提升企业能力，必须从领导者自我管理为起点，以建立一个团结的具有战斗力的高层管理团队和在企业中建立合作信任的文化为主要内容，以科学化、制度化的运营管理为基础，以加强战略管理为关键等几个方面配合进行。很容易发现，它和兵家的治身、治国、治军、治敌的逻辑进路完全对应。企业领导者的自我管理可以看成是治身，对管理团队的管理可以看成是治军，对企业的运营管理可以看成是治国，对企业的战略管理可以看成是治敌。自我管理是针对个人的，自我管理中最关键的是领导者的自我管理；对管理团队的管理是针对群体的，群体管理中最关键的是信任与合作关系的建立；运营管理是针对组织的，其最关键的问题是企业资源以及制度结构等；而战略管理由于涉及企业与环境的匹配，要求企业主动变革，因此，就不仅是组织层面的问题了。它实际上要涉及个体、群体和组织三个层面，仅从组织理论的视角去分析如何获取竞争优势，就有些像儒家高唱行仁政就能“王天下”的治国之道一样，在竞争性的环境下显得迂阔无用。当然先秦兵家中具体有哪些方法和手段可以应用还是需要仔细鉴别的，毕竟先秦兵家的管理思想是针对军队和国家的，肯定有很多内容是不适合现代企业的，限于篇幅，我们不做详细讨论。

三、结论与建议

把先秦兵家思想运用于商业竞争的想法和行动早在战国时期就出现了，据《史记·货殖列传》记载，战国时期的范蠡、白圭等人都曾把兵家思想运用于商业竞争并取得了巨大成就，白圭还亲诉其成功经验“吾治生产，犹伊尹、吕尚之谋，孙吴用兵，商鞅行法是也”。但是，中国古代封建社会商业活动始终处于边缘地位，先秦兵家思想在商业活动中的运用一直到近代都没有什么进展。倒是在战后的日本得到了广泛的重视，世界上有不少学者认为日本战后在经济上能够取得辉煌的成就应当归功于他们对《孙子兵法》等中国先秦兵家思想的研究，《孙子》虽然没有帮助日本赢得“兵战”，却帮他们赢得了“商战”。在当代中国，走出计划经济体制后，企业开始面临越来越激烈的市场经济，先秦兵家思想也日益为人们所重视，如邯郸轧钢备件厂搞攻势经营法、常州第四制药厂搞出奇制胜法、宝山钢铁公司“伐谋”的决策行为，等等①，尽管他们的战略管理行为不一定是有意运用《孙子兵法》思想，但其所作所为却完全符合《孙子兵法》思想，反映出先秦兵家思想作为传统管理智慧已经在其潜意识中生了根。部分企业意识到先秦兵家思想的巨大价值，能够自觉运用先秦兵家思想，如海尔集团的张瑞敏对《孙子兵法》非常了解，他把《孙子兵法》中“上下同欲者胜”这句话，作为管理企业的格言；他还说“如果你想把这个经验再去复制一次的话，那肯定一点用处都没有，就连我们自己都会把成功的经验抛弃，然后寻找更好的办法”。这个观点和先秦兵家权变治敌思想完全一致。“永远战战兢兢，永远如履薄冰”。

① 杨先举：《〈孙子兵法〉的企业管理价值》，《滨州学院学报》2006 年第 10 期。

“事前反复研究，慎之又慎；一旦做出决策，必须坚决执行，不容含糊”这两句话也是张瑞敏管理企业的重要经验之谈。这正好反映和《吴子》中一面说“夫安国家之道，先戒为宝”，另一面又强调“用兵之害，犹豫最大；三军之灾，生于狐疑”的观点完全一致。

中国企业家从先秦兵家思想中借鉴管理智慧的一个重要客观原因在于中国市场经济形成时间不长，人们对商业竞争和企业管理经验不足，从而向传统智慧借鉴经验就成为一个必然的选择。中国企业家面对激烈的市场经济从先秦兵家思想中吸取经验是客观存在的，但是这种行为很多是处于不自觉状态的，很多企业家并没有学习过先秦兵家思想，但是根据自己从小受到传统管理文化的熏陶，无意识地应用了先秦兵家思想去处理企业战略管理中的各项问题。先秦兵家某些原则、方法和其历史背景、面临的环境息息相关，如《孙子兵法》的对用间特别重视，而如果不择手段地加以运用，对建立正常的商场秩序、规范竞争各方商业行为是极为不利的。

根据前面对先秦兵家战略管理思想和西方战略管理理论的比较，以及先秦兵家战略管理思想对企业战略管理理论启示的讨论，对如何应用先秦兵家思想创立本土化战略管理理论和搞好我国的企业战略管理，我们提出如下建议：

（一）全面学习先秦兵家思想，把握其完整的思想体系，而不是只言片语

目前，市面上有很多把《孙子兵法》等先秦兵家典籍与现代企业管理结合起来的著作，然而就其内容而言，不少著作都存在着这样一个问题，即对《孙子兵法》的某些思想做断章取义的引用和发挥，以此作为现代企业管理应当如何的佐证，这样实际上就把先秦兵家思想背后的文化精髓给丢弃了，最多只能是激发管理者的某些个人体悟，无法得出超越西方企业战略管理理论的意见，更无法形成一种不同于西方战略管理的理论。根据本书先秦兵家思想可以分为治身、治国、治军、治敌等几个层面，各个层面存在着相互依赖的逻辑关系，反映了先秦兵家战略管理思想背后的宏观整体的辩证思维方式，这种思维方式对于创立本土化战略管理理论是非常重要的资源，是中国管理文化和西方管理文化的根本区别之一，应当成为创建本土化战略管理理论的主要依据，也是中国企业战略管理实践者在学习西方战略管理理论和先秦兵家思想时应当注意的问题。

（二）学习先秦兵家竞争战略管理思想的同时，应当重视对先秦兵家战争伦理思想以及西方商业伦理思想的学习，推动良好的行业生态环境建设

历史上《孙子兵法》等先秦兵家思想由于其功利主义而一直被儒家文化所

压抑，自从儒家的“道统”被打倒之后，先秦兵家思想中功利主义大行其道，为企业界人士所吸收。一方面为企业发展做了贡献，另一方面也造成了一些不良影响。一些企业唯利是图不择手段，功利主义无疑起着推波助澜的作用。目前，产业集群的作用日益明显，企业光靠自身实力并不足以在竞争中获取胜利，必须重视良好的行业生态环境建设，重视社会资本对竞争优势的巨大作用。如果不重视伦理，过分执著于功利，就会因小失大，使得企业失去竞争力。因此，中国企业界在吸收《孙子兵法》竞争谋略思想的同时，也应当大力吸收《司马法》等竞争伦理思想和西方商业伦理思想，做到“以仁胜”，而不仅是以“诡道”取胜。学习先秦兵家战争伦理思想以及西方商业伦理思想，推动行业生态环境建设，不仅是企业战略管理者应当关注的问题，也是战略管理研究者需要关注的问题。

（三）摒弃先秦兵家管理思想中的专制残余，融入现代人本主义精神

先秦兵家管理思想在其产生、积累与发展过程中是与中国传统社会管理活动和军事活动密切联系在一起的，因而不可避免地存在一些封建专制主义意识。一方面，这些专制主义意识和现代人本主义精神格格不入，很容易受到人们的抵触；另一方面，先秦兵家战略管理思想中的很多谋略都与专制主义有着千丝万缕的联系，某些战略管理手段离开了专制主义甚至会完全失去作用。因此，借鉴先秦兵家战略管理思想创立本土战略管理理论，一个最大的障碍就是如何将专制主义的成分去除掉，同时又保持其中的精华内容不受损失，从而形成符合现代人本主义精神的本土化战略管理理论。这对于中国战略管理研究学者来说是一个巨大的挑战；而对于中国企业家来说，一方面受到文化转型的影响，要构建一个专制主义的管理体制变得日益困难，另一方面专制主义对于企业管理的危害也很明显。故此，带有专制主义色彩的某些手段尽可能少用或不用为佳。

（四）把握企业竞争活动和军事竞争的区别，认真甄别先秦兵家战略管理思想中哪些思想可以运用于企业，哪些思想不能运用于企业

对于战略管理学术界来说，利用先秦兵家战略管理思想创建本土化战略管理理论需要认真甄别先秦兵家战略管理思想中哪些思想可以运用于企业战略管理，哪些不能，这需要大量而细致的工作，本书可以为之提供一个参考；对于企业家来说，则要求经常反思其所信奉的先秦兵家的某个或某些战略管理思想是否很好地指导了企业战略管理，成效如何，积极方面和消极方面有哪些。

四、本章小结

本章讨论了先秦兵家思想战略管理特质对现代企业战略管理理论的启示。以往的研究一般是选择先秦兵家的某一或若干个特质来考察其在西方战略管理理论中的适用性，而本书则是从先秦兵家战略管理思想的内在逻辑与结构出发，选取了西方战略管理模式理论和企业能力理论这两个热点理论作为研究的切入点。分析这两个理论的不足之处，然后根据先秦兵家战略管理思想的逻辑，提出解决这两个理论的不足之处的建议。本书认为在西方战略管理过程模式中，缺乏战略管理主体的自我管理过程，因而导致战略制定与战略执行分离。而根据先秦兵家战略管理思想，可以建立一个融领导者自我管理、组织发展战略管理和组织竞争战略管理为一体的战略管理模式，这个战略管理模式可以克服西方传统战略管理模式的一些缺点。本书认为企业能力理论采用组织与个人二元对立的研究范式是导致其发展过程中遇到困难的根本原因，解决的方法在于引入先秦兵家的非二元对立的思维方式，从战略管理者的行动以及战略管理者与其他个体之间的互动分析出发，来解析企业能力的形成与变化，这样就能够解决企业能力理论过于抽象、操作难的问题。

第七章　结论与展望

一、研究结论

先秦兵家思想是我国传统管理思想的重要组成部分，深刻影响了中国企业战略管理，是创立本土化战略管理理论的宝贵财富。本书在东方管理学派学者提出中国传统管理思想研究方法论基础上，运用管理特质分析方法对先秦兵家战略管理思想进行了特质分解。然后运用思辨的方法提出了先秦兵家思想战略管理特质群的核心特质，利用核心特质联结不同的战略管理特质群，形成一个具有内在逻辑结构的核心管理特质群。最后依据这个具有内在逻辑结构的核心管理特质群，结合现代战略管理理论，进行中西管理思想的比较，提出了中国企业战略管理的相关建议。综合全书的分析得出以下几点主要结论：

（一）先秦兵家典籍所体现出来的战略管理特质在内容上存在较大的差异

就各自的内容而言，《孙子兵法》重视竞争战略管理，具有比较精深的治敌思想；《吴子》重视政治和军事的结合，崇尚精兵主义，其战略管理手段易于操作；《尉缭子》重视治军的各种制度和手段，崇尚实力，法家思想比较浓厚，重视发展战略，不看重竞争战略；《六韬》具有浓厚的黄老道家色彩，思考非常全面，涉及范围广，非常重视大战略，并提出了独特的文伐思想，把文伐作为武力竞争的重要辅助手段；《司马法》具有浓厚的儒家思想，重视军事伦理和治军，主张运用伦理道德消除激烈而残酷的竞争，形成一种互相合作的环境。各部兵家典籍之间形成了一种互补性的关系，都可以为现代企业战略管理理论和实践提供重要的参考和借鉴，然而目前管理学界关注的只有《孙子兵法》，本书认为应当大力加强对其他先秦兵家典籍战略管理思想的研究。

（二）先秦兵家各部典籍反映出来的战略管理特质和其时代特征紧密相关

《司马法》产生于周朝王官兵学，在周朝封建宗法制度环境下，诸侯国之间的政治军事竞争实际上是一种带有合作性质的竞争，很少有诸侯国会把整个国家的力量投入战争，道义力量在竞争中能够取得重要作用。因此，在这样的环境下，《司马法》的管理特质充满着伦理色彩，提倡义战，反对杀戮，追求和平，反映了一种合作竞争的思想。而《尉缭子》产生于战国中后期，诸侯国之间的政治军事竞争激烈而残酷，义战的号召力非常弱，军事战争和国家实力紧密结合起来，整个国家的政治经济都为战争服务，进行着决定生死存亡的竞争。故此，《尉缭子》的管理特质具有浓厚的法家色彩，提倡实力主义，主张运用严刑峻法控制国家和军队。《吴子》和《孙膑兵法》则产生于春秋末期战国早期。一方面提倡仁义，重视仁义道德的激励作用；另一方面也重视强调谋略的作用。不同的时代背景对于把握不同先秦兵家典籍之间的战略管理思想特质的差异是非常重要的。

（三）先秦兵家思想战略管理特质群具有内在结构

不同典籍的先秦兵家思想战略管理特质群虽然具有诸多差异，但是也具有很多共同的特点，可以形成一个结构。在这个结构中，先秦兵家思想战略管理特质群是被“道”这个核心特质贯穿的一个有机整体，遵循治身、经国治军，进而治敌这样一个递进的逻辑。先秦兵家战略管理特质群，以个人修“知（智）、仁、勇”三大德的治身思想为出发点，通过“信”、“义”等重要战略管理特质，把治身思想扩展到经国治军思想和治敌思想。大体上治国主要以发扬管理者“仁”的德行，实行“德治”为主，辅之以“法治”；治军主要以发扬管理者“勇”的德行，实行“法治”为主，辅之以“德治”；治敌则主要是发扬管理者“知（智）”的德行，以避实击虚为主要手段，强调以智治敌。

（四）先秦兵家战略管理思想与西方战略管理理论的异同

先秦兵家战略管理思想与西方战略管理理论有很多相似之处，它们都关注竞争性环境下竞争优势的获取问题，都有内部管理和外部竞争的问题，但其差异也比较多，西方战略管理理论秉承西方传统的技术经济理性，重视管理客体的研究，具有清晰的知识形态。而先秦兵家战略管理思想秉承中国传统的实用理性，重视管理主体的直觉与体悟，缺乏明确的知识形态，以利害关系为行动依据。西方战略管理理论关注的是企业组织在一种竞争与合作并存的商业环境中的竞争优势的获取问题，须遵循商业伦理，谋略的使用受到的约束较多。而先秦兵家战略管理思想关注的主要是军事组织在一种对抗性的政治军事环境中的竞争优势获取问题，重视谋略的使用。

（五）先秦兵家思想战略管理特质群对现代企业战略管理的启示

先秦兵家思想战略管理特质群对现代企业战略管理的启示表现在，先秦兵家把自我管理、组织管理和竞争战略管理三者密切结合，形成了一个不可分割的有机整体，故能有较好的操作性和适应性。而现代企业管理理论并不缺乏这三部分理论，但是却缺乏把这三部分有机整合的理论，战略管理理论虽然从宏观层次对企业管理和竞争问题进行整体性的考虑，但是缺乏把领导者自我管理融入企业战略管理理论的意识。这种缺乏领导者自我管理问题意识的战略管理理论研究，正是导致西方的战略管理模式在实践中出现战略制定与战略执行分离的重要原因，也是导致企业能力理论缺乏操作性的重要原因。

二、研究创新点

本书的创新点主要体现在：

（一）建立了一个分析先秦兵家主要部典籍中战略管理特质的分析框架

这个分析框架主要由管理基础、管理手段、管理目标（境界）三个维度构成，重点分析先秦兵家思想中治身、经国治军、治敌相互关联的三个层面的内容。

（二）建立了一个关于先秦兵家较为全面的战略管理特质库，为进一步研究先秦兵家战略管理思想建立一个平台

本书在第三、四章运用东方管理学派创立的管理特质分析方法，辅之以词频分析，较全面地梳理出了先秦兵家6部典籍中的战略管理思想，并得出了重要特质的KJ图和特质分解图。

（三）提出了一个先秦兵家战略管理特质群的内在逻辑结构

该逻辑结构不仅可以帮助人们认识先秦兵家战略管理思想体系，而且为企业界人士系统地运用先秦兵家战略管理思想提供了一个参考模型。本书在第五章，通过对前面战略管理特质分析的结果和其他文献的观点，提出“道”、“智”、“仁”、“勇”、“戒”、“信”、“义”、“德”、“法”、“知”、“虚”、“实”、“胜”

等乃是先秦兵家战略管理思想的核心特质，它们贯穿整个先秦兵家战略管理特质群，然后本书根据它们之间的关系和“以人治人，治身以治国治军，继而治敌”的逻辑建构了先秦兵家思想战略管理特质群的结构。

（四）从管理文化视角将先秦兵家战略管理思想和企业战略管理理论进行了比较，提出了二者之间的相同和差异之处

提出了先秦兵家战略管理思想对战略管理模式和企业能力理论的启示。本书在第六章第一部分依据先秦兵家思想战略管理特质群，结合现代战略管理理论进行中西管理思想的对比分析，主要从管理观念、管理要素和管理活动三个层面比较了先秦兵家战略管理思想和企业战略管理理论。第六章第二部分重点考察了先秦兵家战略管理思想对西方战略管理过程模式理论和企业能力理论的启示，提出先秦兵家战略管理思想突出战略管理的主体地位，重视战略的灵活性和可操作性，和西方常见的战略管理模式相比具有其独特的优势。同时，先秦兵家战略管理思想的非二元对立的思维方式对于解决企业能力理论过于抽象、难以操作的问题具有重要的启发。从先秦兵家战略管理思想的视角看，企业能力实质是个体能力的表象，从个体能力和个体互动的角度去分析企业能力，就能够很好地解决企业能力理论操作困难的问题。

三、研究不足与进一步研究的方向

由于笔者的精力和能力所限，本书有若干不足之处，主要体现在：第一，先秦兵家思想博大精深，六部先秦兵家典籍虽然只有数万字，然而针对它们的相关研究文献却非常多。光是《孙子兵法》的研究文献就浩如烟海，甚至无力把所有关于《孙子兵法》的重要文献都阅读完。与此同时，专门研究先秦兵家战略管理思想的文献却非常有限，并且其中很多属于较低层次的研究，即仅是简单地把先秦兵家思想与现代战略管理思想进行对比，抽取若干具有管理学意义的内容进行分析，没有深入到先秦兵家思想背后的管理文化和思维方式层面进行探讨。因此，本书所依托的文献基础实际上比较贫乏。第二，研究方法上，本书采用的管理特质分析方法，还不是非常成熟的研究方法，存在不少需要完善的地方，虽然已经有许多研究者就管理文化本身的概念与方法进行了深入的分析与探讨，但是与其他成熟的研究方法相比，该研究方法仍然显得有些稚嫩。这就要求研究者在使用该方法时，能够从哲学、社会科学等相关学科引入知识，改进这种方法，

才能使之变得更为有效，本书试图把内容分析方法引入管理特质分析方法，但是从总体上看，这两种方法的结合还不紧密。第三，本书运用中国哲学知识分析了先秦兵家思想的战略管理特质群的结构，但是目前对中国传统管理哲学的研究还不是很成熟，可以参考的资料很有限，缺乏足够的权威性；更重要的是笔者中国哲学功底有限，只能根据自己对中国哲学浅薄的理解来分析先秦兵家思想战略管理特质群的内在结构，其必定存在很多值得商榷的地方。

针对以上不足之处，笔者认为关于先秦兵家思想战略管理特质，还有几个值得进一步研究的问题。第一，先秦兵家战略管理哲学思想的深入研究，在分析先秦兵家各部典籍的战略管理特质群的结构时，处处感到对先秦兵家战略管理哲学的把握能力不足，给研究带来了极大的困难，进而使得研究结果权威性大打折扣。因此，对于先秦兵家战略管理哲学的深入研究，可以改善本书的结果，增加先秦兵家思想战略管理特质研究的权威性。第二，如何把定量分析引入管理特质分析，作为管理特质分析方法的辅助工具。尽管管理特质分析方法本身属于一种定性的分析方法，定量分析不可能成为该方法的主要特色，但是如能够引入定量分析作为特质分析的辅助工具那么将大大推动这种研究方法融入主流。本书虽然运用了具有一定定量特点的内容分析方法，但是并没有形成一个定量分析和定性分析紧密结合的完整方法，而仅仅是把定量的词频分析的结果作为定性分析的一个参考，以增加定性分析的科学性和客观性。未来的研究应当努力增强定量分析在管理特质分析中的作用。第三，先秦兵家思想战略管理特质群的具体应用问题，这是一个非常庞大的问题，涉及中西管理思想的协谐创新，本书仅仅从思维方式上提出了先秦兵家思想战略管理特质群对现代战略管理理论的启示。未来的研究可以在此基础上，整合中西战略管理思想的优势，进一步详细分析先秦兵家思想战略管理特质群中某一部分的内容在某个管理理论中的具体应用。

附　　录

附表　关键词统计结果

关键词	孙子兵法		吴子		司马法		频数总计	频数排名
	占总字数的百分比	频数	占总字数的百分比	频数	占总字数的百分比	频数		
人	0.6659	49	0.9248	55	1.0002	43	630	1
兵	0.9784	72	0.5549	33	0.6281	27	452	2
敌	0.9512	70	0.6222	37	0.3489	15	428	3
战	1.0056	74	0.6894	41	1.1631	50	414	4
军	0.8425	62	0.5381	32	0.5815	25	407	5
将	0.6794	50	0.5549	33	0.1163	5	403	6
胜	1.1143	82	0.3699	22	0.4885	21	352	7
地	1.2230	90	0.2018	12	0.2094	9	279	8
天	0.2446	18	0.2018	12	0.3954	17	251	9
众	0.4213	31	0.5213	31	0.5583	24	247	10
知	1.0735	79	0.1682	10	0.0698	3	230	11
道	0.3261	24	0.4876	29	0.4420	19	225	12
后	0.2854	21	0.2018	12	0.2791	12	212	13
击	0.2718	20	0.5717	34	0.1163	5	211	14
民	0.1767	13	0.2354	14	0.7676	33	185	15
利	0.6930	51	0.1682	10	0.4652	20	181	16
国	0.2446	18	0.3195	19	0.4187	18	169	17
守	0.1767	13	0.2690	16	0.1861	8	141	18
败	0.1767	13	0.0673	4	0.0698	3	139	19
先	0.3261	24	0.1850	11	0.2559	11	122	20
强	0.1495	11	0.2186	13	0.1396	6	120	21
法	0.2854	21	0.0841	5	0.3024	13	119	22

续表

关键词	孙子兵法		吴子		司马法		频数总计	频数排名
	占总字数的百分比	频数	占总字数的百分比	频数	占总字数的百分比	频数		
攻	0.4756	35	0.0336	2	0.0930	4	117	23
明	0.1087	8	0.1513	9	0.2791	12	116	24
威	0.0272	2	0.1682	10	0.3024	13	90	25
主	0.1902	14	0.1177	7	0.0465	2	90	26
重	0.1087	8	0.1682	10	0.3489	15	88	27
备	0.1902	14	0.1513	9	0.0000	0	85	28
形	0.4484	33	0.0168	1	0.0698	3	81	29
力	0.1359	10	0.1513	9	0.3722	16	81	30
赏	0.0679	5	0.1009	6	0.2559	11	80	31
教	0.0408	3	0.1682	10	0.3024	13	79	32
君	0.1087	8	0.3027	18	0.1396	6	79	33
治	0.1631	12	0.1850	11	0.3257	14	78	34
轻	0.0815	6	0.4204	25	0.3489	15	77	35
信	0.0544	4	0.1177	7	0.3722	16	76	36
勇	0.0951	7	0.2186	13	0.1861	8	76	37
寡	0.1902	14	0.1850	11	0.2326	10	73	38
间	0.5028	37	0.0841	5	0.0233	1	68	39
正	0.1087	8	0.0000	0	0.4420	19	64	40
气	0.0951	7	0.0841	5	0.0930	4	64	41
疾	0.0815	6	0.1009	6	0.0465	2	63	42
杀	0.0951	7	0.0168	1	0.1163	5	59	43
谋	0.1495	11	0.1682	10	0.0465	2	58	44
义	0.0136	1	0.1513	9	0.4885	21	54	45
德	0.0000	0	0.0673	4	0.3489	15	52	46
势	0.2174	16	0.0336	2	0.0000	0	51	47
安	0.0544	4	0.1513	9	0.0465	2	51	48
罚	0.0544	4	0.0673	4	0.1861	8	48	49
权	0.0544	4	0.0336	2	0.1396	6	47	50
智	0.0951	7	0.0504	3	0.1163	5	46	51
弱	0.0951	7	0.0336	2	0.0465	2	46	52

续表

关键词	孙子兵法		吴子		司马法		频数总计	频数排名
	占总字数的百分比	频数	占总字数的百分比	频数	占总字数的百分比	频数		
虚	0.0815	6	0.0168	1	0.0000	0	44	53
诛	0.0136	1	0.0168	1	0.0698	3	44	54
和	0.0408	3	0.1345	8	0.1396	6	42	55
爱	0.0815	6	0.0504	3	0.1396	6	41	56
仁	0.0408	3	0.0504	3	0.2326	10	40	57
奇	0.0815	6	0.0168	1	0.0000	0	40	58
危	0.0951	7	0.0336	2	0.1861	8	38	59
害	0.0951	7	0.0504	3	0.0465	2	38	60
刑	0.0000	0	0.0841	5	0.0465	2	35	61
实	0.0815	6	0.0168	1	0.0233	1	34	62
静	0.0815	6	0.0000	0	0.1396	6	32	63
礼	0.0000	0	0.1177	7	0.1396	6	26	64
计	0.1495	11	0.0000	0	0.0000	0	23	65
慎	0.0136	1	0.0504	3	0.0233	1	21	66
严	0.0272	2	0.0841	5	0.0465	2	21	67
戒	0.0272	2	0.0673	4	0.0930	4	18	68
忠	0.0000	0	0.0168	1	0.0000	0	17	69
速	0.0544	4	0.0336	2	0.0698	3	13	70
励	0.0000	0	0.0673	4	0.0000	0	12	71
清	0.0000	0	0.0168	1	0.0000	0	11	72
算	0.0951	7	0.0000	0	0.0000	0	9	73
惠	0.0000	0	0.0168	1	0.0465	2	8	74
宽	0.0000	0	0.0168	1	0.0233	1	4	75

关键词	六韬		尉缭子		孙膑兵法		频数总计	频数排名
	占总字数的百分比	频数	占总字数的百分比	频数	占总字数的百分比	频数		
人	1.2462	265	1.3208	147	0.6092	71	630	1
兵	0.4938	105	0.7278	81	1.1497	134	452	2
敌	0.7994	170	0.5031	56	0.6864	80	428	3
战	0.4797	102	0.7278	81	0.5663	66	414	4
军	0.6913	147	0.6559	73	0.5834	68	407	5

续表

关键词	六韬		尉缭子		孙膑兵法		频数总计	频数排名
	占总字数的百分比	频数	占总字数的百分比	频数	占总字数的百分比	频数		
将	0. 6113	130	0. 8625	96	0. 7636	89	403	5
胜	0. 2351	50	0. 7008	78	0. 8494	99	352	7
地	0. 4373	93	0. 3594	40	0. 3003	35	279	8
天	0. 6537	139	0. 3774	42	0. 1973	23	251	9
众	0. 2680	57	0. 3324	37	0. 5749	67	247	10
知	0. 3151	67	0. 1977	22	0. 4204	49	230	11
道	0. 3386	72	0. 2156	24	0. 4891	57	225	12
后	0. 4185	89	0. 3863	43	0. 3003	35	212	13
击	0. 3621	77	0. 1348	15	0. 5148	60	211	14
民	0. 1975	42	0. 4852	54	0. 2488	29	185	15
利	0. 2586	55	0. 1348	15	0. 2574	30	181	16
国	0. 2775	59	0. 3324	37	0. 1544	18	169	17
守	0. 2304	49	0. 4313	48	0. 0601	7	141	18
败	0. 2304	49	0. 1797	20	0. 4290	50	139	19
先	0. 1505	32	0. 3324	37	0. 0601	7	122	20
强	0. 2586	55	0. 0719	8	0. 2317	27	120	21
法	0. 1599	34	0. 2606	29	0. 1459	17	119	22
攻	0. 1552	33	0. 2066	23	0. 1716	20	117	23
明	0. 1881	40	0. 2695	30	0. 1459	17	116	24
威	0. 0705	15	0. 1887	21	0. 2488	29	90	25
主	0. 1646	35	0. 1438	16	0. 1373	16	90	26
重	0. 1176	25	0. 1527	17	0. 1115	13	88	27
备	0. 1646	35	0. 1168	13	0. 1201	14	85	28
形	0. 0705	15	0. 0629	7	0. 1888	22	81	29
力	0. 0941	20	0. 1617	18	0. 0686	8	81	30
赏	0. 0988	21	0. 2516	28	0. 0772	9	80	31
教	0. 0611	13	0. 2875	32	0. 0686	8	79	32
君	0. 1787	38	0. 0539	6	0. 0257	3	79	33
治	0. 0658	14	0. 1797	20	0. 0601	7	78	34
轻	0. 0564	12	0. 0809	9	0. 0858	10	77	35

续表

关键词	六韬		尉缭子		孙膑兵法		频数总计	频数排名
	占总字数的百分比	频数	占总字数的百分比	频数	占总字数的百分比	频数		
信	0.0941	20	0.1168	13	0.1373	16	76	36
勇	0.1505	32	0.0359	4	0.1030	12	76	37
寡	0.0423	9	0.0090	1	0.2145	25	73	38
间	0.0658	14	0.0270	3	0.0686	8	68	39
正	0.0517	11	0.0898	10	0.1373	16	64	40
气	0.0799	17	0.1078	12	0.1630	19	64	41
疾	0.1693	36	0.0359	4	0.0772	9	63	42
杀	0.0658	14	0.1887	21	0.0944	11	59	43
谋	0.1223	26	0.0449	5	0.0343	4	58	44
义	0.0517	11	0.0359	4	0.0686	8	54	45
德	0.0658	14	0.0809	9	0.0858	10	52	46
势	0.0658	14	0.0090	1	0.1544	18	51	47
安	0.0752	16	0.0809	9	0.0944	11	51	48
罚	0.0658	14	0.1168	13	0.0429	5	48	49
权	0.0423	9	0.1438	16	0.0858	10	47	50
智	0.0941	20	0.0449	5	0.0515	6	46	51
弱	0.0846	18	0.0809	9	0.0686	8	46	52
虚	0.0658	14	0.0809	9	0.1201	14	44	53
诛	0.0094	2	0.3235	36	0.0086	1	44	54
和	0.0282	6	0.0180	2	0.1459	17	42	55
爱	0.0846	18	0.0629	7	0.0086	1	41	56
仁	0.0893	19	0.0090	1	0.0343	4	40	57
奇	0.0611	13	0.0629	7	0.1115	13	40	58
危	0.0423	9	0.0629	7	0.0429	5	38	59
害	0.0799	17	0.0539	6	0.0257	3	38	60
刑	0.0329	7	0.1887	21	0.0000	0	35	61
实	0.0611	13	0.1168	13	0.0000	0	34	62
静	0.0564	12	0.0449	5	0.0257	3	32	63
礼	0.0329	7	0.0449	5	0.0086	1	26	64
计	0.0141	3	0.0449	5	0.0343	4	23	65

续表

关键词	六韬		尉缭子		孙膑兵法		频数总计	频数排名
	占总字数的百分比	频数	占总字数的百分比	频数	占总字数的百分比	频数		
慎	0. 0517	11	0. 0000	0	0. 0429	5	21	66
严	0. 0188	4	0. 0180	2	0. 0515	6	21	67
戒	0. 0329	7	0. 0000	0	0. 0086	1	18	68
忠	0. 0517	11	0. 0000	0	0. 0429	5	17	69
速	0. 0141	3	0. 0000	0	0. 0086	1	13	70
励	0. 0188	4	0. 0359	4	0. 0000	0	12	71
清	0. 0329	7	0. 0270	3	0. 0000	0	11	72
算	0. 0047	1	0. 0000	0	0. 0086	1	9	73
惠	0. 0094	2	0. 0180	2	0. 0086	1	8	74
宽	0. 0000	0	0. 0180	2	0. 0000	0	4	75

参考文献

［1］安乐哲．和而不同：比较哲学与中西会通［M］．北京大学出版社，2002.

［2］包昌火．情报研究方法论［M］．科学技术出版社，1990.

［3］陈锦松．《六韬》是一部黄老道家的兵书［J］．上海第二工业大学学报，1994（1）．

［4］陈锦松．杰出的古代“大战略”思想——论《六韬》对军事学的贡献［J］．上海第二工业大学学报，1994（2）．

［5］陈振明．公共部门战略管理［M］．中国人民大学出版社，2004.

［6］陈荣耀．比较文化与管理［M］．上海社会科学院出版社，1999.

［7］陈洪琏．《孙子兵法》在商战中的负面影响及其对策［J］．社会科学研究，1998（2）．

［8］陈炳富，邱昭良．《孙子兵法》战略管理模式探索［J］．国际经贸研究，1997（1）．

［9］陈学凯．韬略制胜［M］．山东人民出版社，1992.

［10］陈济康，吴建华．白话武经七书［M］．解放军出版社，2005.

［11］成中英．C 理论：中国管理哲学［M］．学林出版社，1999.

［12］成中英．论中西哲学精神［M］．东方出版中心，1991.

［13］晁罡．论兵家和儒家管理思想的融通［J］．华南理工大学学报（社会科学版），2000（12）．

［14］晁罡．论《十一家注孙子》对儒家和兵家治道的整合［J］．西南民族大学学报（人文社科版），2003（11）．

［15］蔡一．华夏管理文化精粹［M］．高等教育出版社，1996.

［16］盛奇秀．利害原则——《孙子》将略的基本原则［J］．山东大学学报（哲学社会科学版），1996（4）．

［17］程振清．《孙子兵法》与商战［J］．甘肃社会科学，1997（6）．

［18］德里克·钱农．布莱克威尔战略管理学百科辞典［M］．对外经济贸易大学出版社，2002.

［19］德鲁克．管理——任务、责任、实践（上）［M］．中国社会科学出版社，1993.

［20］丹尼尔·雷恩．管理思想的演变［M］．中国社会科学出版社，2000.

［21］大桥武夫．兵法经营要点［M］．胡立品，柳真译．解放军出版社，1989.

［22］丁敬群．《孙子兵法》中的管理艺术探微［J］．财贸研究，2000（4）．

［23］董海洲，王建军．试论《孙子兵法》中的管理思想［J］．求实，2004（5）．

［24］冯梦龙．东周列国志［M］．岳麓书社，2002.

［25］傅朝．孙子组织管理思想探论［J］．社会科学辑刊，2001（1）．

［26］高可为，陶雷．企业核心能力：诠释及再诠释［J］．江汉论坛，2006（1）．

［27］葛荣晋．中国哲学范畴通论［M］．首都师范大学出版社，2001.

［28］郭化若．孙子今译［M］．上海古籍出版社，1977.

［29］郭子仪．《孙子兵法》管理心理学思想研究［J］．心理学报，2000（3）．

［30］沟口雄三．中国的思想［M］．中国社会科学出版社，1995.

［31］贡华南．从“感”看中国哲学的特质［J］．学术月刊，2006（11）．

［32］宫玉振．取胜之道：一个基于孙子兵法的企业竞争理论体系［J］．滨州学院学报，2011（2）．

［33］管理故事与哲理丛书编委会．海尔的故事与哲理［M］．青岛出版社，2005.

［34］桂胜．周秦势论研究［M］．武汉大学出版社，2000.

［35］郝大维，安乐哲．孔子哲学思微［M］．江苏人民出版社，1996.

［36］胡伟希．中国哲学概论［M］．北京大学出版社，2005.

［37］何似龙，施祖留．转型时代管理学导论［M］．河海大学出版社，2001.

［38］黄朴民．中国古军礼的丰碑——《司马法》导读［M］．军事科学出版社，2000.

［39］黄朴民．先秦军事思想发展的概况及其特色［J］．济南大学学报，2000（4）．

［40］纪宝成．中国古代治国思想要论［M］．中国人民大学出版社，2004.

［41］霁虹．兵家军事思想研究 20 年回顾［J］．社会科学战线，2003（1）．

［42］姜国柱．武圣姜太公的军事谋略思想［J］．青岛大学师范学院学报，2002（3）．

［43］卡尔·雅斯贝斯著．历史的起源与目标［M］．魏楚雄，余新天译．华夏出版社，1989.

［44］梁启超．先秦政治思想史［M］．天津古籍出版社，2004.

［45］老子．

［46］吕氏春秋·慎势．

［47］刘益等．柔性战略的理论、分析方法及其应用［M］．中国人民大学出版社，2005.

［48］刘庆．《孙子》对周朝兵学的批判与继承［J］．管子学刊，1997（4）．

［49］刘长林．中国系统思维［M］．中国社会科学出版社，1991.

［50］刘泽华．中国政治思想史［M］．浙江人民出版社，1996.

［51］刘建国．《司马法》伪书辩证［J］．管子学刊，1995（3）．

［52］刘云柏．中国兵家管理思想［M］．上海人民出版社，1993.

［53］李宗桂．中国文化导论［M］．广东人民出版社，2002.

［54］李泽厚．论语今读［M］．生活·读书·新知三联书店，2004.

［55］李雪峰．《孙子兵法》的矛盾范畴及其在战略管理中的运用［J］．北方工业大学学报，2001（6）．

［56］李桂生．先秦兵家研究［D］．浙江大学博士论文，2005.

［57］李承贵．自然主义：中国传统哲学的基本特质［J］．福建论坛（人文社会科学版），2006（8）．

［58］李桂生．兵家管理的对象、种类及其内涵［J］．滨州学院学报，2010（2）．

［59］李兴斌．先秦兵家和平思想及其现代价值［J］．文史哲，2005（4）．

［60］李泽厚．中国古代思想史论［M］．人民出版社，1985.

［61］李桂生．先秦兵家流派初探［J］．社会科学战线，2005（1）．

［62］李雪峰．太极智慧——《孙子兵法》与企业战略管理［M］．中国国际广播出版社，2002.

［63］利德尔·哈特．战略论［M］．中国人民解放军出版社，1981.

［64］牟宗三．中国哲学的特质［M］．上海古籍出版社，1997.

［65］南怀瑾．南怀瑾精品集［M］．漓江出版社，2006.

［66］钮先钟．孙子三论［M］．广西师范大学，2003.

［67］钮先钟．中国古代战略思想新论［M］．安徽教育出版社，2005.

［68］钮先钟．西方战略思想史［M］．广西师范大学出版社，2003.

［69］皮亚杰．结构主义［M］．倪连生，王琳译．商务印书馆，1984.

［70］潘承烈，虞祖尧．振兴中国管理科学——中国管理学引论［M］．清华大学出版社，1997.

［71］潘承烈．《孙子兵法》对企业商战的启迪［J］．滨州学院学报，2006（10）．

［72］齐兰．中国古代孙子兵法基本原则与当代西方经济理论基本假设的比较研究［J］．中央财经大学学报，1998（5）．

［73］荣挺进．孙膑及其《兵法》研究［J］．三峡学刊，1994（2）．

［74］任正非．华为的冬天［EB/OL］．天极网，http：//www. chinabyte. com2003 –08 –20 16：00.

［75］孙宝连，段福兴．论《孙子兵法》的战略思想对张瑞敏经营哲学的影响［J］．管子学刊，2005（2）．

［76］孙中山．孙中山选集下卷［M］．人民出版社，1956.

［77］孙子新探——中外学者论孙子［M］．解放军出版社，1990.

［78］施祖留．孔孟儒学管理文化探析［J］．理论学刊，2005（3）．

［79］上官绪智．论春秋战国时期兵学中的朴素唯物辩证思想［J］．郑州轻工业学院学报（社会科学版），2002（3）．

［80］苏东．《孙子兵法》与西方管理理论比较研究之我见［J］．科学管理研究，1997（10）．

［81］苏东水．东方管理学［M］．复旦大学出版社，2005.

［82］Thomasleo. 张瑞敏精彩语录［EB/OL］．博锐管理沙龙，http：//www. boraid. com/bbs/index. asp2004 –7 –6.

［83］唐书文．六韬·三略译注［M］．上海古籍出版社，1999.

［84］仝晰纲．《六韬》的成书及其思想蕴涵［J］．学术月刊，2000（7）．

［85］陶新华，朱永新．先秦兵家决策心理思想研究［J］．心理学报，1999（4）

［86］王方华，吕巍．企业战略管理［M］．复旦大学出版社，1997.

［87］王学秀．中国情理文化与伦理协调型企业管理模式［J］．天津社会科学，2006（1）．

［88］项保华．战略管理：艺术与实务（第三版）［M］．华夏出版

社，2005.

［89］徐勇等．武经七书新译［M］．齐鲁书社，1999.

［90］徐勇，黄朴民．略论《司马法》的军事思想和历史地位［J］．学术研究，1998（5）.

［91］解文超，崔宏艳．《六韬》真伪考［J］．青海师范大学（哲学社会科学版），2005（2）.

［92］谢川豫．《孙子》和《吴子》中的军事情报思想比较［J］．情报杂志，2004（2）.

［93］徐淑英，张志学．管理问题与理论建立：开展中国本土管理研究的策略［J］．南大管理评论，2005（7）.

［94］许保林．中国兵书通览［M］．解放军出版社，2002.

［95］许卫．《孙子兵法》与现代企业战略管理［J］．当代财经，1998（3）.

［96］约翰·柯林斯．大战略［M］．中国人民解放军出版社，1978.

［97］杨先举．孙子管理学［M］．中国人民大学出版社，2005.

［98］杨先举．《孙子兵法》的企业管理价值［J］．滨州学院学报，2006（10）.

［99］杨波．古代中国人人格结构的因素探析［J］．心理科学，2005（3）.

［100］银雀山汉墓竹简整理小组．银雀山汉墓竹简（壹）·孙膑兵法［M］．文物出版社，1985.

［101］鄢德春．孙子兵法与西方战略管理思想［J］．集团经济研究，2006（2）.

［102］于汝波．孙子学文献提要［M］．军事科学出版社，1994.

［103］姚鸿健．事理学的古代理解：《孙子兵法》的哲学解读［J］．山东师范大学学报（人文社会科学版），2003（3）.

［104］姚际恒著，黄云眉补证．古今伪书考［M］．齐鲁书社，1982.

［105］周传荣．论孙子的军事哲学思想［J］．学术问题研究（综合版），2006（1）.

［106］周三多．战略管理思想史［M］．复旦大学出版社，2003.

［107］周可真．先秦诸子管理思想论纲［J］．苏州大学学报（哲学社会科学版），2004（5）.

［108］周海炜．战略管理中的企业谋略及动作机制研究［D］．河海大学博士论文，2004.

［109］张立文．中国哲学范畴发展史（天道篇）［M］．中国人民大学出版

社，1988.

［110］张文儒．中国兵家与儒道法各家的兼容互补［J］．江汉论坛，1998（6）．

［111］张连城．先秦兵法思想与现代市场经济［M］．中国广播电视出版社，1999.

［112］张森年．兵家哲学：《孙子兵法》决策原则分析［J］．学海，2002（1）．

［113］张世超．《吴子》研究［J］．古籍整理研究学刊，2002（6）．

［114］张阳，周海炜．管理文化视角的企业战略［M］．复旦大学出版社，2001.

［115］张岱年．中国哲学大纲［M］．中国社会科学出版社，1982.

［116］张阳．企业战略创新的管理文化研究［R］．复旦大学博士后研究报告，2002.

［117］钟尉，张阳．吴起兵法与现代企业管理［J］．商场现代化，2006（11）．

［118］朱墉．武经七书汇解［M］．中州古籍出版社，1989.

［119］褚玉兰，张大同．兵法经典新解——孙子·吴子·尉缭子·司马法［M］．山东大学出版社，2005.

［120］Arquilla John. The Strategic Implications of Information Dominance［J］. Strategic Review, 1994（6）.

［121］Ames, Roger T. The Art of Rulership: A Study in Ancient Chinese Political Thought［M］. Albany: State Uninversity of New York, 1994.

［122］Argyris C. Integrating the individual and the organization［M］. New York: Wiley, 1964.

［123］Ansoff H I. Critique of Henry Mintzberg's "The design school: Reconsidering the basic premises of strategic management"［J］. Strategic Management Journal, 1991（6）.

［124］Allport G W. Personality: A Psychological Interpretation［M］. New York: Holt Rinehart and Winston, 1937.

［125］Allport G W. Odbert H S. Trait Names: A Psycho - Lexical Study［M］. Psychological Monographs, 1936.

［126］Brow A. Organizational Culture［M］. London Pitman Press, 1995.

［127］Balmforth. A Chinese Military Strategist of the Warring States: Sun Pin. University Microfilms Ph. D. dissertation, Rutgers, 1979.

[128] Blau, Peter M. Exchange and Power in Social Life [M] . New York: John Wiley, 1964.

[129] Benson J. Kenneth. Innovation and Crisis in Organizational Analysis [J] . Sociological Quarterly, 1977, 18.

[130] Benjamin Gilad Stanley Kaish. Handbook of Behavioral Economics, Vol. A [M] . Connecticut, Greenwich and England, London: JAI PRESS INC 1986.

[131] Bail K D. Methods of Social Research [M] . The Free Press, A Division of Macmillian Publishing Co. inc, 1982.

[132] Chaplain (Colonel) Douglas Learning from Sun Tzu [J] . Military Review, 2003 (5 –6) .

[133] Colonel David S. Maxwell. Operation Enduring Freedom – Philippines: What Would Sun Tzu Say? [J] . Military Review, 2004 (5 –6) .

[134] Cohen W M. Levinthal, D. A Absorptive capacity: A new perspectiveon learning and innovation [J] . Administrative Science Quarterly, 1990, (35) .

[135] Colin F. Camerer George Loewenstein: Behavioral Economics: Past, Present, Future [J] . California Institute of Thchnology, working paper. 2002.

[136] Carl von Clausewitz On War [M] . Princeton Press, 1976.

[137] Digman J M. Personality Structure: Emergence of the Five – Factor Model [J] . Annual Review of Psychology, 1990 (41) .

[138] Gerald A. Michaelson & Steven A Michaelson. Sun Tzu: strategies for marketing – 12 essential principles for winning the war for Customers [M] . Tata McGraw – Hill, 2004.

[139] Gerald A Michaelson & Steven Michaelson. Sun Tzu: strategies for selling – how to use the Art of War to build lifelong customer relationships [M] . Tata McGraw – Hill, 2004.

[140] Hatch, M J. Organization Theory: Modern, Symbolic and Postmodern Perspectives [M] . Oxford University Press, 1997.

[141] Handel Michael I. Masters of War: Sun Tzu, Clausewitz and Jomini [M] . sFrank Cass Press, 1992.

[142] Hall, David L, Roger T. Ames. Thiniking From the Han: Self, Truth, and Transcendence in Chinese and Western Culture [M] . Albany: State University of New York, 1998.

[143] Hall, David L, Roger T. Ames. Anticipating China: Thinking Through the Narratives of Chinese and Westren Culture [M] . Albany: State University of New

York Press, 1995.

[144] Hogan R, Curphy G, Hogan J. What we know about leadership: Effectiveness and personality [J]. American Psychologist, 1994, 49.

[145] Henry Mintzberg, Bruce Ahlstrand, Joseph Lampel: Strategy Safari: A Guided Tour Through the Wilds of Strategic Management [M]. Free Press and Prentice Hall International, 1998.

[146] Johnston, Alastair Iain. Cultural Realism: strategic culture and grand strategy in Chinese history [C]. Princeton: Princeton University Press, 1995.

[147] Juan Antonio Fernandez. Management in times of change: lessons from The Art of War [J]. Business Strategy Review, 2004 (1).

[148] Kahn, Robert, Donald M. Wolfe, Robert P. Quinn ect. Organizational Stress: Studies in Role Conflict and Ambiguilty, New York: John Wiley, 1964.

[149] Kirkpatrick S A, Locke E A. Direct and indirect effects of thre core charismatic leadership components on performance and attitudes [J]. Journal of Applied Psychology, 1996, 81.

[150] Khai Sheang Lee, Pheng Lui Chng And Chow Hou Wee The art and the science of strategic marketing: synergizing Sun Tzu's Art of War with game theory [J]. Journal of Strategic Marketing, 1994 (2).

[151] Igor H. Ansoff. The New Corporate Strategy [J]. New York: John Wiley, 1988.

[152] Mintzberg H. The fall and rise of strategy planning [J]. Harvard Business Review, 1994 (1-2).

[153] Mark Mcneilly: Sun Tzu and the Art of Business, including Sun Tzu's The Art of War [M]. Oxford University Press, 1996.

[154] Min Chen. Sun Tzu's Strategic Thinking and Contemporary Business [J]. Business Horizons, 1994 (3-4).

[155] Penrose E T. The theory of the growth of the firm [J]. London: Basil Blackwell, 1959.

[156] Podsakoff P, MacKenzie S, Moor man R, FetterR. Transformationa leader behaviors and their effects on followers trustinleader, satisfaction, and organizational citizenship behaviors [J]. Leadership Quar terly, 1990, 1.

[157] Raphals, Lisa. Knowing Words: wisdom and cunning in classical traditions of China and Greece [M]. Ithaca: Cornell University Press, 1992.

[158] R. Hogan. Personality and Personality Measurement, In M. Dunnette and

L. Hough (eds.), Handbook of Industrial and Organizational Psychology, 2nd ed., Palo Alto: Consulting Psychologists Press, 1991.

[159] Schriesheim C, Castro S, Cogliser C. Leader member exchang (LMX) research: Acomprehensive review of theory, measurement and data analytic procedures [J]. Leadership Quarterly, 1999, 10.

[160] Samuel B. Griffith. Sun Tzu The Art of War [M]. Oxford university press, 1964.

[161] Simon, Herbert A. On the Concept of Organizational Goal [J]. Administrative Science Quarterly, 1964, 9.

[162] Teece D J, Pisano G, Shuen A. Dynamic capabilites and strategic management [J]. Strategic Management Journal, Vol. 18, No. 7, 1997.

[163] Taylor F W. Principles of Scientific Management [M]. New York: W. W. Norton & Company, 1967.

[164] Taulbee. O. E. Content Analysis [M]. Specification, and control. ARIST, 1986, 3.

[165] Wee Chow Hou, Lee Khai sheang, and Bambang Walujo Hidajo, Sun Tzu: War and Management [M]. Addison – Wesep Publishing Co., 1991.

[166] Wann – Yih Wu. A study of strategy implementation as expressed through Sun Tzu's principles of war [J]. Industrial Management & Data Systems, 2004 (5).

[167] Yates, Robin D S. New light on ancient Chinese military text: notes on their nature and evolution, and the development of military specialization in Warring States China [M]. T'oung Pao Press, 1988.

[168] Zahra S, George G. Absorptive capacity: A review reconceptualization and extension [J]. Academy of Management Review, 2002 (2).

后　　记

这本书是在我的博士论文基础上修订完成的，想起了当年博士论文写完时的情景，忽然之间觉得很有感触。岁月如梭，一转眼，博士毕业已经四年多了。这几年来，日子过得平静而安逸，但是紧张而丰富的博士研究生的生活情境仍然时常出现在我的梦中。“写博士论文很辛苦!”这恐怕是大多数像我这样资质平常的脱产博士生的共同心声。记得当时，别人问到“现在在做什么?”博士生们都会自豪地回答“我在攻读博士”，可是一旦问到论文写得怎样，何时能够毕业时，回答的声音十有八九都会变小，然后发出长叹“纠结啊!”理工类的博士们纠结于数据和实验，文史类的博士们纠结于晦涩难懂的文献。而管理类的博士们则更为纠结，因为管理类的博士论文既可以“上天”，像文史类博士一样研究管理哲学，也可以“入地”，像理工类博士一样研究做调查、建模型、做数据分析。而最好的管理论文则是应将二者结合，做“顶天立地”的研究，既有深奥晦涩的哲学思辨做理论基础，又有详细准确的调查、模型和数据分析。当然这些对于有天赋的人或者有着深厚学术基础的人来说，也许不是什么难事。然而，大多数博士生都只是常人，而且他们当中相当一部分往往不是因为学术研究的兴趣攻博，而是因为生存的压力而走向了攻读博士的道路。另外，许多博士生除了写博士论文的压力之外，还有发表期刊论文的压力、经济窘迫的压力，还有年龄偏大、锻炼偏少带来的体力不足的压力，以及未婚博士们婚恋的压力等。写博士论文过程中，白头发的、掉头发的、生病的、老了好多岁的乃至花了六七年时间都写不出来，最后不得不退学的，这些现象都不鲜见。正是那段经历，让我一直不愿意再翻开自己的博士论文，一转眼就让它尘封了四年。

本书能够出版，要感谢的人太多了。最要感谢江西财经大学的校领导、工商管理学院的领导以及产业集群和企业发展中心的领导们，他们为我提供了舒适的工作生活环境和充满了机会的发展平台。工商管理学院和产业集群中心直接为本书的出版提供了资助，我要向他们由衷地说一声谢谢!

还要向我的导师张阳教授由衷地说一声谢谢！是他的谆谆教诲和悉心指导让

我能够顺利完成博士学业。他一丝不苟的严谨治学态度、高山仰止的渊博学问、正直无私的品德以及高屋建瓴的气度无时无刻不在熏陶着我。恩师给予我不仅是学识，更有人生的大智慧，让我受益终生。同时，还要向我硕士阶段的导师王萍教授由衷地说一声谢谢！是她首先把我带入科学研究的殿堂，并给予我学习和生活方面诸多无私的关心和帮助，让我在人生初次异地求学与生活的经历充满着温馨和快乐。

感谢河海大学战略管理研究所的老师们，特别是周海炜教授、何似龙教授为我的论文花费了大量的时间和精力，为我提供了诸多重要建议，他们渊博的学识和精彩的讲解让我茅塞顿开；还有汪群教授、孙其昂教授、樊漪老师、唐震老师等为我的成长付出了诸多无私的帮助，令我感动不已；感谢胡兴球、丁源、周申蓓、张彩千等师兄们对我的诸多关心与帮助；还有王华、韦有文、吕明、周彧、余菲菲、陆园园等师弟师妹们交往过程中所建立的深厚情谊也让我怀念；感谢好友洪双龙、万雪峰、封福林、王军等人给予我的诸多鼓励与帮助；还有所有帮助过我的老师和同学们。

最后，要感谢我的亲人们：妻子和父母，没有他们的默默支持，我也不可能完成博士学业。

钟尉

辛卯年仲夏